◎企业合规体系建设丛书

付兴刚　主编

涉案企业环保合规整改指引

主　编　孙天锋　郇长杰

副主编　张春岳　宋教德

山东大学出版社

SHANDONG UNIVERSITY PRESS

·济南·

图书在版编目(CIP)数据

涉案企业环保合规整改指引 / 孙天锋，郇长杰主编
. — 济南 : 山东大学出版社，2024.5
(企业合规体系建设丛书 / 付兴刚主编)
ISBN 978-7-5607-7962-1

Ⅰ. ①涉…　Ⅱ. ①孙…　②郇…　Ⅲ. ①企业环境管理
—环境保护法—研究—中国　Ⅳ. ①D922.683.4

中国国家版本馆 CIP 数据核字(2023)第 203170 号

责任编辑　刘晓燕
封面设计　王秋忆

涉案企业环保合规整改指引
SHEANQIYE HUANBAOHEGUI ZHENGGAI ZHIYIN

出版发行　山东大学出版社
社　　址　山东省济南市山大南路 20 号
邮政编码　250100
发行热线　(0531)88363008
经　　销　新华书店
印　　刷　济南新科印务有限公司
规　　格　720 毫米×1000 毫米　1/16
　　　　　16.5 印张　296 千字
版　　次　2024 年 5 月第 1 版
印　　次　2024 年 5 月第 1 次印刷
定　　价　68.00 元

《涉案企业环保合规整改指引》

编委会

主　编　孙天锋　郇长杰

副主编　张春岳　宋教德

编　委　夏寿岩　陈为涛　陈爱宝　潘美辰

张洪亮　姜爱丽　赵姝丽　于晓昆

李　祺　黄龙雯　孙兴亮　王国卿

总 序

在当今竞争激烈和全球化的商业环境中，企业合规体系建设成为保障企业可持续发展的重要组成部分。企业面临着法律法规、道德准则以及社会期望等多方面的合规要求，如不合规则就可能带来不可估量的法律风险和声誉损失。

国家出台多部法律法规，明确要求企业强化合规管理，建立合规制度，党内法规亦作为合规依据载入《中央企业合规管理办法》。

遵守法律法规，践行社会主义核心价值观，加强企业内部管理，促进社会和谐稳定，已成为企业合规文化的重要组成部分。正因如此，我们推出“企业合规体系建设丛书”，旨在帮助企业增强合规意识，建立合规文化，并将合规纳入日常运营的各个环节。通过遵循最佳实践和国际/国家合规标准，企业可以更好地管理风险，确保公平竞争，保护利益相关者，并为企业员工、客户和社会创造持久的价值。

本丛书的编写团队由合规领域的专家和学者组成，他们在合规管理、法律法规遵从、商业道德等方面拥有丰富的知识和实践经验。

本丛书的主题广泛而深入，包括但不限于劳动人事合规、反垄断合规、反商业贿赂合规、环保合规整改等方面。每一分册都提供了实用的指导原则、案例分析和操作建议，旨在帮助读者理解合规的重要性，并为实际操作提供指导和启示。

最后，感谢所有为本丛书作出贡献的专家和学者，他们的知识和实践经验保证了本丛书的质量。希望本丛书能够成为企业合规领域的重要参考，为广大企业家、管理者和法律从业人员提供实用、可操作的建议，推动企业合规建设在全球范围内达到新的高度。

祝愿读者在阅读本丛书时获得丰富的知识和无限的启发，并能够将所学应用于实际，以建设更加合规和可持续的企业。

2023 年 7 月

前　言

合规的理念在中国古代社会就有所呈现，孟子曾言："不以规矩，不能成方圆。"西周时期的礼对社会起着类似合规的调解作用，"礼"与"刑"互为表里，相辅相成，共同构成了周朝完备的法律体系。其中"礼"类似于合规中的"道德意识提前构筑层面"，是积极主动的正面教化规范，属于防患于未然的预防；"刑"类似于合规中的"规则规范执行层面"，是事后消极的处罚和处理，属于惩恶于已然的制裁。凡"礼"所禁止，必"刑"所不容，即所谓的"出礼而入刑"。

现代"合规"其词义源自英文"Compliance"一词，意思是"符合规定"。通常认为，现代企业合规正式出现在20世纪五六十年代的美国反垄断大潮中，当时众多美国电气设备龙头企业及其高管遭遇反垄断指控。当时的美国联邦交易委员会主席宣称，如果这家企业建立并执行了合规体系，证明其能迅速纠偏，那么这家企业就是靠谱的。20世纪70年代美国系列财务丑闻，更进一步推动了企业合规管理体系建设，非法政治捐献、行贿等违规行为成风，倒逼政府有所作为。为了遏制企业贿赂行为和恢复公众信心，美国于1977年颁布了《反海外腐败法》，要求上市公司在贿赂、记账以及其他方面执行更为正式和严密的合规政策。

我国涉案企业合规改革试点工作自2020年3月开始，2022年4月全面推开，取得显著成效，其必要性和重要性得到广泛认可，涉案企业合规改革研究的语境与框架体系基本建立。审判机关和检察机关共同推动涉案企业合规刑事诉讼全流程适用，推进刑事诉讼法立法完善的改革态势已经形成并持续深化。

在涉案企业合规改革过程中难免会遇到诸多疑问甚至反对意见。编者所在合规团队在先后办理的几十起涉案企业合规整改案件中，甚至是在合规领域研讨会议上，也的确听到了一些不同声音。例如，不少办案机关对合规望而生畏，不敢接受整改申请；有的办案机关怕承担责任而放手不管；有的第三方组织人员不知从何下手进行监督评估；司法实践中仍然存在纸面合规和形式合规的现象；有人认为合法就是合规；有人认为只有案件到了检察院审查起诉阶段才能进行合规整改；有人认为中国的合规改革应照搬国外放过企业但严惩负责人的做法；有人认为第三方组织经费保障没有真正落实……诸如此类的观点碰撞和认识误区不胜枚举。

环境污染和生态破坏促使社会形成了加大对环境违法犯罪行为惩罚力度的共识，2014 年修订的《中华人民共和国环境保护法》被称为史上最严环境保护法律，首次将保护环境确立为基本国策，首次确定生态保护红线制度、环境保护目标责任制、跨行政区域联防协调机制等。明确了按日计罚规则、扩大了责任主体范围、规定了较高罚款标准和限制人身自由罚。环境犯罪的罪名和具体规则通过刑法修正案和相关司法解释、典型案例也不断发展，呈现环境违法犯罪刑事制裁范围扩大、介入时间提前、量刑加重的倾向。最高人民检察院发布的合规改革典型案例中环保合规案例最多，环保合规案例最具典型性，环保合规是企业合规的重中之重。

本书的写作思路，首先是从实务的维度，以涉嫌污染环境罪案例为切入点，分层次、分阶段全面深度解读环保合规类案件整改操作流程，从而为涉案企业、合规顾问、第三方机制管委会、第三方组织、检察机关、工商联、听证人员、辩护律师等提供实质合规整改路径和参考。其次，充分论证合规改革的意义、作用、价值以及必要性和紧迫性，以期在理论上尽快廓清认知误区，让更多的同仁认识到合规建设的重大意义。最后，为赋能合规改革政策合法性和正当性根基，在充分论证合规改革的底层逻辑基础上提出修法建议。

本书的内容框架包括以下几个方面。

首先，概述涉案企业合规整改，主要内容包括涉案企业合规改革试点的发展及政策依据，涉案企业合规整改的概念、意义、适用范围、适用条件和基本流程。

其次，本书在分析吴××涉嫌污染环境罪案例的基础上，围绕F企业环保合规整改建设、评估和审查展开全面、详尽阐述。其中包括吴××涉嫌污染环境罪基本案情介绍，F企业合规整改条件、犯罪原因分析；合规整改启动，整改初期的自查自纠，涉案企业合规建设、合规检查、反馈整改、交付文件化成果、配合评估验收，合规管理地持续改进；合规整改计划设计的有效性评价标准、合规整改计划执行的有效性评价、合规整改执行效果的有效性评价；外部合规专业团队的运行；第三方机制管委会的产生、职责和工作机制；第三方组织的产生、职责及管理考核；第三方组织监督评估工作流程、履职义务和要求；检察机关合规审查工作内容和流程等。其中一个亮点是所附的文书模板，涉案企业、办案检察机关、第三方组织等在合规建设、考察评估和最终审查时皆可参照使用。同时，本书解读了党的二十大报告、中央经济工作会议精神、《中央企业合规管理办法》等新政策、规章对企业环保合规的影响。

最后，围绕刑事合规的适用条件和启动程序、合规改革过程中具体操作问题、刑事合规的底层逻辑和改革方向，提出了修法建议。

合规改革实践过程中出现了一个新思路，基于目前涉案企业合规整改的适用申请、整改验收及处理意见需要层报省级检察机关，实践中可能会因为以上程序时限长、需准备的材料复杂，无法使每个企业都能获得批复，因此一些没有获得批复但又具备整改条件的企业就丧失了机会。实践中企业可以自行进行合规整改，并委托第三方组织进行考察评估，评估结论作为量刑证据提交给法院审查。这种不再局限于检察机关审批的合规整改结果如何适用也值得探索。

本书的诸多观点亦能为企业事前合规体系建设提供借鉴和参考，尤其是涉及环境保护的市场主体。

本书写作过程中学习和参考的重要文件包括但不限于：《关于建立涉案企业合规第三方监督评估机制的指导意见（试行）》（高检发〔2021〕6号）、

《〈关于建立涉案企业合规第三方监督评估机制的指导意见（试行）〉实施细则》（全联厅发〔2021〕66 号）、《涉案企业合规第三方监督评估机制专业人员选任管理办法（试行）》（全联厅发〔2021〕66 号）、《涉案企业合规建设、评估和审查办法（试行）》（全联厅发〔2022〕13 号）、《中央企业合规管理办法》（国务院国有资产监督管理委员会令第 42 号）、《中小企业合规管理体系有效性评价》、《合规管理体系要求及使用指南》（ISO 37301：2021）、《合规管理体系要求及使用指南》（GB/T 35770—2022）。

编者所在合规团队由山东豪德律师事务所律师、济南中合合规研究院研究员组成，在合规改革实践过程中，做过企业的合规律师、合规建设领导小组成员，担任过第三方组织组长或成员，作为合规专家出席过审查听证，为第三方机制拟定过文书模板，为办案机关进行过合规讲座，被检察机关聘任为合规顾问，承接过数个合规研究课题，发表过数十篇企业合规论文……这些成果多是边学边干边摸索边总结，对涉案企业合规改革的见解难免挂一漏万，欢迎读者朋友们批评指正。

本书借鉴和参考了陈瑞华 、李奋飞、谢鹏程、李本灿、姜先良等专家对刑事合规的观点和看法，得到刘红霞、李近宇、胡国辉、李铁男等合规国际标准制定者的启发，编者深表感谢。还要感谢青州市人民检察院张春岳检察长、寿光市人民检察院宋教德检察长提供的大量案例素材及中肯的修改意见；感谢潍坊市法学会的指导，感谢潍坊市律师协会合规业务委员会各位同仁的鼎力支持，感谢山东豪德律师事务所、济南中合合规研究院的无私奉献。

编　者

2023 年 11 月

目　录

第一章　涉案企业合规改革试点的发展及政策依据

2018年，最高人民检察院（以下简称“最高检”）发布了十一项具体检察政策，对企业负责人涉经营类犯罪，依法能不捕的不捕、能不诉的不诉、能不判实刑的提出适用缓刑建议，引起了社会广泛关注。最高检提出，要依法宽严相济。涉案企业需要作出合规承诺，进行合规整改，并经过第三方监督评估机制的评估，才有可能获得从宽处理的机会。涉案企业合规改革（以下简称“合规改革”）的制度背景是，风险增多，国家单一规制能力和资源有限，因此需要引入企业的自我管理，以提升企业犯罪预防的效果。[①]

一、涉案企业合规改革试点的发展

合规改革试点，是近几年最高检重点工作之一。2020年3月伊始，最高检在上海浦东、金山，江苏张家港，山东郯城，广东深圳南山、宝安六家基层检察院开展企业合规改革第一期试点工作，2021年3月，第二轮试点扩大到10个省份的27个市级检察院和165个基层检察院。2021年9月，最高检、中华全国工商业联合会（以下简称“全国工商联”）等九个部门组建成立第三方监督评估机制管理委员会（以下简称“第三方机制管委会”），第三方机制管委会办公室设在全国

① 参见李本灿：《刑事合规的基础理论》，北京大学出版社2022年版，第100页。

工商联，各地也在加快推动建立本级第三方机制管委会。第三方机制管委会选任组成的第三方监督评估组织（以下简称“第三方组织”），对涉案企业的合规承诺进行调查、评估、监督和考察，考察结果作为检察院依法处理案件的重要参考。2022年《最高人民检察院工作报告》明确提出，“着力营造安商惠企法治化营商环境”，目前的合规改革试点，已从当初的星星之火发展成了燎原之势，合规成了司法界的热点话题。2022年4月2日，最高检适时会同全国工商联召开合规改革工作部署会，合规改革试点在全国检察机关全面推开，进一步释放司法红利，以检察履职更好地服务经济社会高质量发展。也就是说，自2022年4月起，有无条件的都要适用企业合规改革这项制度，应适用、能适用尽量适用，合规改革进入了一个新的阶段。全面推开合规改革试点工作以来，适用主体更加多元，案件类型不断丰富，工作势头日趋良好。

到了2022年6月，也就是第三方监督评估机制实施一年的时候，最高检又联合全国工商联召开了第三方监督评估工作推进会，在原来的九家成员单位的基础上，吸收了人社部、应急管理部、海关总署、证监会作为新的第三方机制的成员。目前地方层面的第三方机制管委会，各地的情况还是有所差别，有的是按照国家层面“九＋四”标准进行组建，例如上海、江苏、湖北等地；有的出发点比较高，在国家层面基础上进行了扩充、拓展，例如北京增加了金融局、知识产权局，包括互联网金融协会，浙江在省级层面扩展到23家，而贵州将成员单位扩展到28家。

最高检张军检察长在第四届民营经济法治建设峰会上又指出，护航民营经济高质量发展，“功夫在诗外”，重在落实。法治建设既要抓末端治已病，更要抓前端治未病，在营造法治化营商环境中坐实溯源治理。

陈瑞华、李奋飞教授刊登在《法治日报》的《刑诉法如何吸收企业合规改革的成果》中提到，截至2022年12月，全国检察机关累计办理涉案企业合规案件5150件，较2022年4月初全面推开时新增了3825件；其中适用第三方监督评估机制案件有3577件（占全部合规案件的69.5%），较2022年4月初全面推开时新增了2976件。对审查为有效合规整改的1498家企业、3051人依法作出不起诉决定。另有67家企业未通过监督评估，企业或企业负责人被依法起诉追究刑事责任。在适用涉案企业合规的案件中，法定刑三年以上案件及适用认罪认罚从宽制度提出轻缓量刑建议的案件所占比例在逐步上升。最高人民法院民二庭发表在《人民法院报》的《关于人民法院开展涉案企业合规改革的调研报告》记载，2023 年上半年，全国法院共办理涉企合规案件 508 件，其中，一审阶段涉企合规案件 495 件，二审阶段涉企合规案件 13 件。从分布区域看，全国所有省、自治区、直辖市法院均涵盖，这意味着涉案企业合规改革在人民法院全面推开的良好态势也正在初步形成。

最高检第四检察厅厅长张晓津在接受记者采访时说："截至 2023 年 12 月，全国检察机关已累计办理涉案企业合规案件 9016 件。总的来看，当前涉案企业合规改革所涉罪名基本上涵盖了与企业生产经营相关的绝大多数罪名。其中罪名主要包括：虚开增值税专用发票罪、虚开发票罪、污染环境罪、重大责任事故罪、串通投标罪、假冒注册商标罪、走私普通货物罪等罪名。对于实践中案件较少的违规不披露重要信息罪、内幕交易罪、非法获取计算机信息系统数据罪等罪名，也有适用。"①

现在各级检察院正如火如荼地推进合规改革试点工作，相关合规不起诉的案例也不断涌现，检察机关积累了相当丰富的办案经验。

总的说来，涉案企业合规案件办理呈现了以下六个特点。

（一）合规办案初具规模，监督评估成效逐步显现

如前所述，截至 2022 年 12 月，在全国检察机关累计办理的涉案企业合规案件 5150 件中，适用第三方机制的案件接近 70%，相较 2021 年第三方机制正式启动，成效比较明显，较 2021 年 10 月底案件数翻了两番。合规办案基层检察院覆盖率不断提高，其中北京、山东、天津、上海、河北、辽宁、吉林、江苏、安徽、湖北、广西、重庆、贵州等 13 个省（自治区、直辖市）已实现合规办案全覆盖。特别是山东，截至 2022 年 6 月，山东涉案企业刑事专项合规适用案件涉及的罪名最多，达到 59 种，江苏 50 种、广东 40 种。江苏、山东、湖北这三个省累计的办案数已经突破了 1000 件，占全国案件数的 40%，其中山东适用第三方机制的案件数遥遥领先，而且适用率目前保持在 100%。目前各地对合规案件的办理都有探索，像北京、广东已经开展了对央企的合规整改，江苏、湖北对未通过第三方监督评估的企业和责任人从严追溯，辽宁等地建立了常态化办案指导考评机制，同时各地的办案绩效不断提升，行刑衔接、检察听证、认罪认罚从宽制度等相关制度

① 《最高检四厅厅长张晓津：推进涉案企业合规改革刑事诉讼全流程适用》，《新京报》2024 年 3 月 5 日。

都得到了比较好的运用，改革已经取得了比较好的法律效果、社会效果、政治效果。

人民法院开展涉案企业合规改革以来，各地法院受理的经济犯罪案件中，单位犯罪案件数呈明显下降趋势，相较于 2022 年同期，2023 年上半年一审审结的单位犯罪案件数下降了 5.36%，在一定程度上说明涉案企业合规改革在防控企业再犯风险、治未病抓前端、促进相关企业合规管理体系建设方面的成效不断凸显，“诉源治理”最大限度地缩小了社会对立面，促进社会持续稳定健康发展的内生因素在增强。

（二）第三方监督评估方式不断创新

各地第三方机制管委会结合涉案企业的类型特点，有针对性地从专业人员库中抽取专家，组建第三方组织，跨省监督，开展工作，包括长三角、京津冀地区的协作机制都有效地发挥了作用。上海、广东、浙江、山东都有跨省合作监管的实践，京津冀也在计划签署京津冀第三方监管协作机制的相关文件，进行跨区域监管一体化建设合作。

（三）合规改革不断深入、共识不断扩大，为涉案企业营造了良好营商环境

作为统筹推进理论研究和实务指导的一个机制性组织，最高检内部涉案企业合规问题研究指导组截至目前至少开展了 8 次例会，相关的合规动态也至少研发了 54 期。

一个案例胜过一沓文件。最高检将刑事合规典型案例的编发作为一项重要工作，不断在加大力度，加快节奏，加密批次。截至目前刑事合规典型案例已经发了四批 20 件，总体上是半年一批。刑事合规案例相对于其他的典型案例来说，社会各界给予了更多关注，不少专家学者包括一些律师界的专业人士，都以最高检公布的案例为样本，进行了系统深入研究，对编撰工作作出了充分的肯定和确认，同时也指出了未来需要努力的方向。最高检在培育选择发布这些案例的时候，要考虑的问题更多，周期比较长。第三批典型案例 2022 年 8 月发布，第四批典型案例 2023 年 1 月 16 日发布。未来案例的编发应将更加侧重于重点领域、新类型，有影响力、效果好的，特别是能够体现刑事合规改革方向的一些案件，各级检察办案人员也应因地制宜，积极提供相关的线索和材料，持续培育有代表性、有影响力的典型案例，不断增强涉案企业合规改革的影响力。

地方检察机关亦根据地域具体情况制定了大批的规范性文件，让我们看到了合规改革的热情和司法智慧，最高检的前期研究有很多也是基于这些规范文本进行的。

在开展涉案企业合规改革中，人民法院依靠党委、政法委的领导，加强与检察、公安等部门的对接，深化协同、形成合力，在依法做好案件办理的同时，及时出台规范性文件、发布典型案例，努力营造良好营商环境。例如，湖北省高级人民法院与湖北省人民检察院召开党组联席会议，共同审议《关于办理涉案企业合规案件的指导意见》，广东省深圳市福田区公检法联合会签《企业合规工作衔接办法》。在深入总结前期合规改革经验的基础上，最高人民法院会同最高检研究起草了规范性文件，将涉案企业合规从刑事合规延展到民商事、行政、执行等司法审判的全过程，目前已完成征求意见工作，正在结合反馈意见修改完善。

2023 年 4 月，最高人民法院加入国家层面涉案企业合规第三方机制管委会。2023 年 7 月，中共中央、国务院发布《关于促进民营经济发展壮大的意见》，强调“深化涉案企业合规改革，推动民营企业合规守法经营”。自此，涉案企业合规改革上升为党中央、国务院的重要部署，并从刑事案件检察环节延伸到审判环节乃至刑事诉讼全流程，从涉刑事案件企业合规拓展为涉民商事案件、行政案件、公益诉讼案件以及涉执行案件企业合规，各类涉企案件合规改革探索合力持续汇集，改革的力度、广度与深度持续增强。

（四）刑事合规改革试点中的问题和不足仍比较集中

1.刑事合规基础理论研究薄弱

国内对合规制度的研究刚刚起步，刑事合规基础理论研究薄弱。存在研究视角混乱、体系性和类型化不足、对刑事合规制度的正当性根据关注不够、对刑事合规制度的边界问题关注不足等问题。[①] 刑事合规基础理论研究的系统性、完整性、一贯性、典型性亟须加强。

2.立法、司法、企业应对合规风险供给不足

立法层面，刑事合规制度尚未进入效力层次较高的法律之中；司法层面，对企业犯罪司法打击力度小；企业层面，企业缺乏合规意愿和动力，海外经营遭受

---

① 参见李本灿：《刑事合规的基础理论》，北京大学出版社 2022 年版，第 30—31 页。

合规风险多。

由于我国司法部门对立法和司法解释过于依赖，缺少通过解释方式构建刑事合规制度的主观能动性，合规理念、制度和技术对于绝大多数司法人员仍是一片空白；司法不严或选择性执法，消减了成本更高的合规管理存在的必要性。

因缺乏明确而有效力的"合规不起诉""合规影响量刑"的基本规则，且囿于合规建设需要更多资源投入，企业的合规管理意愿和动力远远不足。但实际上，企业现在所面临的海外经营合规风险正在日益恶化和增多。

3.企业规模、合规案件类型有待进一步拓展

从世界范围来看，域外进行的刑事合规针对的都是大型企业、集团企业，甚至是知名跨国公司。从我国现有规定来看，涉案企业合规适用于所有规模、类型和性质的企业，在企业规模上既包括大型企业，也包括中型企业和小微企业，在企业性质上既包括央企国企，也未排除私企、外企和混合所有制企业。

从目前最高检发布的典型案例来看，改革实践中尽管适用第三方机制的案件数量较多，但是涉案企业合规改革的试验对象绝大多数都是中小微企业，第二批企业合规典型案例中涉及的张家港一家小微企业只有 3 个职工。这说明我国中小微型企业开展涉案企业合规的需求更为迫切，主要原因在于，中小微型企业家族管理较多，内控机制相对不完善，刑事合规建设基本处于空白状态，防范、抵御刑事风险的能力较薄弱，相应地，进行合规整改的需求也更为刚性和迫切，因而我国将小微企业纳入涉案企业合规的范畴，完全符合我国目前的国情与实际。

目前大型企业、规上企业、央企、国企合规改革案例，真正有代表性、有影响力的重大合规案件，能够给我国立法建议提供有力支撑的典型案例还很少。但是对大型企业来说，开展企业合规也势在必行。首先，大型企业组织庞大人员更多，其违规产生的风险更大；其次，大型企业海外经营范围广，面临长臂管辖等更为现实和紧迫的执法风险；最后，大型企业业务范围大，合规建设的辐射力强，能够带动更多上下游产业链的企业逐步实施合规管理。

一些地方合规案件的储备不是很足，类型比较单一，涉发票类、涉税类的简单案件比较多，重大疑难复杂案件少，仍需共同努力，加大力度完善案件结构。

4.合规案件办理质效不高

很多地方特别是合规试点比较晚的地方，对于相关合规改革文件精神吃不透，政策把握的尺度存在偏差，甚至一些地方为了消灭所谓的"空白院"而去硬凑

合规办案数,为了合规而合规。比如,没有合规之前本来就可以作出相对不起诉的案件直接选择进行合规,甚至是把一些不适合合规的“挂案”也拉过来进行合规,这样效果适得其反。同时,对于三年以下的适用认罪认罚从宽量刑建议的案件,适用合规的比例仍然偏高。未来各省级检察院应认真落实合规案件统一把关、逐案审核职责,全面综合评估涉案企业运行状况、责任人犯罪情节及认罪认罚等综合因素,确保合规改革积极稳妥、依法规范。当然,最高检的监督指导也要紧紧跟上。另外,有的地方还存在纸面合规、虚假合规、形式合规、应付合规等现象。

5.各地合规办案工作存在不平衡

山东、江苏、北京、上海、天津、吉林这 6 个省市已经率先实现了合规办案全覆盖,即这 6 个省市所有具备条件的检察院都已开展合规案件办理,办案的规模和质效也同步提升;同时,后期 10 个试点省份中,比较突出的如安徽、江西这两个省,在基层检察院办案覆盖率、办案数以及适用第三方机制案件数中居于前列。但是还有相当多的地方,有条件的检察院还没有开展合规案件办理工作,特别是一些中西部地方差距明显。这里面既存在机制不畅的问题,也有一些认识差距问题,更多的是抓工作的力度不足的问题,特别是有的地方只是孤立地推合规,检察机关与公安机关、行政机关与法院的沟通协调和合规互认不够,导致一些案件处理效果不尽理想,改革的合力和合规的成效还有待提升。

6.第三方机制适用成熟度不够

第三方机制适用的范围、依赖程度,各方对第三方机制的认识深度和配备工作力量,第三方机制管委会职责分工清晰度(还未能确保做到职责不错位、工作不缺位、担当不越位),第三方组织的选任培训、管理考核、经费保障、信息技术应用方面,当地党委、政府对第三方机制工作的认可等,都有待进一步提升。

刑事合规改革试点中的以上问题和不足仍比较集中,需要在改革实践中持续推进解决。

(五)试点事前合规探索

1.通过行业指引企业建立健全合规管理体系

事前合规,即通过建立事前合规的组织、制度和机制,识别、分析、评价企业合规的风险,再通过主动整改建立预警和应对机制,从而预防和避免企业的涉案风险。

在涉案企业合规改革工作中进行事前合规，本质上是在推动企业的合规体系建设。比如，江苏张家港，在已有的50家企业以及一个行业商会中启动了合规建设，13家企业通过合规验收，而且已经开展了涉外领域的合规改革，并启动企业合规改革试点。福建晋江也有26家单位联合成立了民营企业合规建设服务联盟，研发自己的法律风险自检体系和合规体检的行业标准，形成了一种指引，开展了人才培训，免费为企业提供合规体检服务。重庆两江也有自己的探索。

2.鼓励建立事前合规体系

第三方机制管委会与有关部门对接，争取奖励以刺激事前合规体系的建立。比如，福建三明市在设立第三方机制管委会后就鼓励开展合规建设，树立重合同、守信用的评比指标，将事前合规作为企业申报新一代信息技术与制造业融合发展示范项目的重要内容，以及作为后勤经费支持的参考依据。湖北随州、山东沂水等地，在第三方评估过程中也探索了通过向职能部门建议和开展行业合规等方式，引导企业建立合规，在行政执法领域开展合规试点。

涉案企业合规改革实践探索将不断推动中国特色现代企业规制、司法制度的发展完善。合规改革到哪里，第三方机制就建设到哪里。近期人力资源和社会保障部、应急管理部、海关总署、中国证监会为第三方机制管委会开放创新平台，各级管委会将不断聚合资源，增强合力，助推企业合规运营，助力经济稳定预期，助力经济高质量发展。

（六）附条件不起诉居于主流

试点单位主要通过附条件不起诉、相对不起诉以及认罪认罚从宽处理机制推进企业合规，其中附条件不起诉模式居于合规改革主流。

最高检第四检察厅负责人就发布涉案企业合规典型案例（第四批）答记者问时，指出了2023年检察机关对于深入推进合规办案的工作重点。2023年，全国检察机关将以深入学习贯彻党的二十大和中央经济工作会议精神为契机，全面贯彻习近平法治思想，以高质量的经济犯罪检察工作服务保障经济社会高质量发展。对于涉案企业合规改革，将重点围绕合规办案提质增效，抓好以下工作。

一是落实“从政治上看”，做实平等保护，推动涉案企业合规改革走深走实。

深入开展涉案企业合规改革试点工作是检察机关全面贯彻习近平法治思想，深入学习贯彻党的二十大精神，认真落实中央经济工作会议、中央政法工作会议精神，深化创新能动履职，积极融入社会治理、促进诉源治理的务实举措。2023年全国检察长会议专门对深化涉案企业合规改革进行强调和部署。涉案企业合规案件办理的普及性，以及相当数量的案件积累，是推动这项改革走深走实的必然要求和重要支撑。最高检要求各级检察院要坚持“从政治上看”，胸怀“国之大者”，切实增强责任感、使命感，继续以高度的政治自觉、法治自觉、检察自觉，深入推进涉案企业合规改革，持续扩大办案规模，逐步拓展案件范围，充分利用第三方监督评估机制，更加重视做好合规“后半篇文章”，注重加强行刑衔接，积极推动涉案企业合规改革立法，落实对各类所有制企业依法平等保护，以检察工作现代化服务中国式现代化，助力经济高质量发展。

二是高度重视业务学习，实事求是、精益求精，不断提升办案质效。2024年，涉案企业合规改革将进入新的阶段。针对新形势、新要求，最高检要求各级检察院要切实加强对涉案企业合规改革相关精神的学习领会，特别是要高度重视对相关规范性文件、会议纪要、典型案例的学习研究。要积极稳慎探索在重大复杂案件和国有企业、大型企业、跨国企业案件中的适用，推进刑事诉讼全流程适用。上级检察院特别是省级检察院要持续加大对下业务指导力度，加强调查研究和督促检查，落实备案审查，跟踪指导企业合规案件办理工作。办理合规案件要重质效，防止滥竽充数。要防止以“合规”为名办人情案、关系案、金钱案，防止虚假合规、合规腐败和问题案件，确保改革严格依法、规范有序、健康发展。

三是持续发掘、培育典型案例，不断扩大改革影响力，积极为推动立法提供丰富的实践样本。“一个案例胜过一沓文件。”涉案企业合规改革的成效要靠众多具体鲜活、类型丰富的成功案例来体现，推动立法完善更需要高质量的典型案例作支撑。检察机关将高度重视案例发掘、培育和指导工作，切实增强案例意识，精心办理每一起涉案企业合规案件，及时总结案件的指导意义、典型意义，努力发掘、培育一批有代表性、影响力的涉案企业合规典型案例，进一步强化案例指导和以案释法，不断扩大改革的影响力。

二、涉案企业合规改革试点的政策依据

为给合规改革提供依据，最高检等九部委出台了一系列指导意见和管理办

法，如《关于建立涉案企业合规第三方监督评估机制的指导意见（试行）》（高检发〔2021〕6号）、《〈关于建立涉案企业合规第三方监督评估机制的指导意见（试行）〉实施细则》（全联厅发〔2021〕66号）、《涉案企业合规第三方监督评估机制专业人员选任管理办法》、《涉案企业建设、评估和审查办法》、《涉案企业合规第三方监督评估机制管委会办公室工作规则》，还有各省自行制定的《关于建立涉案企业合规第三方监督评估机制的实施意见》《第三方专业人员选任管理办法》，《中央企业合规管理指引（试行）》《中小企业合规管理体系有效性评价》《中央企业合规管理办法》也先后在合规改革过程中起到重要指导作用。目前合规建设评估和审查亦可以参照合规国际标准 ISO 37301：2021《合规管理体系要求及使用指南》和合规国内标准《合规管理体系要求及使用指南》（GB/T 35770—2022）。

涉案企业合规整改相关的指导意见、实施细则、选任办法，建设、评估和审查办法，管委会的管理办法，包括一些相关地方规范性文件的汇编，这些政策依据的四梁八柱目前都已建成，将快速高效赋能、加持、推进涉案企业合规改革，同时为刑事合规立法打下了坚实基础。

从立法论的角度而言，未来的立法应当考虑刑事合规的制度构建，这不仅源自其理论上的正当性，还在于明示的刑事合规规则对于唤醒企业合规意识具有重要作用。然而，可以预见，立法对刑事合规制度的回应需要较长的时间。在立法尚未构建刑事合规制度之前，通过解释论的方法，将合规理念融入刑事司法，不失为经济、实用的选择。通过将合规与单位刑事责任建立联系，不仅使公司刑事责任量定趋于科学化，客观上还起到了推动企业合规的作用，可谓意义重大。①

① 参见李本灿：《刑事合规的基础理论》，北京大学出版社2022年版，第100页。

第二章　涉案企业合规整改的概念及意义

一、涉案企业合规整改的概念

（一）合规与合规管理

合规，字面意思是符合规定，合乎准则，遵守法律。

从主体不同划分，合规有广义、狭义之分，广义的合规指所有企业、机关、个人等主体都应符合、遵守和执行法律、法规、规章、国际条约、商业惯例、道德操守等规范，狭义的合规指企业及其员工符合、遵守和执行适用于企业的合规规范。

现在语境下，一般意义上的"合规"，指的是狭义的企业合规，其全称是企业合规管理。企业合规管理，具体是指企业在遵守法律法规、国际条约、监管规定、行业惯例、规章制度和道德规范等基础上的治理方式。2022 年 10 月 1 日，国务院国资委发布《中央企业合规管理办法》，其中所称的"合规管理"是指企业以有效防控合规风险为目的，以提升依法合规经营管理水平为导向，以企业经营管理行为和员工履职行为为对象，开展的包括建立合规制度、完善运行机制、培育合规文化、强化监督问责等有组织、有计划的管理活动。

（二）企业合规与涉案企业合规

狭义的企业合规，从合规管理的内容和范围来划分，又分为大合规和小合规。

大合规是指企业建立全面合规管理体系，合规管理覆盖企业各部门、各领域、各环节、各子分公司和全体员工。小合规又叫专项合规管理计划，是指企业针对某业务领域(市场交易、安全环保、财税管理、知识产权、人力资源等)、某管理环节(经营决策、制度制定、执行监督等)、某岗位人员(涉密、涉外、采购人员等)等进行的专项合规管理计划。

涉案企业合规改革，一般被称为合规不起诉改革，也叫刑事合规改革，全称是涉案企业合规整改改革。合规改革属于企业合规范畴内的小合规，是企业针对涉嫌的某项罪名进行专项合规治理以求减免刑事责任的司法激励制度。

合规改革实质上是将企业合规机制引入刑事诉讼流程中，用刑事政策推动企业领导人履行组织体的合规塑造义务。尤其是检察裁量的全程当中，检察机关把企业涉案后的合规整改情况作为办案中捕与不捕、诉与不诉的一个重要参考，是目前“最吸引企业家眼球”的一种事后刑事合规激励措施，国外又称“不起诉协议制度”(NPAs)或“暂缓起诉协议制度”(DPAs)，有的国家只引入了DPAs，比如英国、法国。

涉案企业合规整改包括涉案企业的合规建设、第三方监督评估组织的合规评估、检察机关的合规审查三个方面。

合规建设是涉案企业针对与涉嫌犯罪有密切联系的合规风险，制定专项合规整改计划，完善企业治理结构，健全企业内部制度机制，形成有效合规管理体系的活动。

合规评估是指第三方组织对涉案企业的专项合规计划建设和相关合规管理体系有效性进行了解、评价、监督和考察的活动。

合规审查是指负责办理案件的人民检察院对第三方监督评估组织的评估过程和结论进行审核。

有的小微企业进行合规改革未启动第三方机制，又称“简版合规”或“简式合规”，是“mini 版”的附条件不起诉模式。人民检察院对小微企业提交的合规计划和整改报告直接进行评估和审查。这些企业规模比较小，涉嫌的罪名也较常见，本身不复杂且整改难度不高，加之一些小微企业的合规整改基础也较好，而且有合规典型案例做指引，检察机关自我监管没有太大障碍、足以解决问题，使用第三方监管意义不大或者说没有必要。经济实力薄弱的小微企业采用简式合规模式，既节省合规的资源投入，亦与企业的规模、风险、行业等因素相适应，也符合合规整改的比例性原则。

目前，大多数涉案企业合规整改采用了涉案企业合规第三方监督评估机制（以下简称“第三方机制”），又叫范式合规。第三方机制是指人民检察院在办理涉企犯罪案件时，对符合企业合规改革试点适用条件的，交由第三方机制管委会选任组成的第三方监督评估组织，对涉案企业的合规承诺进行调查、评估、监督和考察，考察结果作为人民检察院依法处理案件的重要参考。这种合规考察模式，是典型的附条件不起诉模式，占合规试点案件的大多数。范式合规附设条件，设置考察期、设置合规监管人（同前述第三方组织，即由合规监管人组成的考察组织）、设置验收评估报告制度、验收听证会等合规整改标配程序。这种附条件不起诉模式，经合规改革实践证实其具有普遍适用性和蓬勃生命力，也将是我国未来合规改革的主流模式。

即使是再小的一个案子，只要启动了第三方机制，所有的程序全部走下来，都要倾注大量的人力、精力和资源，因此山东省在合规改革中全面力推第三方机制，是非常难能可贵的。但也要根据实际情况选择合适的合规考察方式。

我国于 2021 年 6 月起建立第三方机制。独立的第三方机制能在很大程度上保障考察评估权力在阳光下运行，保证监督权力公正独立有效行使，现已经成为我国涉案企业合规改革的主流。目前全国也已经建立健全了相关的配套衔接机制，这些衔接机制成为涉案企业合规改革不可或缺的重要运行载体。截至 2022 年 6 月，2382 件刑事合规里面就有 1500 多件适用第三方机制，接近 2/3，发展之快、成效之好超出预期。同时，第三方机制的有力运用也扩大和加密了检察机关的“朋友圈”，赋能和增强了合规改革的“工具箱”，提升了涉案企业合规改革的影响力，让这项制度从检察院一家独奏变成联台大合奏和同台大合唱。

本书即是从第三方机制维度阐释涉案企业合规整改。第三方机制的建立和运行，应当遵循依法有序、公开公正、平等保护、标本兼治的原则。

综上，涉案企业合规整改是由检察机关牵头的对于办理的涉企刑事案件，由企业针对与涉嫌犯罪有密切联系的合规风险，制定专项合规整改计划，完善企业治理结构，健全内部规章制度，建立合规管理体系，由第三方组织或检察院自行对涉案企业的合规建设进行了解、评价、监督和考察，并由检察机关根据评估结果，依法作出不批准逮捕、不起诉决定或者根据认罪认罚从宽制度提出轻缓量刑建议的一项司法活动。

简而言之，涉案企业合规整改是国家运用刑事法律制度推动涉嫌犯罪企业完善内部治理的行为。企业或其员工在涉嫌犯罪后，国家依法启动纠正企业经营行为偏差、消除犯罪原因的法律程序,以降低其犯罪的社会危害性和再犯危险性,并促进企业完善治理、合规经营,是一种激励性司法活动。

涉案企业合规整改,从企业角度而言,是涉案企业的一种现代化治理方式,具体是指企业刑事合规管理的一种类型。除此之外还有非涉案企业的刑事合规管理,即非涉案企业事前刑事合规。事前刑事合规是指在企业经营管理及其员工履职时遵守国家刑事法律和刑事政策,在治理层面上落实刑事法律风险的评估、预防等机制,从而避免企业被追究刑事责任的风险而执行的合规计划或者措施。涉案企业合规与事前刑事合规既有联系又有区别。

两者联系在于:首先,二者都通过企业内部的合规计划、措施,促使企业不触犯刑法,防止、避免被定罪,防止企业商誉受到重大不利影响,防止企业经营陷入困境。企业进行有效的事前刑事合规,防范刑事风险,则可以避免企业违法犯罪。涉案企业通过有效合规整改,一旦获得不起诉的结果,则也能避免被刑事定罪。其次,从犯罪预防的角度来说,涉案企业合规和事前刑事合规均体现了国家和企业合作治理犯罪的模式,有助于节约国家治理犯罪的司法成本,二者的最终目的都是达致犯罪治理的最优化。

两者又有明显区别:首先,二者发生的时间点不同。涉案企业合规主要发生在企业涉嫌刑事犯罪后,是企业涉嫌犯罪后所采取的一种"补救性""弥补性"措施。刑事合规可能在事前(企业自行预先制定相应的刑事合规方案和措施)、事中(在涉案处理过程中企业在检察机关监督下进行刑事合规整改)、事后(刑事案件处理后自行进行刑事合规等制度构建)。可见,涉案企业合规是相对狭义的概念,发生在企业犯罪后案件处理过程中,更精准的称呼是事中刑事合规。其次,二者参与的主体不同。涉案企业合规有涉案企业和检察机关以及第三方组织等主体参与,是一个企业内部治理和外部监督结合的方式。而刑事合规主要是企业内部开展的计划、采取的措施,并不必然涉及外部监督机构。再次,二者启动程序不同。涉案企业合规需要检察机关同意才能启动,而刑事合规是企业自愿即能启动的治理方式的优化程序。最后,二者实施的结果不同。涉案企业合规带来的直接效果是通过有效合规整改后,企业得到检察机关宽缓处理的结果。而刑事合规更多在于企业自行避免在日常经营管理活动中触犯刑法。

目前方兴未艾的涉案企业合规改革(事中刑事合规)也激励和引导着越来越多的未涉案企业重视刑事合规(事前和事后刑事合规)。涉案企业合规整改,作为刑事合规激励政策和保证企业守法的制度性工具,构造出新型的"国家—企业一行为人”二元犯罪预防规制模式，是目前最重要和呈现出最高实践价值的企业合规制度，现在已经具备刑事政策依据，未来还会有法律依据。

二、涉案企业合规整改的意义

涉案企业合规改革是犯罪预防和治理合作模式的积极探索，一方面用惩罚责任人代替直接惩罚单位，用合规手段替代严刑峻罚，用一种有效预防犯罪发生的刑事政策，达到了个别预防的社会效果；另一方面是检察机关履行检察职能，发挥参与社会治理职能的体现，通过办好每一个案件促进企业规范发展，积极营造法治化营商环境，对于保障高质量发展，助力推进国家治理体系和治理能力现代化等都具有重要价值和作用。具体来讲，涉案企业合规整改有如下几方面意义。

（一）促进企业自我治理

合规改革通过明晰和切割单位责任打破企业和具体行为人的共同利益关系，从司法程序上给涉案企业更多从轻、减轻的途径，在一定程度上保护涉案企业，不因其某一次的犯罪直接导致企业污名化甚至破产倒闭，造成工人失业、税收减少、股价暴跌、失去市场、失去资质、丧失项目参与机会、影响关联方和第三方甚至客户；让企业“活下来”“留下来”改过自新，重新融入社会，为社会作贡献；涉案企业被不起诉，被免去罚金刑，从而避免办理一个案件搞垮一家企业。从以上维度看，合规无疑既保护亦创造了经济和社会价值。

企业合规整改，作为“胡萝卜加大棒”式的刑事激励机制，是目前我国促进企业自我治理的最直接、最高效和最有吸引力的激励措施。从国家治理视角看，企业合规整改最直接的意义是消除企业经营和管理模式中的“犯罪因子”，避免、预防和减少企业再次犯罪，秉承企业分类治理的新思维，融末端处理与前端治理于一体，促进涉案企业合规经营、预防再犯，同时警示其他企业，促进诉源治理。

（二）防控犯罪风险

企业合规整改是企业针对已暴露风险进行的合规管理，有助于企业改过自新、完善治理的内部整改措施。通过洞察、剖析涉案合规风险及其深层原因，改造企业自治治理结构，革命性变革经营模式，建立事前预防、事中监督以及事后及时报告、处置等合规机制，消除病根，堵塞漏洞，弥补缺陷，预防和控制相同及类似违法犯罪，推动企业日常合规体系建设，激发企业合规管理内驱力，提升企业管理水平，促进企业整体实力提升，顺应政策导向，促进经济安全稳定、致力高质量发展。

（三）具备溢出和辐射价值

涉案企业合规整改是针对所涉犯罪密切相关的专项合规管理，单个案件还需进行与所涉类似犯罪相关的其他合规管理。从整个改革试点看，合规管理基本会涵盖所有企业管理的领域和环节，合规从领导承诺、治理结构、文化培育、理念传播、制度构筑、机制嵌入、技术应用等各个维度渗透进企业的经营管理骨骼和血液系统，整改企业、第三方组织、检察机关、第三方机制管委会等主体都会参与合规管理实践，对于企业未来的全面合规管理体系建设以及全民合规具有理念引领意义和实践指导价值。

涉案企业合规整改可以给其他非涉案企业建设事前合规形成激励（编者认为，涉案企业在涉嫌罪名外其他领域的合规建设、涉案企业承担责任后或合规整改后自行进行的合规建设，也属于事前合规），促使其预先建立合规制度，堵塞企业管理漏洞，消除制度机制隐患，弥补治理结构缺陷，涉案时能及时出罪。

涉案企业合规整改使企业意识到合规风险是企业的战略风险，通过合规整改提高合规力，完善合规制度、构建合规机制、建设合规文化，保障其合规管理和可持续发展，提高企业商业信誉和社会形象，同时也能传导、提升和优化商业伙伴/供应链合规。

合规改革中当仁不让、厥功至伟的是检察机关，他们立足监督办案，依法能动履职，切实找准案件背后反映的行业监管漏洞和社会治理问题，加强与行政主管部门、行业协会等沟通，通过启动合规考察、制发检察建议等方式，防范相关案件再次发生，促进从个案合规引导向全面合规，提升为行业合规，引领至行政合规，以期最终上升为全民合规，从而全面维护公共利益。

（四）有利于全面提升司法效率

涉案企业合规整改可以在侦查阶段启动，检察机关通过审查批捕、羁押必要性审查等方式提前介入，企业进行自我内部调查、自我报告和合规整改，配合办案机关取证(企业类犯罪具有高度隐蔽性、复杂性和技术性,人员的身份、主观状态确定存在显著障碍等特点,外部侦查力量很难介入和发现),也有利于侦查机关的案件办理和行刑衔接。

涉案企业合规整改还能避免法庭审判的不确定性和冗长繁琐的司法程序,有利于节约、优化配置司法资源,有利于提升司法效率、增强执法力度。

企业合规整改适应了我国刑事犯罪结构变化,有利于在涉企犯罪中通过合作激励来落实少捕慎诉慎押、宽严相济的刑事司法政策。刑事合规从单一的法律威慑思维模式中跳出来,及时补给了低效能的单一传统控制模式(传统治理模式中法网的严密化、刑罚的严厉化并未产生良好的企业犯罪治理效果),弥补了例行性国家监管跟不上常态化企业生产经营之缺陷,通过对企业进行合作激励将预防犯罪的职责由国家转给私人,推动从震慑性、报复性、惩罚性的立法、执法和司法走向恢复性、协商性、合作性、诊疗式、预防式的立法、执法和司法,综合运用经济、行政、刑事等手段,营造安商惠企法治化营商环境,最大限度地维护公共利益。

涉案企业合规整改能大力推动刑法、刑事诉讼法立法修改,增强司法打击力度,如单位刑事案件特别(和解)程序。

(五)有利于净化市场竞争、运行环境

企业合规整改兼顾保护企业和规范市场,不仅能避免企业因为违规经营而导致的损失,而且也有利于净化市场竞争和运行的环境。企业合规理念的广泛传播、合规制度的普遍推行和合规成本的合理均摊,可有效助推市场竞争公平公正、公开透明,从而加持法治化营商环境建设,促进市场组织体健康可持续发展,助推国家治理能力现代化。

(六)有利于适应合规全球化

在经济全球化和“一带一路”建设背景下,涉案企业合规整改使我国一些合规意识淡薄的企业努力适应美国、欧洲等主要经济体合规标准的长臂管辖,通过合规制度、机制和文化建设提升合规力,减少贸易壁垒及贸易保护等机制对企业利益造成的损害,规避企业违规风险的同时增强国际竞争力。企业合规内部调查有利于在跨国性企业犯罪中破除司法跨越管辖的主权障碍,可争取跨国性企业犯罪司法管辖机会,提升司法效率。综上,涉案企业合规改革取得积极效果,

符合检察机关一直倡导的双赢、多赢、共赢的理念。合规改革实际上是一种互惠共赢的企业犯罪治理模式的更新。

合规改革不是一味地对企业从宽，而是“严管”与“厚爱”相结合，合规监管本身就蕴含严管和惩罚功能。而且今后的执法、司法力度应进一步加强加严，才能让合规改革产生“厚爱”有加的激励效果。从司法机关角度来看，通过推动企业开展合规整改，引入协商司法、合作司法（合规改革就是一种新发展起来的诊疗性合作司法模式）机制达成和解，把一些轻微涉企犯罪尽可能地终结在审查起诉之前，避免冗长、双输甚至多输的审判。

第三章 涉案企业合规整改的适用范围及条件

当一个企业提交合规整改申请的时候，检察机关首先要解决的问题是审查这个企业是否符合涉案企业合规整改的前提性条件，能不能把它作为合规考察对象，这是合规改革的开始，也是最重要的一步。

一、适用合规整改的案件范围

《关于建立涉案企业合规第三方监督评估机制的指导意见（试行）》（高检发〔2021〕6 号），对可以开展涉案企业合规整改的案件范围作了明确规定："公司、企业等市场主体在生产经营活动中涉及的经济犯罪、职务犯罪等案件。其中既包括公司、企业等实施的单位犯罪案件，也包括公司、企业实际控制人、经营管理人员、关键技术人员等实施的与生产经营活动密切相关的犯罪案件。"

（一）正向基本规定

具有下列情形之一的涉企犯罪案件，适用企业合规试点：(1)公司、企业等实施的单位犯罪案件；(2)公司、企业等实际控制人、经营管理人员、关键技术人员等实施的与生产经营活动密切相关的犯罪案件。

1.公司、企业等实施的单位犯罪案件

合规改革试点基本适用案件范围的把握，要看具体的犯罪行为是否与公司、企业的生产经营密切相关，只要犯罪时企业主体存在经营管理，是通过企业的经营管理表达意志，就符合主体条件。

广义企业的范围既包括民营企业，也包括国有企业、集体合作社，既包括上市公司、规上企业，也包括中小微企业，还包括私立医院、民办学校、个人合伙企业、律师事务所、会计师事务所、鉴定机构等中介组织，因为这些机构都是具备经营管理制度的市场主体。个体工商户具备独立的账户和独立的管理结构且有一定用工，亦可纳入合规改革主体范畴。

但要注意，个人与企业意志完全混同，个人行为、财产与企业行为、财产也混同，实际上几乎可以把公司、企业当成自然人的犯罪工具的，不宜纳入合规改革。

2.与企业经营管理有关的职工个人犯罪案件

个人犯罪中的“个人”，既可以是企业的负责人、主要经营管理人员、关键技术人员，也可以是普通职工。如果普通工作人员涉及的犯罪与企业生产经营相关，同时暴露出企业经营管理中存在普遍性的漏洞和问题，就可以适用合规改革。这些问题有一定的企业管理共性，确有合规整改必要，则可以适用合规改革。实践中有一些互联网平台企业采取扁平化的经营模式，还有一些建筑企业采取的是项目制的作业模式，普通工作人员尽管没有高级管理人员身份，但在一些特殊情况下也可以适用合规改革。

综上，自然人涉罪案件，应当符合两个条件才可以作为合规试点对象：(1)自然人实施犯罪行为是为企业谋取利益，如果自然人的目的只是为了个人利益则不能适用。(2)自然人的犯罪体现了企业管理制度漏洞。犯罪行为的发生与企业管理上的漏洞有因果联系，通过合规整改才能够避免犯罪行为的再次发生。这种情况下要进行合规从宽，是因为企业通过合规整改修正了治理结构，降低了企业、相关自然人的再犯危险性，达到了犯罪预防目的，因此刑罚落实的必要性就不大。在企业没有涉罪仅仅是自然人涉罪的情况下，将其纳入合规改革，让其享受合规改革的红利，在现阶段也有现实合理性。上海市检察系统在合规改革中明确了个人涉案合规的范围：一是犯罪主体系自然人而非单位；二是行为人处于企业重要、关键岗位，对企业生产经营有直接而明显的影响；三是行为内容系具体的企业业务活动本身，或者是为方便企业业务开展的关联活动；四是涉案行为系基于企业利益而实施。核心是行为人基于企业利益而实施犯罪。将这些并不涉嫌犯罪的企业列入合规改革范围的主要原因是，上述企业虽不构成犯罪，但是由于相关人员犯罪的产生原因，及犯罪利益的归属均与企业存在密切关联，故要求企业进行必要的合规整改，并以此作为对相关人员个人犯罪从宽处理的情节考虑。

综上，不论企业是何种类型，个人在企业担任何种职务，只要所涉犯罪与企业的经营管理有关(即犯罪原因来自企业业务，犯罪利益归属于企业，犯罪行为存在单位意志)，暴露出企业的经营管理存在漏洞，就符合合规改革基本条件。这正是企业进行合规整改的意义所在，企业有经营管理漏洞，才有整改的必要性。

合规案件能用尽用，是一般的原则，就是想能通过检察机关的能动履职，所有有药可救且有必要、有意愿做合规的这些适格的企业，都能纳入涉案企业合规的范畴，更大幅度释放合规的改革红利和检察机关的司法善意，给企业弥补漏洞、改过自新的机会，达到推动经济社会高质量发展的根本目的。

(二)反向禁止规定

反向禁止规定实行一票否决制，即具有下列情形之一的涉企犯罪案件不适用企业合规试点：(1)个人为进行违法犯罪活动而设立公司、企业的；(2)公司、企业设立后以实施犯罪为主要活动的；(3)公司、企业人员盗用单位名义实施犯罪的；(4)涉嫌危害国家安全犯罪、恐怖活动犯罪的；(5)其他不宜适用的情形。

从不适用合规整改案件的前三种类型来看，其并非因企业的正常经营管理漏洞所致犯罪，缺乏对企业进行合规整改的必要性，企业合规整改和预防犯罪也无因果关系。这几种情况不适用合规也是国际惯例。

第四类涉嫌危害国家安全犯罪、恐怖活动犯罪，首先，其法定刑配置和国家在治理这些类型犯罪的严厉政策(如扫黑除恶)均彰显了其属于我国刑事法律体系中最严重的犯罪。现在尚处在合规改革试点初期，适用应当更为谨慎，不应该将这些性质严重的犯罪纳入合规考察程序。其次，这些犯罪与企业经营无关，更非公司治理失败的结果，不存在利用合规考察对企业内部治理机制进行改造、消灭犯罪基因、预防未然之罪的可能性，只是行为人恶的体现。

第五类其他不宜适用的情形，在合规改革实践中涵盖：(1)未经国家或者省金融主管部门批准，擅自从事金融业务或者金融活动，给群众造成重大损失的；(2)造成人员重大伤亡的；(3)社会影响恶劣或者可能引发重大群体性事件或社会舆情的。

当然，一些纯粹的个人犯罪，比如开设赌场、交通肇事、故意伤害、销售假药、传播淫秽物品牟利等本身就不符合涉案企业合规整改目的案件，更是坚决不能纳入企业合规改革的范围。

二、适用合规整改的条件

涉案企业除了符合前述案件适用范围外，尚需符合基本条件、必要条件和其他考虑情形，才能适用合规整改。

（一）基本条件

基本条件，又叫准入性条件，即涉案企业如下条件同时具备才能适用合规整改。

1.涉案企业、个人认罪认罚

所谓认罪认罚，是指涉案企业、个人自愿如实供述自己的罪行，承认指控的事实，并愿意接受处罚。认罪认罚原本就是一种适用于所有人、所有案件的从宽机制，涉案企业、个人在认罪认罚的基础上再适用刑事合规，有机会获得不逮捕、不起诉等更宽大处理。

目前合规改革实践中，认罪认罚是合规整改适用的前提性条件。如果涉罪企业不认罪认罚，或者责任人不认罪认罚，检察机关就不会启动合规考察。实践中存在犯罪单位及犯罪单位的主要负责人或者非单位犯罪的涉企犯罪中对单位有控制权的犯罪嫌疑人自愿认罪认罚，而其他对单位不具有控制权的犯罪嫌疑人不认罪认罚的情形，但也不影响企业合规整改的适用。

2.涉案企业全面停止违法违规行为

"停止"针对的是广义违法行为，包括违规、违法、犯罪、违反职业道德等行为，都要全面停止，这是涉案企业对待合规的态度和决心。如果一个企业不能停止违法行为，就谈不上进行合规整改了。比如一个涉嫌污染环境罪的企业，已经申请企业合规，但还在继续违法或违规偷偷排污，那么这个企业就不能进行合规；或者其虽然停止了污染环境犯罪行为，但是仍然在对抗环保监管，对抗检察机关、国家机关的调查，抱有这种不配合调查态度的也不能进行合规整改。

3.涉案企业能够正常生产经营并自愿适用第三方机制

（1）涉案企业能够正常生产经营，是指确定企业的确具备合规整改的能力。有的企业濒临死亡，有的企业难以存续，有的则没有任何资源保障下一步的整改，有的刚启动整改就关门歇业了，这样的企业再谈合规营救就没有什么意义了。涉案企业首先要具备启动第三方机制的基本条件：客观方面能够正常生产经营。

(2)涉案企业承诺合规整改并自愿适用第三方机制，这是一个准备性、前提性条件。要不要合规、要不要整改，是企业经营自主权的一部分。检察机关从来不能也不应去强迫一个企业进行合规整改，强迫出来的合规整改也是没有效果的。涉案企业要配合国家机关调查，要对检察机关作出合规的承诺，承诺企业进行合规整改，承诺建立或者完善企业合规制度机制，防止以后发生类似违法犯罪行为，这是一个必备的主观方面准备条件，将其列为合规整改前置性门槛也是国际惯例。

除此以外，山东省《关于建立涉案企业合规第三方监督评估机制的实施意见》对适用合规整改还规定了一个基本条件：案件事实清楚，证据确实充分，法律适用明确。

(二)必要条件

在符合前述基本条件的情况下，个案要同时满足以下必要条件和考量性因素才能适用合规整改，同时需要检察机关根据具体的案情进行判断。

1.必要条件

(1)赔偿被害人。有明确被害人或者被害单位的，企业应积极赔偿被害人损失甚至要取得其谅解，避免被害人可能上访引发社会动荡等后遗症。

(2)补交税款和滞纳金。涉嫌虚开增值税专用发票的，企业必须完全补交税款和滞纳金。

(3)上缴违规违法所得。企业犯罪的违规违法所得，直接和间接的收益都需要上缴。

(4)缴纳罚款。企业应按照行政机关行政处罚通知书规定的期限和数额，缴纳罚款。

(5)积极修复犯罪所破坏资源。污染环境罪等不仅触犯了《中华人民共和国刑法》，还造成了国家自然生态环境资源的严重破坏，企业需要积极采取生态环境资源修复的补救挽损措施。譬如像涉税犯罪案件，如果企业没有能力补缴税款，不能有效挽回国家税款损失，那么它既不符合认罪认罚制度，也无法有效保证防止再次发生相同或者类似的违法犯罪行为，就不具备合规整改的基础，因此是不适合合规整改的。

检察机关在办理涉案企业合规整改案件时，一般对适用的基本条件能直接作出较为明确的判断，而对必要性条件则需要进行综合调查判断。一般会通过询问、讯问、走访、座谈、函询、查询、社会调查等方式对企业的生产经营状况、技术创新、纳税就业、社会贡献等进行调查，也要考虑刑事处罚对企业造成的后果。

2.考量性因素

(1)公共利益衡量。企业规模越大，影响的公共利益越大，检察机关会倾向于对大企业适用合规考察。

(2)企业的社会形象(企业的投资方、经营者、社会背景、成长历史等)。企业在过去如果屡屡被罚、屡教不改，即便合规整改，恐也不能避免再犯，合规出罪的企业甚至可能再涉罪。因此，针对类似企业检察院就不会轻易给其合规整改的机会。

(3)企业提交的自查报告。报告里关于犯罪原因的描述、犯罪原因的分析等是影响合规整改的重要考量性因素，企业只有找出真正的犯罪原因，后面的整改才能更有针对性，否则只是无效整改。

(三)其他考虑情形

特别要说明的是，在合规改革实践中，除基本条件和必要条件外，还存在着其他情形影响着适用合规的判断。

1.此前存在类似违法行为

有的合规改革试点地方的内部合规整改规范性文件规定，当涉案企业存在漏罪，有同种罪名被刑事处罚的案底或者先前存在类似行政违法行为时，往往排除合规考察程序的适用。

编者认为此种情形应该一分为二。当企业仅仅存在漏罪或者类似行政违法行为时，不能绝对排除合规考察程序的适用。因为是否可以对企业犯罪实施合规考察程序，只能取决于两个因素：违法行为自身(严重性、类型等)和再犯可能性。违法行为的严重性只取决于此行为和结果本身，是否有其他漏罪或者先前存在类似行政违法行为并不会对此产生影响；已有漏罪或者先前存在类似行政违法行为也不是影响面向未来评价之再犯可能性的显著要素。但现在处于改革试点初期，稳妥起见，将“曾因同种罪名被刑事处罚”（通俗说的“有案底”）作为排除制度适用条件，具有一定合理性。

2.绝对不起诉、存疑不起诉、相对不起诉的适用问题

涉案企业合规整改，最终整改合格不起诉或者宽缓量刑目前还没有单独的法律规定。其目前参考的法律依据还是附条件不起诉，所以案件事实清楚、构成犯罪是基本前提，亦即符合起诉条件＋整改申请＋监督整改＋有效验收＝附条件不起诉。

但由于绝对不起诉/法定不起诉（情节显著轻微、危害不大，不认为是犯罪的；犯罪已过追诉时效期限的；违法企业的犯罪嫌疑人、被告人死亡的；等等）等于纯粹的无罪不起诉（无犯罪事实存在），由于不存在刑事违规风险，故现行政策下根本就无需进行合规整改。

存疑不起诉，又叫证据不足不起诉。《中华人民共和国刑事诉讼法》（2018修订）第175条规定：“对于二次补充侦查的案件，人民检察院仍然认为证据不足，不符合起诉条件的，应当作出不起诉的决定。”具体可分为以下几种情况：(1)据以定罪的证据存在疑问，无法查证属实的；(2)犯罪构成要件事实缺乏必要的证据予以证明的；(3)据以定罪的证据之间的矛盾不能合理排除的；(4)根据证据得出的结论具有其他可能性的。这一条适用于对企业及有关人员的不起诉。因为存疑不起诉的被告人处于无罪状态，故不能要求其自愿认罪认罚，其也不具备进入刑事合规考察程序的条件。但检察机关可以发出检察建议，要求企业自行进行合规整改。

相对不起诉，又叫酌定不起诉，我国《刑事诉讼法》（2018修订）第177条规定：“对于犯罪情节轻微，依照刑法规定不需要判处刑罚或者免除刑罚的，人民检察院可以作出不起诉决定。”具体又可以分为以下情况：(1)犯罪嫌疑人在我国领域外犯罪，依照我国刑法应当负刑事责任，但在外国已经受过刑事处罚的；(2)犯罪嫌疑人又聋又哑，或者是盲人的；(3)犯罪嫌疑人因正当防卫或紧急避险过当而犯罪的；(4)为犯罪准备工具，制造条件的；(5)在犯罪过程中自动中止犯罪或者自动有效防止犯罪结果发生，没有造成损害的；(6)在共同犯罪中，起次要或辅助作用的；(7)被胁迫参加犯罪的；(8)犯罪嫌疑人自首或有重大立功表现或者自首后又有重大立功表现的。其中与企业合规刑事案件有关的情况主要是(1)(5)(6)(7)(8)。因为相对不起诉的被告人处于无罪状态，故不能要求其自愿认罪认

罚，其也不具备进入刑事合规考察程序的条件。但检察机关可以发出检察建议，要求由企业自行进行合规整改。

3.企业要配合执法活动

涉案企业要全力配合有关主管机关、公安机关、检察机关及第三方组织的相关工作，还要配合正在进行的其他执法活动。首先，自愿和勇于承担社会责任，是企业合规文化等合规基本要素的必然要求。其次，企业合规整改的启动、进行、评估和验收，是一项需要企业和社会各方面彼此互认和配合的复杂系统工程，离不开当地党委、政府、监委、市场监管、公安、法院等机关和部门的支持和配合。只有涉案企业与机关、部门和各类组织相互配合，才能确保企业合规整改顺利启动和圆满完成。

第四章　涉案企业合规整改的基本流程

涉案企业合规整改的基本流程为由涉案企业进行合规建设，第三方组织对涉案企业的专项合规计划和相应合规管理体系有效性进行了解、评价、监督和考察，人民检察院对第三方组织的评估过程和结论进行审核。整个流程都紧紧围绕企业的合规建设来进行，各主体在整改过程中根据自身职责开展相应工作。

本章将重点阐述涉案企业合规整改的基本工作流程。

一、合规整改的启动

涉案企业合规整改的启动，主要涉及何时启动、谁来启动两方面的内容。

（一）启动时间

涉案企业合规由检察机关主导，检察机关可通过审查逮捕、羁押必要性审查等介入案件，在侦查阶段启动合规整改，也可在审查起诉阶段启动。目前已有的合规整改案件多数在审查起诉阶段启动，至于在审查起诉阶段内具体的启动时间，多数地区并无限制。辽宁省人民检察院等十机关《关于建立涉罪企业合规考察制度的意见》（辽检会字〔2020〕15 号）第 8 条明确规定："检察机关应当自企业犯罪案件移送审查起诉之日起三十日内，对案件是否适用合规考察制度进行审查，并向涉罪企业、行政监管机关征询是否适用合规考察制度的意见。"对涉案企业而言，只要是在审查起诉阶段，应积极沟通，争取尽早启动合规流程。

但编者建议应将合规整改的启动前移至侦查阶段。原因如下。

(1)更早启动合规整改能有效避免阻碍或影响企业的正常经营活动,能防止因为侦查阶段的强制手段给企业造成生产经营障碍,有利于维护企业的平稳经营。否则,无论是漫长的侦查取证活动、对企业负责人的未决羁押,还是对涉案财物的查封、扣押、查询、冻结,都将对企业的正常经营活动产生较为严重的影响。

(2)更早启动合规整改能充分利用有限时间进行合规建设和考察验收,能破解审查起诉阶段合规考察期不足的难题,也能给企业更充足的时间学习、吸收、整合合规资源进行合规建设和有效整改,从而提升合规案件办理质效。

(3)更早启动合规整改有利于更好地全面贯彻“少捕慎诉慎押”的刑事司法政策。

(4)尽早在侦查阶段进行企业合规整改,有助于建立企业与公安司法机关的协助关系,更好地推进侦查取证等案件办理工作。

那么,案件到了审判阶段,涉案企业能否开展合规呢?从目前政策规定来看,如果案件已经进入审判阶段,那么涉案企业合规整改的时间窗口已经过去,难以再行启动合规流程。但由于涉案企业合规目前整体仍然处于探索阶段,刑法和刑事诉讼法的配套修改意见还在征集中,故不能完全排除将来在法院审判阶段也可以进行合规。因为无论从法理还是从公平的角度来看,只要涉案企业符合合规基本条件,能够达到预防犯罪和有效整改的效果,似乎不能因为案件已经起诉到法院就成为掣肘企业进行有效合规并因此获得从宽处罚的关键因素。事实上,个别法院已经探索先行,如2022年3月浙江省绍兴市上虞区人民法院在审判阶段就探索适用涉刑企业合规整改,在对一起污染环境案的开庭宣判中,对被告单位及相关自然人酌情从宽处罚,这是法院探索适用涉刑企业合规整改评审和重大案件判前社会效果评估的第一案。综上,审判阶段涉案企业启动合规整改,目前仍处于个案试验和理论探索阶段。

(二)启动方式

涉案企业合规整改的启动方式一般有两种:依职权启动和依申请启动。

1.依职权启动

依职权启动,即检察机关在办案过程中通过检察建议的方式要求企业进行合规整改。检察机关在办案过程中若认为该企业具备合规整改条件,则可以直接制发合规整改意向书询问涉案企业是否进行合规整改；当企业同意整改后，检察机关可以再层报检察机关批准启动合规不起诉程序。

2.依申请启动

依申请启动，即由涉案企业主动向办案机关提出合规整改申请，办案机关审核同意后再启动合规考察程序。

当涉案企业主动申请启动合规不起诉程序时，需要提交企业生产经营状况、纳税、就业、技术创新、社会贡献等方面的材料，以证明企业具备整改的必要性和可能性。收到企业的合规整改申请后，检察机关第一步的工作就是判断涉案企业是否符合整改条件。检察机关除了审核企业自报材料，亦可通过走访主管部门、走访属地管理乡镇了解情况或委托第三方组织、商请本地第三方机制委员会委派律师团队对涉案企业进行尽职调查，以此来综合判断企业是否符合整改条件。办案检察机关综合审核后，呈报上级检察机关，最终报省级检察机关审核同意后，再正式启动合规整改。

目前由于涉案企业合规整改还没有明确的法律依据，所以由省级检察机关决定合规整改的启动与结束是非常有必要的。这是因为，目前基层检察机关和市级检察机关都还不十分了解合规整改的流程和注意要素，所以需要省级检察机关把总关。未来刑事诉讼法修改后，可以将合规整改的启动审批权限下放至市级检察机关。省级检察机关的职责主要是确认涉案企业是否符合合规整改的条件、第三方组织是否有效监管了涉案企业的整改情况、办案检察机关对涉案企业作出宽缓量刑的决定是否适当。

二、企业合规建设和第三方组织合规评估

合规整改申请审批通过后，检察机关商请第三方机制管委会选定第三方组织，之后涉案企业组织召开合规整改启动仪式。企业合规建设的过程中同时伴随着第三方组织的合规监督考察。

（一）企业合规建设

企业可以独立开展合规建设，即自行制定并执行合规计划。但合规改革实践中多数企业是在合规律师/专业团队辅助下进行合规建设。也有部分企业一

开始是自行进行合规建设，因其自身合规储备和基础薄弱，导致合规整改通不过第三方组织的监督评估抑或通不过检察院的合规审查，最后又聘请合规专业团队帮助补强合规管理体系建设。

（二）第三方组织合规评估

企业进行合规建设的同时，第三方组织也开始对其进行监督考察（定期或不定期地进行了解、评价、监督和考察）并最终出具评估报告，提交检察机关（对于小微企业的合规建设检察院可自行考察评估）。在合规改革实践中，合规建设和合规评估基本是同步同时进行的，第三方组织人员应尽职尽责履行监督评估职责，涉案企业应当为第三方组织人员履行合规评估职责提供必要支持和便利条件。

第三方组织应充分发挥作用，严格履行职责。在检察机关一手包办到第三方机制成熟运转之间的过渡期，第三方组织能够解决很多实务问题。第三方组织的监管不仅能节省执法资源，还能通过其高度影响力的监督威慑实现对企业的最佳制裁。特别是对于很多中小企业来讲，第三方组织既充当受检察机关委托进行监督验收的角色，也充当对毫无经验又缺乏资源的企业进行指导帮助改造的角色，有利于高效推动刑事合规试点落地。当然，其中要把握好边界和分寸，第三方组织的职责范围决定了其工作属于执法活动的一部分，而非企业内部改造行为，更非企业的私人顾问，区别于企业自行聘请的合规律师，第三方组织成员在担当现场“裁判”的同时不能兼任“教练”。

三、检察机关合规审查

检察机关的合规审查，包括对涉案企业制定的《涉案企业合规计划》《涉案企业合规整改方案》和第三方组织制定的《涉案企业合规评估方案》《涉案企业合规整改阶段性考察报告》《涉案企业合规整改总体考察评估报告》等进行全面审查，对整改情况进行实地调查核实，并参考第三方组织考察评估报告的企业整改效果对案件作出处理。

随着第三方组织的广泛适用和普及，实践中出现一种认识误区，即认为检察机关应当完全尊重第三方组织的专业评估结论，没有义务和责任就合规整改的有效性进行独立评估和验收。这种认识误区的错误之处在于没有认清第三方组织的司法辅助属性。尤其是目前我国的合规改革试点引入刑事司法时间不长，许多第三方组织名录库的人是缺乏合规实践经验和业务储备的初学者，如果检察机关仅仅依靠其结论就验收合规整改，极易造成“形式合规”或“纸面合规”。因此，办案检察机关不应完全将验收审查“甩锅”给第三方组织，而应在涉案企业的合规整改中占据主导地位并承担最终责任。检察机关的合规审查既可监督企业的合规整改工作，还可监督第三方组织的评估履职情况，最终应由检察机关决定涉案企业是否通过合规整改。因此，根据《关于建立涉案企业合规第三方监督评估机制的指导意见（试行）》（高检发〔2021〕6 号）的规定，第三方组织的合规整改评估结论作为“专家鉴定意见”只是“人民检察院依法处理案件的重要参考”。这种将最终合规验收决策权交给检察机关的规定与域外的通行做法也完全一致。

《涉案企业合规建设、评估审查办法》第 1 条第 4 项明确规定，针对未启动第三方机制的小微企业合规，可以由人民检察院对其提交的合规计划和整改报告进行审查。因为小微企业一般处于初创期，规模小、人员少，业务模式较为单一，且人力、物力、财力较弱，所以合规改革有针对性地为小微企业提供了较为灵活的合规建设和评估方式。即涉案小微企业合规可以不适用第三方机制，而由检察机关直接审查，这样更为直接高效和节约成本，也更容易被小微企业所接受。

检察机关根据涉案企业合规整改情况，最终可以分类提出以下处理意见：

（1）对于涉案企业全面、有效完成了合规整改，并形成长效合规管理机制，企业经营状况大为改观，合规建设经评估符合有效性标准的，人民检察院可以根据案件不同情况，参考评估结论依法作出不批准逮捕、变更强制措施或不起诉的决定，提出从宽处罚的量刑建议，或者向有关主管机关提出从宽处罚、处分的检察意见。

（2）对于涉案企业合规整改未达到有效性标准的，检察机关可以依法作出批准逮捕、起诉的决定。

（3）对于涉案企业采用弄虚作假手段骗取评估结论或者存在其他不当行为的，检察机关要依法批捕和起诉，并提出从严处罚的量刑建议，或者向有关主管机关提出从严处罚、处分的检察意见。

本章主要介绍了合规整改的基本流程。接下来的第五章至第十一章，将以吴××污染环境案为例，全面充实细化阐述构成环保合规建设、评估、审查三个流程的具体环节和工作内容，进一步深入详尽介绍合规整改中各主体的具体职责和合规整改的具体操作程序。

第五章　吴××涉嫌污染环境罪案例分析

一、基本案情介绍

山东省T市F化工有限公司(以下简称“F公司”)系经营化工产品的企业，系一家化工类上市公司的全资子公司。F公司两种产品的产量在全国居首，主要销往国外。公司员工100余人，近年来每年纳税超800万元，拥有2项实用新型专利。

吴××系F公司分管财务的副总经理，2020年3月，为处理公司产生的多余废液(危险废物)，吴××向公司的客户王××打听处理污水的企业。王××知道牛××平时专门负责帮助化工类企业处理废液，询价之后告知了吴××。吴××认可王××反馈的低于市场价的废液处理单价，同意通过王××联系的企业来处理废液，并向王××提供了废液样品以供检测，王××反馈检测结果为中性废液可以处理。尽管吴××向王××提出过要查看污水处理资质，但王××始终未提供。

随后，吴××通过牛××累计处理废液500余吨。2020年7月，牛××安排人员在山东省S市×镇倾倒废液时被当地居民举报查获。案发后吴××主动到公安机关投案自首，交代了自己通过王××介绍联系牛××处理化工废液的事实，自愿认罪认罚。

2021年8月，S市公安局侦查终结后，以吴××涉嫌污染环境罪移送S市人民检察院审查起诉。

二、合规整改条件

本案符合涉案企业合规整改的以下四个条件。

(一)本案事实清楚,证据确实充分,法律适用明确

本案案发后,经S市公安局侦查,全部犯罪事实已经查清,犯罪嫌疑人吴××如实向侦查机关供述了自己的犯罪事实;同时,有相关检测报告和证人证言予以印证,本案证据确实充分;侦查机关对于吴××涉嫌污染环境罪的法律适用也是十分明确的。

(二)犯罪嫌疑人吴××自愿认罪认罚

犯罪嫌疑人吴××到案后不仅如实向侦查机关供述了自己的犯罪事实,还自愿签署了认罪认罚具结书,供述全面,悔罪真诚,认罪态度好,配合合规整改意愿强烈、行为积极。

(三)F公司能够正常生产经营并承诺建立企业合规制度

(1)关于F公司的经营状况、纳税就业、技术创新、社会贡献。F公司是上市公司H股份有限公司的全资子公司。公司占地33852平方米,固定资产1.8亿元,注册资本4000万元。现有职工119人,其中管理人员23人,大专及以上学历40人,中级以上职称6人,研发技术人员17人,2019年、2020年年均纳税均超过1000万元,2021年纳税500余万元,申请人对当地就业及经济发展作出了相应贡献。

F公司按照《质量管理体系要求》(GB/T 19001—2008 idt ISO 9001:2008)建立了完整的质量管理体系,获得了北京认证中心颁发的质量管理体系认证证书。

在企业发展战略上,F公司聘请多名教授提供技术支持,由高级工程师、化工工程师担任技术骨干,借助多年从事化工研究选型等工艺技术,为打造一家集研发、生产、出口贸易于一体的高新技术企业发展而不断努力。

(2)F公司作为涉案企业自愿作出合规承诺,并申请在第三方监督评估机制

下建立、完善自己的企业合规制度。

(四)F公司作为涉案企业具备启动第三方机制的基本条件

2021年8月,吴××因涉嫌污染环境罪被山东省S市公安局移送至S市检察院审查起诉。F公司已经从员工所涉嫌犯罪行为中深刻吸取教训,案发后将涉案员工调离工作岗位,加大了对污染废物排放的管理力度,制止了非法处理废物行为造成环境污染的犯罪活动。并且集团公司已经在着手建立自己的污水处理企业,确保因生产经营产生的污水、废水能够达到国家规定的排污标准,将因废水、废物对环境所造成的影响降到最低。目前,F公司一直处于正常生产经营状态。

此外,F公司的母公司H集团拥有A级纳税人、高新技术产业、专业特新小巨人、隐形冠军企业、专精特新企业等多项荣誉或资质。对于集团企业的经营管理和产品生产一直是高要求、高标准、高质量,2011年即取得了相关环境管理体系认证。本案中,F公司作为涉案企业确实暴露出企业在废水处理等环保管理方面的漏洞,急需进行合规整改。一旦F公司员工因涉嫌污染环境罪被追究刑事责任,作为上市企业的母公司必须依法披露该信息,这将会对集团公司的声誉不可避免地造成负面影响,极有可能会影响到集团公司的外贸等市场业务的开展并造成经济损失。因此,包括F公司在内的整个集团企业对企业合规整改高度重视,目前已经聘请相关企业合规业务专家正在帮助建立企业合规管理体系。

综上,吴××自愿认罪认罚;F公司能够正常生产经营,且自愿承诺建立完善企业合规制度,积极进行刑事合规整改。F公司具备启动山东省第三方监督评估机制的基本条件,也愿意在合规整改的过程中适用第三方监督评估机制。

三、犯罪原因分析

关于吴××的犯罪原因,可以从以下方面进行分析。

(1)吴××法律意识淡薄、环境保护意识不足,企业对环境保护的重视度不高。犯罪嫌疑人法律意识淡薄,未认识到个人行为对生态环境破坏的可能性和严重性,也未认识到排污行为对他人身体健康造成的危害,对自己的行为是否违反法律存在模糊认知和侥幸心理。

(2)企业排污合规监管机制不健全,监管人员怠于履行职责,对合作伙伴资质审核不足。

(3)作案手段隐蔽,监管难,犯罪嫌疑人对环境保护不重视且存在侥幸心理。涉案排污行为隐蔽,环境保护部门很难及时发现,导致犯罪嫌疑人铤而走险。

(4)污染环境案件宣传力度不够。当前,社会各界对污染环境犯罪的了解还相对较少,对污染环境行为造成的损害后果不是很清楚,这在一定程度上也影响了对违法行为的举报热情。没有有效、便民的控告方式,群众在发现环境污染行为后无处控告,降低了群众对举报环境污染犯罪的积极性。公众对污染环境犯罪还存有"事不关己、漠不关心"的心态,因此存在此类案件获取线索途径较少、立案较难的问题。

(5)企业过多关注节省排污经济成本,风险监测、合规审查、排污跟踪等合规资源投入严重不足。

第六章　环保合规建设的流程

涉污染环境案企业合规建设(以下简称“环保合规”)是企业刑事合规管理的重要类型。此时的企业或其经营管理人员已经涉案,违规事件已经发生,合规风险已经暴露,合规重点已经非常明确,这是涉案企业合规整改与预防性的事前刑事合规管理的最大区别。涉案企业的合规建设就是以所涉刑事犯罪暴露出来的问题为合规重点进行的专项合规管理。最高检相关文件也明确提出,涉案企业合规整改是以专项合规为重点,以全面合规为目标的合规建设。涉案企业合规整改中第三方组织及检察机关的工作都是围绕企业的合规建设有效性开展的,所以企业有效性合规建设应当是合规整改中最初始也是最重要的一环,为合规评估、合规审查提供基础和前提。

本章将从环保合规建设的流程、合规建设的有效性操作指引两方面进行阐述,并提供配套的文书模板。非涉案企业的预防性刑事合规计划流程的打造亦可参考借鉴。

本书所言“环保合规整改”,其属于刑事合规整改的一部分,但无疑也是目前企业刑事合规管理中的最重要类型。本部分所述企业刑事合规整改流程,是指涉案企业刑事合规整改计划从制定到实施的一系列连续的、有规律的活动的程序和步骤。另外,环保合规整改需要经过检察机关的审批,合规整改中还要配合第三方组织的考察评估,并且最终尚需经过检察机关的验收。因此,环保合规建设的流程也必然包含与第三方组织和办案检察院的沟通工作。

环保合规建设是涉污染环境案企业合规整改工作的最初始和最重要的一环。具体来说,由涉案企业根据污染环境罪所暴露出来的与违规行为密切相关的内部治理结构、制度机制、人员管理等方面的弊病和风险,构建有效的合规管理组织体系，制定可行的合规管理规范，完善相关业务管理流程，从而有效纠正违法犯罪，健全环保合规风险防范报告机制，弥补企业环保制度建设和监督管理漏洞，防止再次发生相同或者类似违法犯罪。上述吴××污染环境案中，F公司即应围绕违规污水处理中所暴露出来的问题追根溯源，纠正错误弥补缺陷，重塑环保合规制度和机制，进行源头治理，防止再犯。

一、合规整改启动

合规整改的启动有两种方式：(1)企业自愿申请启动；(2)检察机关依职权启动。涉案企业合规整改是一项司法程序，合规整改权利类似于涉案企业享有的诉讼权利。企业自愿申请启动，即检察机关将该权利告知涉案企业，由涉案企业自愿申请适用合规整改。检察机关依职权启动，即由检察机关根据办案过程中发现的企业的管理漏洞、经营管理问题，以向涉案企业制发检察建议的方式，启动企业合规整改。随着合规整改试点在全国铺开，其政策宣传和改革红利逐渐影响和渗透进各行各业，涉案企业自动申请合规整改的情况将来会越来越多。

目前，合规整改的启动，一般是处于审查起诉阶段的涉案企业在全面整改涉案违法犯罪行为基础上，内部先达成合规整改共识，由决策机构(股东会、董事会等)作出决定，向办理案件的检察机关提交涉案企业刑事合规整改申请书，获得检察机关批准后，启动整改工作。此启动阶段又叫申请阶段，具体分为以下工作步骤。

(一)涉案企业全面整改涉案违法行为

(1)立即全面停止违法行为，并妥善保管相应合同、会计凭证、账簿等相关资料。

(2)及时调整和处罚涉案人员，及时对涉案责任人员作出停职、撤职、解除等处理处置决定，并留存相关文件和文书。

(3)全力配合调查处罚，自愿接受行政处罚，并全力配合有关办案机关做好调查取证和追缴处罚等工作。

(二)涉案企业决策部门作出整改决定或决议

涉案企业决策机构(股东会、董事会等)作出向检察院申请涉案企业合规整改的决定或决议。

(三)涉案企业成立合规建设领导小组

涉案企业成立合规建设领导小组,由其实际控制人、主要负责人和直接负责的主管人员等组成,必要时聘请外部专业机构或者专业人员参与或者协助。

合规建设领导小组除了主要负责人之外,还应该有合规专业人员,这些专业人员可以是律师、会计师、环保工程师,也可以是税务师等,具体应对应企业涉及的犯罪选择。对中型以上企业来说,应该聘请合规专业人员,甚至是常年专职人员。对于小微企业来说,从成本控制上可能无法聘请常年专职人员,但是至少应聘请兼职专业人员进行合规建设。

(四)外部合规专业团队出具尽职调查报告或自查报告

聘请的外部合规专业团队(如律师团队)就涉案犯罪事实进行尽职调查,收集与案情相关全部资料,形成尽职调查报告或自查报告,进而梳理案情,形成案情分析报告。

(五)提交涉案企业环保合规整改申请

涉案企业向办理案件的检察机关提交环保合规整改申请。

1.合规整改申请书

申请阶段最重要的工作是向检察机关提交合规整改申请书,合规整改申请书的主要内容应包括如下内容。

(1)企业的基本情况及基本案情。

(2)符合合规整改基本条件的情况。

(3)符合合规整改必要条件的情况(企业的纳税、解决就业、技术创新等情况)。

(4)违规事件后企业主动履行的补救措施(如退缴违规违法所得、赔偿被害人、补缴税款和滞纳金、缴纳相关罚金)。

(5)自愿作出合规整改的承诺,并积极配合有关机关开展相关工作。

2.合规整改计划

整改申请阶段,检察机关通常会要求企业提交合规整改计划,该计划是企业对于合规建设的工作安排。涉案企业合规整改的主要任务是以全面合规为目标,以环保专项合规为重点,针对与企业涉嫌犯罪有密切联系的企业内部治理结构、制度机制、人员管理等方面存在的问题,制定可行的专项合规管理规范,构建有效的合规组织体系,优化相关业务管理流程,健全环保合规风险防范报告机制,弥补企业制度建设和监督管理漏洞,从源头防止再次发生相同或类似违法犯罪。为达成上述任务,涉案企业应制定具备基础合规要素和涉污染环境罪专项合规要素的合规整改计划,因此合规整改计划至少应当包含以下内容。

(1)涉案企业符合合规整改政策规定之条件:包括企业基本情况介绍、企业涉案人员所涉案件基本情况等。

(2)梳理与污染环境罪有密切联系的企业内部治理结构、制度机制、人员管理等方面存在的合规风险问题,形成合规风险库。

(3)部署整改工作的主要任务或整改方案。

①管理层和员工作出合规整改承诺。涉案企业主要负责人、实际控制人应当在专项合规计划中作出合规承诺,并明确宣示合规是企业的优先价值,对违规行为采取零容忍的态度,确保合规融入企业的发展目标、发展战略、管理体系和业务流程。

②构建有效的合规组织体系。

③制定合规管理基本制度和实施办法。

④制定或修订可行的合规方针和涉污染环境案重点领域合规制度和机制。根据风险点梳理情况,确定包括如污水收集、污水处理、污水设备管理与养护等方面的合规风险识别(监测、预警)、评估和应对机制。

⑤建立和完善合规审查、监察(监督、检查)、举报、问责、奖惩机制。

⑥建立和完善合规考核、合规培训和合规文化建设机制。

(4)合规整改计划执行和报告的日程安排。

(5)合规整改的组织等保障安排。涉污染环境案企业专项整改是一项系统、专业且复杂的工作,既有专项整改针对性刑事风险防控内容,又有合规体系建设前瞻要求,在启动阶段聘请专业合规团队(专业合规团队具备合规风险敏感度高、调查路径合法、手段先进、技术娴熟、论证专业等优势),有利于为涉案企业从启动初始打下良好合规基础,确保合规建设工作如期有效完成,确保合规整改的科学性和有效性。

二、整改初期的自查自纠

环保合规整改启动阶段的合规整改计划是针对企业的涉案情况作出的初步计划。整改正式启动后，企业需要详细地进行自查自纠，对污染环境犯罪的原因进行具体分析，找到犯罪的根本原因，找出本次犯罪暴露出的企业内部治理结构、制度机制、人员管理等方面的问题，找出可能引发的其他犯罪，再根据可能引发的犯罪分析企业可能的其他管理漏洞，并将其作为本次合规整改的重点。针对上述过程找到的管理问题和漏洞，不断调整和完善合规整改计划，以此消除犯罪原因，避免相同或者类似犯罪再次发生，通过环保专项合规的成功建设和溢出效应，逐步实现全面合规的目标。

本阶段的自查自纠是企业在充分自查的基础上查找合规风险，是针对性制定专项合规整改计划的前提。企业可以自行整改，也可以聘请外部专业合规团队进行整改，鉴于合规建设的专业性以及合规整改刀刃向内的自查监督的重要特点，由外部专业合规团队帮助企业进行自查自纠更能保证合规风险定位的精准性和客观性，进而更能确保合规建设的针对性和有效性，建议企业聘请外部专业团队进行自查自纠，具体步骤如下。

（一）通过了解案情分析犯罪直接原因

通过与涉案人员谈话、阅卷等方式，了解涉案的真实情况，对犯罪的直接原因进行基本分析。

涉案人员通常是对案情最了解的，通过与涉案人员谈话的方式，直接了解案情，了解犯罪发生的原因，初步找到企业生产经营存在的问题。通常情况下，涉案人员往往有脱罪的心理，即便明知是内部自查，仍然会有意或无意地进行推脱，不会主动暴露企业漏洞或者自身的过失，容易把问题产生的原因归结为外部原因，导致犯罪发生原因不容易查找。这点非常需要引起企业调查人员或外部合规调查团队的注意。如果企业存在上述心理，在合规咨询服务的初期就一定要和企业讲明白合规整改的原则及目的，尤其是整改初期自查自纠的原因查找对整个合规计划的制定和落实的重要性。防止因为企业认识不清而避实就虚或闪烁其词，导致迟迟找不准合规重点，最终可能会导致考察期满也无法形成有效的环保合规管理体系，导致合规整改也无法通过验收，使环保合规建设工作成为无效劳动。

考虑到企业及涉案人员的上述情况，外部合规团队从检察机关了解案情，或者是直接通过担任涉案人员辩护人阅卷的方式了解到整个案件事实，进而分析犯罪直接原因，往往更准确直接，所以律师担任涉案企业的合规顾问时就有天然的优势。实践中大部分检察机关都会同意合规团队的律师接受涉案人员的委托担任辩护人并了解案情或者查阅案卷，也有少部分检察机关会拒绝律师了解案情和阅卷。

编者认为，律师接受委托担任辩护人当然应可阅卷了解案件。另外，法律并不禁止律师既担任涉案人员的辩护人又担任涉案企业的合规顾问。最重要的是，涉案企业合规整改本身就是一项刑事司法活动，由企业进行合规整改，取得宽缓量刑是涉案主体的脱罪路径。辩护律师帮助企业进行合规整改，是律师辩护的手段之一，所以辩护律师从帮助企业进行合规整改而出罪的角度，进行阅卷以了解案情分析犯罪原因，既符合法律规定又符合司法政策。

（二）通过了解企业制度、访谈高管等知悉企业管理现状

通过查阅资料对企业的内部治理结构、规章机制、人员管理、主营业务等制度进行充分了解，并通过对管理层的访谈知悉企业经营管理现状。

认识并廓清涉嫌污染环境犯罪与企业经营管理有关的情况，是涉案企业合规整改案件的基本条件。企业经营管理问题反映在内部治理结构、规章机制、人员管理、主营业务等方面，对公司上述情况进行充分了解，再通过与管理层的访谈知悉企业的管理现状，为下一步分析污染环境犯罪原因及公司相应的管理漏洞打下基础。

（三）通过查找管理漏洞确定合规整改重点

通过对管理层的深度访谈等，洞察企业的环保管理漏洞，确定合规整改重点。环保合规整改中的自查是通过分析犯罪原因找到管理漏洞，暴露出来的管理漏洞是下一步合规管理的着力点，涉污染环境案企业合规整改作为专项合规，首先要查找的是与犯罪相关的管理瑕疵和缺陷。

1.查找犯罪的根本原因

通过与涉案人员的访谈了解基本案情，再根据基本案情所涉及的犯罪发生

直接原因，对管理层尤其是涉及的环保等业务部门进行深度访谈，找到污染环境犯罪发生的根本原因、深层原因和症结所在，包括但不限于企业治理结构缺陷、决策错误、人员能力不足、普法培训缺乏、存在制度机制监管真空、企业经营模式存在弊端等。

2.通过分析根本原因查找管理漏洞

与企业的管理层针对犯罪发生的根本原因进行全面而深入的分析，讨论确定引起犯罪的企业在内部治理结构、制度机制、人员管理、主营业务、环保管理等方面存在的漏洞和问题。

3.拓展分析暴露出的管理漏洞还可能引发哪些犯罪（相似犯罪）

对查找到的企业内部治理结构、制度机制、人员管理、主营业务存在的问题和漏洞进行延伸和拓展分析，推理出还可能导致或者极易引发的其他犯罪。

4.通过可能引发的相似犯罪查找可能的管理漏洞

通过极易引发的其他犯罪再查找管理漏洞，通常会发现新的管理问题和风险，此时找到的企业内部治理结构、制度机制、人员管理、主营业务存在的问题和病因，就是以预防相同及相似犯罪为目的的合规整改要针对的合规重点，亦即需要解决的关键管理漏洞。

犯罪往往多因一果，其中的部分因还可能引发其他犯罪，而有些犯罪除了导致此前犯罪的因外，还可能存在其他因，因此此前犯罪的因都消除了，也可能会因为其他因导致类似犯罪，因此必须找到相似犯罪的因一并消除。

通过自查从犯罪或相似犯罪找到的管理漏洞，是犯罪的直接原因；通过自纠从治理结构、决策管理组织、经营模式等再深入全面挖掘出的根本问题，是犯罪的内生性结构原因。通过犯罪直接原因，再通过分析该漏洞还可能引发哪些类似犯罪，反过来分析本次犯罪及类似犯罪还会暴露哪些深层制度缺陷，这将成为本次专项合规的重点，也是对本次犯罪和极易发生的类罪反映出来的制度缺陷进行弥补，达到预防相同或者相似犯罪再次发生的目的。通过合规整改的制度、机制改进和管理提升将所有这些“致罪因子”消除，就能有效预防犯罪，这充分体现了通过自查自纠精准定位合规风险的重要性。

涉案企业合规整改是针对犯罪原因反映出的关键漏洞进行制度纠正的专项合规管理，精准定位制度漏洞是合规整改的关键和核心，也是自查阶段最直接和最重要的目的。

此阶段的文件化成果：一是企业出具的自查自纠报告或者专业团队出具的尽职调查报告，报告应当递交第三方组织和办案检察机关，由检察机关作为判断企业与行为人责任划分及是否追究企业刑事责任的重要考虑因素。二是根据自查和结合办案机关查办情况，重新修订和完善更全面、更客观和更有效的合规计划。合规计划应当递交第三方组织和办案检察机关，供其检查和审查。

（四）细化整改计划、形成合规整改方案

细化整改计划及具体工作内容和步骤，明确时间节点和对应的成果，形成合规整改方案。

通过前一阶段的自查自纠，确定了问题所在和合规重点，涉案企业将此前提交的涉案企业合规整改计划进行内容细化，明确具体工作的完成时限及负责人，提交给第三方组织，并根据第三方组织的意见修改，形成涉案企业合规整改方案，并由第三方组织提交检察机关备案审查，作为合规整改落实的依据。合规整改方案至少应当包含以下内容。

(1)进行合规组织建设，应确立三个层级的合规管理机构。合规管理机构包括合规建设领导小组(合规整改后或改为合规管理委员会)、合规部、合规管理员，明确各机构在合规管理中的职责。

①关于合规建设领导小组/合规管理委员会，由企业主要负责人/实际控制人/法定代表人(作为领导小组的组长)、直接负责人和合规专家组成。首席合规官由总法律顾问以上级别人员担任或兼任。合规建设领导小组应当在全面分析、研判企业相关合规风险的基础上，结合本行业环保合规建设指引，研究制定环保合规专项合规计划和内部规章制度。

②关于合规部，上市公司、规上公司或集团公司等大公司，原则上应设置专门的合规管理机构。合规管理和企业的法务应适当分开，二者职能分工不同，法务主要倾向于从实务上解决企业偶发外部纠纷问题，合规管理主要是从程序上解决企业自身的日常经营管理问题，二者工作方式、工作内容是有所差别的。有一些中型企业只有法务没有单设合规部，便捷的办法是将现有的法务部门增加合规管理的职能，设置专职的合规管理人员。对于小型微型企业来说，须设置一些兼职或者是聘请合规专业人员来做管理。

合规部的设置必须具备两个最基本的条件，第一个条件是要保证合规部必要的独立性。就是合规管理人员必须能够直接向企业的最高管理者(可以是机

构或者是个人)提出合规管理的意见和建议,反映合规管理过程中的疑虑、情况和问题。第二个条件是合规部的权威性。目前根据国际规则和标准,合规部必须有一票否决权。美国一些大型企业的合规管理,必须要求建立一票否决制。我国 2022 年 10 月 1 日生效的《中央企业合规管理办法》虽然没有明确规定合规部的一票否决权,但充分强调了合规部审查权限的重要性,尤其是负责对规章制度、经济合同、重大决策的合规审查。实践中我国大部分央企和大中型国企其实也已经赋予了合规部参与公司重大决策的权利,而且具有一票否决权。民营企业、小微企业也应该确保合规部门/人员的独立性和权威性,即使暂时做不到做到一票否决,合规部提出的主张或意见,也一定要得到有关或者最高管理者的重视和关注。

③关于合规管理员。企业应当在业务及职能部门设置合规管理员,由业务骨干担任或兼任,接受合规部业务指导和培训,传递合规政策,监控本部门合规工作,执行报告违规或疑虑问题。借此培育和落实各部门合规和主人翁精神,使合规机制真正嵌入业务流程,确保合规反应敏感度。

(2)作出合规承诺,领导层、管理层、员工都要作出合规承诺。

(3)配合第三方组织评估、聘请外部专业机构协助。

(4)进行专项合规管理制度体系建设:修改企业章程、建立合规义务清单和合规风险库、制定环保合规专项指引/风险行为准则、合规管理手册,完善废水、废液、废物处理流程等特别事项审批制度等。

(5)进行风险发现与评估机制建设。

(6)建立合规风险举报与调查机制。

(7)建立合规审查、合规风险监控与处理机制。

(8)建立合规绩效评价机制,开展考核、奖惩与追责。

(9)建立合规培训制度,培育合规文化。

(10)部署和落实合规资源配置和保障。

(11)执行合规整改方案、报告日程安排。

三、涉案企业合规建设

涉案企业合规建设,即涉案企业对合规整改计划和合规整改方案的具体执行和实施。

本部分主要介绍涉案企业全面落实合规整改计划和方案。涉案企业应当根据自查发现的主客观方面的合规漏洞及薄弱环节，结合自身的生产经营管理等实际情况，严格按照合规整改方案确定的进度安排和时限要求，逐项严格认真落实合规整改计划的各项任务，诚信且积极配合第三方组织的合规考察并按要求向第三方组织和检察院报告执行情况。合规计划执行和实施阶段的工作步骤如下。

（一）决策层和最高管理层作出合规承诺

企业召开股东会或董事会会议，形成全面实施环保合规计划的股东会决定或董事会决议（修改公司章程，增设合规管理条款，使其成为具有最高效力的行为准则），企业实际控制人、主要负责人及高级管理人员自上而下作出明确合规承诺（在企业内部公开）和表率。合规是企业的优先价值，应对违规、违法行为采取零容忍的态度，确保合规融入企业的发展目标、发展战略和管理体系，并确保合规计划在全体员工中得到明确的传达及有效执行，充分重视、合理部署和落实合规资源的配置和保障（对合规建设投入相对充足的资源，包括但不限于人力、资金、技术、办公条件和政策保障等）。

（二）建立和完善内部合规管理组织架构

涉案企业应当设置与企业类型、规模、业务范围、行业特点等相匹配和适应的合规管理机构或者管理人员。

合规管理机构或者管理人员可以专设或者兼理，并以书面形式明确规定其具体职责及相关权限。承担合规管理职责的人员应出具书面承诺书，承诺按照职权范围和程序开展合规管理工作，对企业内部生产经营管理制度的执行情况进行合规审查、监测、预警、检查和评估，如若发现相同或类似违规行为，应及时制止、报告、调查、处理和追责等，否则承担个人责任。

（三）制定环保合规管理制度和机制

协助合规建设领导小组在全面分析研判企业合规风险的基础上，针对合规风险防控和合规管理机构履职的需要，结合本行业环保合规建设指引，通过研究制定内部环保合规制度（包括外规内化、义务清单和合规风险库建设）、弥补监督管理漏洞等方式，建立健全合规管理的制度机制。涉案企业的合规管理机构和各层级管理经营组织均应当根据其职能特点设立合规目标，落实合规职责，细化合规措施，必要时制作环保合规专项指南或手册。合规管理制度机制应当确保合规管理机构或者管理人员独立履行职责，确保对于涉及重大合规风险的决策具有充分发表意见并参与决策的权利。

制定合规管理制度和机制是企业合规整改自查自纠阶段进行犯罪原因分析，找到企业存在管理制度问题工作的直接延伸，制定的专项环保合规制度是直接针对导致污染环境罪发生的制度问题和漏洞的，是从风险控制的角度去修订或新订制度，是最能体现实质有效性的工作，当然制度制定后的持续落实及效果，离不开其他合规管理制度和机制的保障。

（四）建立合规融入业务流程机制

在企业建立和完善三道防线的环保合规管理组织基础上，运用计划、实施、运行、反馈（PDCA 循环）等合规管理基本方法，将环保合规职责和义务嵌入相关业务全流程、全环节管理，注重过程管控，建立风险监测预警、评估、应对和报告机制，合规审查机制、合规监察机制、诚信举报机制、违规调查处理机制、合规考核奖惩机制、持续整改机制等，使之真正能及时预防、发现、监控、应对环保合规风险，纠正和处理违规行为。

（五）建立合规保障机制

涉案企业建立合规绩效考核评价、合规培训、合规宣传沟通、合规管理信息化、合规报告机制等合规保障制度机制，为合规管理制度机制的有效运行提供必要的人员、培训、宣传、场所、设备、技术和经费等人力、物力保障。

提高合规培训和沟通频次，通过宣传标语、网络等形式进行合规文化宣传和合规文化建设，实现合规教育常态化、多样化。

（六）撰写整改报告并提请对合规整改计划的执行情况进行评估验收

整改完成后，涉案企业及时对合规建设情况自行（或者委托合规专业团队）撰写合规整改报告，并提请第三方组织对合规整改计划的执行情况进行评估验收。合规整改报告的撰写内容应全面、到位，并附上证据材料。必要时，企业先自行对合规管理体系进行内审，内审通过后再提请第三方组织进行评估验收。

四、合规检查和反馈整改

合规检查和反馈整改包括整改计划执行中和落实后的内部合规检查和反馈整改。

在企业的合规管理过程中，一般遵循着计划—执行—检查—整改的 PDCA 循环模式，其中合规检查、反馈整改是合规管理中的重要一环，是确保合规管理有效运转及动态更新的重要保障。而涉案企业合规整改是企业合规管理的一种类型，必然也要遵循 PDCA 的管理方式，即制定专项合规整改计划(P)—根据整改方案落实整改计划(D)—整改计划落实后的合规检查(C)—根据检查或者日常监督暴露的问题进行反馈(A)，通过该反馈推进下一个循环管理，实现合规管理体系的有效运转及动态更新。

涉案企业合规整改作为针对涉及犯罪的专项合规整改，可以看作是企业搭建了合规管理体系后，针对一次违规事件的特别合规调查处理。而按照 PDCA 的管理循环，在涉案企业合规整改过程中，整改计划落实后的合规检查是由第三方组织进行的"外部检查"，其具体的检查方式在"第九章　第三方组织的产生、职责及工作流程"有详细介绍，企业只需履行好对其检查、监督、指导、纠正等工作的配合义务；而这里所称的"检查"特指企业内部的"自行检查"。基于涉案企业合规整改的有效性要素，可根据自查对照表(见表 6-1)将合规整改的要求以及根据要求所做的合规整改措施、配套底稿文件进行展示，方便企业对照整改要求进行反馈整改，也方便配合外部的检查、反馈和纠正。

根据《涉案企业合规建设、评估和审查办法(试行)》(全联厅发〔2022〕13 号，以下简称《办法》)、山东省人民检察院联合十七部门印发的《关于建立涉案企业合规第三方监督评估机制的实施意见(试行)》(鲁检会〔2021〕14 号，以下简称《实施意见》)、其他有效性规范要点中关于涉案企业合规建设的相关要求以及企业自身存在的高风险点，××公司针对其违规违法行为进行专项合规整改，为对整改工作的内容进行自查对照，形成自查对照表，供检察院及第三方组织评估审查参考，见表 6-1。

表 6-1　自查对照表

	工作要求	工作内容	底稿文件
1	《办法》第 3 条规定："涉案企业应当全面停止涉罪违规违法行为，……全力配合有关主管机关、公安机关、检察机关及第三方组织的相关工作。"	发生本次涉案违法违规行为后，主动全面停止并认罪认罚，表示积极赔偿；主动提出申请适用企业合规整改以及第三方机制，积极配合检察机关及第三方组织开展专项合规整改工作。	董事会决议（决定合规整改），附件一 P9； 合规适用申请书，附件二 P10； 企业合规经营承诺书，附件三 P13； 董事会决议（对违法违规行为进行处置），附件四 P14； 赔偿清偿情况详见具体文件。
2	涉案问题合格化纠正。	制定、完善公司环保合规指引，制定合规管理制度。	《合规管理制度》，附件五 P15； 《环保合规指引》，附件六 P72。
3	《办法》第 4 条规定："涉案企业一般应当成立合规建设领导小组。"	根据企业的实际规模和人员情况，搭建合规管理组织架构，由董事会推选人员成立合规管理领导小组。	董事会决议，成立合规管理领导小组，附件八 P92； 股东会决议修改章程、《×××公司章程》，附件九 P93。

续表

	工作要求	工作内容	底稿文件
4	《办法》第5条规定："涉案企业制定的专项合规计划,应当能够有效防止再次发生相同或类似的违法犯罪行为。" 《实施意见》第31条规定："涉案企业提交的合规计划,应当以全面合规为目标、专项合规为重点,主要针对与企业涉嫌犯罪有密切联系的企业内部治理结构、规章制度、人员管理等方面存在的问题,制定可行的合规管理规范……防止再次发生相同或者类似的违法犯罪。"	针对本次发生的涉案违规违法行为,分析企业存在的合规风险,根据合规风险找出对应的合规义务,并采取相应的控制措施,进行针对性的合规整改。	董事会决议制定《合规整改计划》,附件八P92; 风险清单,附件十P99; 《合规整改计划》,附件七P83; 《合规整改方案》,附件六P17。

续表

	工作要求	工作内容	底稿文件
5	《办法》第 6 条规定："涉案企业实际控制人、主要负责人应当在专项合规计划中作出合规承诺并明确宣示。"	管理层、合规管理领导小组、环保部门负责人，以及合规部、全体员工由上而下作出合规承诺，明确宣示积极支持并进行专项合规整改。	张×××《给全体员工及合作伙伴的一封信》，附件十一 P105； 合规管理领导小组承诺书，附件十二 P107； 合规部承诺书，附件十三 P108； 环保部承诺书，附件十四 P109； 员工合规承诺书，附件十五 P110。
6	《办法》第 7 条规定："涉案企业应当设置与企业类型、规模、业务范围、行业特点等相适应的合规管理机构或者管理人员。"	根据企业的实际规模和人员情况，搭建合规管理组织架构，董事会推选人员成立合规管理领导小组；合规管理领导小组推选成员成立合规部，负责牵头业务经营和人员行为的合规管理工作，各业务和职能部门设立合规管理员，负合规主体责任。	《合规管理手册》第三章，附件七 P83； 董事会决议，成立合规管理领导小组，附件八 P92； 合规管理领导小组会议纪要，附件十六 P111。

续表

	工作要求	工作内容	底稿文件
7	《办法》第8条规定："涉案企业应当针对合规风险防控和合规管理机构履职的需要，……建立健全合规管理的制度机制。……设立合规目标，细化合规措施。……确保合规管理机构或者管理人员独立履行职责，对于涉及重大合规风险的决策具有充分发表意见并参与决策的权利。"	根据企业现状及合规风险防控的需要，聘请外部合规顾问编制《合规管理手册》，建立和完善合规管理制度。	《合规管理手册》，附件七 P83。
8	《办法》第9条规定："涉案企业应当为合规管理制度机制的有效运行提供必要的人员、培训、宣传、场所、设备和经费等人力物力保障。"	邀请外部合规顾问对企业各业务部门的负责人进行合规宣讲及线上合规培训；合规管理领导小组会议决定成立合规部，提供场所和设备，确保合规部及相关人员的合理预算，为合规部的工作人员提供补贴。	2022年9月14日合规宣讲记录员工签到表，附件十七 P112； 合规管理领导小组会议纪要，附件十六 P111； 定制合规宣传标语，附件十八 P113； 合规宣传公示栏公示公司决策合规指引，附件十九 P116。

续表

	工作要求	工作内容	底稿文件
9	《办法》第10条规定："涉案企业应当建立监测、举报、调查、处理机制，保证及时发现和监控合规风险，纠正和处理违规行为。"	《合规管理手册》中明确规定合规检查机制，违规事项的报告、处理及奖惩机制等制度；各业务职能部门及合规部等履行各自职能，守好合规的三道防线。	《合规管理手册》，附件七P83。
10	《办法》第11条规定："涉案企业应当建立合规绩效评价机制。"	《合规管理手册》中明确规定违规事项的报告、处理及奖惩机制，同时做好晋升考察表、匿名投诉表、意见反馈表等配套文件。	《合规管理手册》，附件七P28-30； 意见反馈表，附件二十P117； 晋升考察表，附件二十一P118； 匿名投诉表，附件二十二P119。
11	《办法》第12条规定："涉案企业应当建立持续整改、定期报告等机制。"	《合规管理手册》明确规定了企业合规管理细则；听取合规部负责人的定期报告，审议批准合规管理基本制度、体系建设方案和年度报告，组织起草合规管理基本制度、具体制度、年度计划和工作报告等。	《合规管理手册》，附件第6条、第9条、第12条。

续表

	工作要求	工作内容	底稿文件
12	《实施意见》第32条规定:"第三方组织应当对涉案企业合规计划的可行性、有效性与全面性进行审查,重点审查以下内容:(一)涉案企业完成合规计划的可能性以及合规计划本身的可操作性;(二)合规计划对涉案企业预防治理涉嫌的犯罪行为或者类似违法犯罪行为的实效性;(三)合规计划是否全面涵盖涉案企业在合规领域的薄弱环节和明显漏洞。"	配合和积极回应第三方组织应当对合规计划的审查,并根据其审查意见加强和落实计划的针对性、可操作性、实效性和全面性,相应修改、调整和完善合规计划,并据以制定合规方案、合规管理制度、风险清单、各岗位合规职责等。	《合规整改计划》,附件七P23; 《自查报告》,附件二十三P120; 风险清单,附件十P99; 《合规整改方案》,附件六P21。
13	高风险整改:董事会的议事方式和表决程序不符合公司法规定。	修订章程,按照章程规定的董事会的议事方式和表决程序进行决策,并对决策程序设置合规审查。	《×××公司章程》,附件九P93。
14	高风险整改:董事会会议未形成完善的议事规则,一人决定公司的经营方针和投资计划或者经营计划和投资方案。	增加监督制约机制,确保企业决策的科学性;修订公司章程,制定董事会的议事方式和表决程序。	《×××公司章程》,附件九P31。

续表

	工作要求	工作内容	底稿文件
15	高风险整改：公司的财务管理人员未形成监督机制，缺乏完善的财务管理体系。	制定有效的财务人员管理制度，强化资金管理全流程监督工作。	公司财务管理制度，附件五 P77。

涉案企业在检查基础上，建立合规绩效评价机制，引入合规指标，对企业主要负责人、经营管理人员、关键技术人员等进行考核。

涉案企业还应建立反馈整改、定期报告等机制，保证合规管理制度机制根据企业经营发展实际持续调整和完善。

五、交付文件化成果和配合评估验收

在涉案企业合规整改申请阶段，企业在制定合规计划时会根据整改的难度初步确定计划完成期限。而检察机关审批同意企业进行合规整改后，通常由第三方组织根据企业的涉案情况、企业内部治理结构、制度机制、人员管理、主营业务存在的问题及涉案企业承诺履行的期限，最终确定整改的考察期限。现阶段检察机关一般要求考察期不超过 6 个月，最长不超过 12 个月。考察期结束前，涉案企业可主动申请整改考察验收并同时交付文件化成果，第三方组织也可视企业的整改情况在考察期结束前主动进行考察评估验收。

（一）交付文件化成果

第三方组织的考察验收主要是对涉案企业的合规计划完成情况进行全面审查，并出具结论性的涉案企业合规整改考察评估报告。

为更好地将整改工作展示给第三方组织，同时也是《合规管理体系要求及使用指南》(ISO 37301：2021)中信息文件化的要求，企业可将整改过程中的底稿及形成的报告材料提交第三方组织。整改阶段企业提交的主要文件化成果，具体包括以下几种：

(1)合规整改申请书；

(2)合规整改计划书；

(3)合规义务清单；

(4)合规风险清单；

(5)风险评估报告；

(6)合规整改方案；

(7)阶段性合规整改报告；

(8)合规计划落实对照表(自查对照表)；

(9)合规整改综合报告。

以上文件化成果，企业以合适的载体(纸质版、电子版等)保存并交付，并对这些文件进行有效的控制，如保密、分发、检索、更新、访问、使用、储存、保护、保留和处置等。

(二)配合评估和验收

第三方组织自成立之日起，就开始对企业进行合规考察。第三方组织在合规整改过程中通过多种方式对企业进行定期、不定期的检查和考察，企业应积极履行积极配合义务。考察期满的验收则是对企业合规整改工作的综合验收，企业可按照以下步骤配合评估验收工作。

1.撰写合规整改情况总结报告并提请第三方组织评估验收

考察期满，企业撰写合规整改情况报告，提交第三方组织和检察机关，并申请合规整改考察验收，由第三方组织进行评估验收。如果合规整改各项指标提前完成，企业最好在考察期满前提交，以留给第三方组织充裕时间评估和验收。

2.配合第三方组织检查、审查、调查、评估和考核

第三方组织检查、审查、调查、评估和考核合规整改情况时，企业应予以充分配合并重视第三方组织的审查反馈意见。企业可与第三方组织、检察机关进行再次沟通，对合规整改情况总结报告进行相应修改、完善并再次提交。合规整改期间，可能会进行多次的沟通交流、反馈整改，最终由第三方组织根据考察情况出具评估验收结论性报告，提交检察机关和第三方机制管委会审查通过。

3.参加听证会

合规改革实践中，检察机关对合规整改评估验收通过的企业要组织召开听证会。涉案企业要积极准备材料、安排人员(合规顾问/律师)按时积极参加检察

机关组织召开的听证会，说明合规计划执行情况、发表整改意见、论证合规建设有效性等，确定合规整改是否通过，检察机关最终根据听证结论决定对犯罪嫌疑人的处理。

涉案企业环保合规建设经评估符合有效性标准的，人民检察院可以参考有效性评估结论依法作出不批准逮捕、变更强制措施、不起诉的决定，提出从宽处罚的量刑建议，或者向有关主管机关提出从宽处罚、处分的检察意见。涉案企业合规建设经评估未达到有效性标准，或者采用弄虚作假手段骗取评估结论的，人民检察院可以依法作出批准逮捕、起诉的决定，提出从严处罚的量刑建议，或者向有关主管机关提出从严处罚、处分的检察意见。对于涉案企业合规建设经评估基本达到有效性标准，但人民检察院认为某些评估指标未达到验收标准尚需延长考察期以观后效的，企业应针对人民检察院提出的未达标制度、机制和项目积极进行整改，以尽快达到评估考察验收标准。

验收实践中，最常见的无效合规形式是“纸面合规”，又称“形式合规、空洞合规”等。具体表现为只制订了书面计划，并未实际执行和落地。合规计划过于理想、空洞和形式化，缺乏实操性；过于空虚和原则，缺乏有效性；超出企业的经济实力、规模和治理能力，缺乏可行性；对一些合规规范性文件条款照搬照抄，没有调查企业具体风险，合规计划缺乏针对性。另外，无效合规形式还有虚假合规、宏观合规、错位合规、应付合规、打折合规、被动合规、治标不治本式合规、阳奉阴违式合规等。合规整改具体的验收标准，详见“第七章　涉污染环境案企业合规建设的有效性操作指引”。

六、合规管理的持续改进

涉案企业合规整改，一般是在第三方组织确定的考察期内进行合规建设，但考察期内的合规整改通过评估和验收，只是企业合规管理的开始，考察期结束后企业也要将合规管理作为一项日常性的工作，同时要形成持续改进机制。企业治理本身就是一个动态发展的过程，旨在提升企业治理水平的合规整改更应是一个动态的持续改进过程。改进是所有管理循环以及风险管理过程的最后一步。唯有持续改进，才能完成一个 PDCA 合规管理的闭环，也才能在更高台阶上开始一个新的循环。

合规试点实践中，当企业整改措施没有落实或者没有落实到位时，处置改进就要发挥合规管理体系第三道防线的作用。处置改进是建立在前两道防线“风险识别”和“监测评估”的基础上，对经过前期清理后遗留下来的重大顽固合规风险点进行处理，并进一步强化企业各级合规责任的落实，帮助企业保持对各类合规风险的耐受力，实现企业经营环境的稳定和健康。在具体功能内容上，处置改进要通过下列具体工作得以实现。

（一）要切实建立、完善合规举报机制和平台

建立并完善有效的合规举报机制和平台，才能使违规行为受到震慑、监控和识别。在现有“不愿举报”“不敢举报”“不能举报”的多重不利语境下，企业要下大决心落实各项举报的制度、机制和措施，真正保障包括员工、客户、股东、合作方、信息使用者在内的所有利益相关方，都可以正常行使举报违规行为的权利，确实发挥举报机制的实际效用。企业要健全保密和举报人保护奖励制度，严禁对举报人打击报复，对因举报而遭受损失的举报人建立补偿机制。

（二）要彻底建立和完善调查和问责制度

对于违规线索，应及时启动独立调查程序，并根据事件严重程度作出分级处理。对各类较为严重的违法违规行为进行调查后，依法追究相关人员的责任，包括公司内部违纪责任、行政违法责任甚至刑事责任。

（三）及时纠正违规情形、改进合规措施

对出现的违规情形及时纠正，改进、改善已有的合规措施，如重新设计产品、改变企业的流程、对员工进行再培训、对相关方进行再评估等，将合规真正融入公司决策、经营、财务、人事、薪酬管理的各环节，使之在保持独立性的前提下产生对业务管理活动审核、把关、异议甚至否决的效力，以防范类似的违规情况再次发生。

（四）明确管理者的领导作用和合规职责的分配

合规部门往往不能单独决定、影响合规管理流程。合规是自上而下的活动，最高管理者需发挥领导作用并亲自推动，合规管理工作才能落地。最高管理层应制定合规基本方针、政策，增加与改善对合规管理的支持资源(外部资源、人力

资源、技能与知识资源、必要设施资源等）并以身作则做出合规表率。合规需要全员参与，每一位员工都应承担其岗位合规职责。合规职责要清晰、明确、分配合理，且能保证得到实施。具体改进措施是，将合规义务层层具化为岗位职责和负面清单，开展年度合规责任落实情况考核，量化考核标准，强化考核结果权重，提出考核整改方案。

（五）开展员工合规教育培训

有针对性地开展员工合规教育培训，通过合规教育培训，保证员工具备与其合规职责相符合的能力和意识。利用好正反典型案例，发挥合规处置整改工作的警示作用，强化员工的合规意识，提升企业的合规文化。

通过处置改进第三道防线的功能发挥，企业的合规领导机构可以进一步改进和完善合规计划，实现合规管理水平的持续进阶提升。

第七章　涉污染环境案企业合规建设的有效性操作指引

合规整改的有效性是涉案企业合规整改追求的直接目的。有效的合规整改是第三方组织在考察期满后对企业作出合规考察报告的根本依据，是企业实现合规管理目标、形成合规文化，最终形成合规力并创造价值的基本前提。

一、合规整改有效性评价概述

2017 年，美国司法部首次发布《企业合规管理体系有效性评估指南》。2019 年 4 月又发布了更新版，传达出美国司法部对企业合规体系越来越多的关注，并且更加关注企业合规体系设计是否完善、是否有效。2019 年新版指南从企业合规体系的设计是否完善、实施是否有效、实际运行是否有效等三个方面评估企业合规。

《关于建立涉案企业合规第三方监督评估机制的指导意见（试行）》（高检发〔2021〕6 号）及《〈关于建立涉案企业合规第三方监督评估机制的指导意见（试行）〉实施细则》（全联厅发〔2021〕66 号）对于第三方组织的检查、评估工作作出要求："第三方组织应当对涉案企业合规计划的可行性、有效性与全面性进行审查，提出修改完善的意见建议……在合规考察期内，第三方组织可以定期或者不定期对涉案企业合规计划履行情况进行检查和评估……第三方组织在合规考察期届满后，应当对涉案企业的合规计划完成情况进行全面检查、评估和考核……”

企业合规整改是企业针对企业或其经营管理人员所涉犯罪进行分析，通过犯罪原因找到企业内部治理结构、制度机制、人员管理等方面存在的问题，制定整改计划，并通过制定可行的专项合规管理规范，构建有效的合规组织体系，完善相关业务管理流程，健全合规风险防范报告机制，通过整改计划的落地生根从而达到弥补企业制度建设和监督管理漏洞，从源头防止再次发生相同或类似违法犯罪的目的，实现合规整改的有效性，并最终塑成企业合规文化。

合规计划的体系架构，形式上很容易被模仿，但通过简单复制或拼凑文件而搭建的合规计划体系，并没有真正达到降低违法犯罪发生率的实际效果。合规整改的有效性是合规的灵魂和生命，是对合规改革正当性质疑和异议的有力回答。那么合规整改有效性的标准应如何确立呢？这个问题不仅获得与自身利益攸关的涉案企业密切关注，第三方组织、司法机关和监管机构也迫切需要这样的有效性测评工具和方法。

本章从合规整改的有效性评价标准、有效性评价流程、有效性评价工具等方面进行阐述，旨在为合规管理建设人员、合规考察评估人员、合规验收审查人员的相应工作提供方法论。企业合规整改必须充分彰显企业尽职预防和发现相关违法犯罪行为的决心，其有效性主要通过以下三方面标准进行评价，即合规整改计划设计是否科学合理、合规整改计划是否落地执行以及合规整改计划的执行效果如何。

二、合规整改计划设计的有效性评价标准

无效的合规计划，往往是无效勤奋。合规整改计划是企业落实整改措施、实现合规目标的依据。整改计划设计是否科学合理，关系到合规措施能否落实、落实后能否产生应有的效果从而达到整改验收目的。合规整改计划的设计应当具备以下三点：可行性、有效性和全面性。

（一）合规整改计划设计是否具备可行性

合规整改计划设计的可行性是保障合规整改计划有效落实的基本前提。过于宏观、理想和空洞的合规整改计划，不具备可行性。

每个涉案企业在人员规模、业务范围、行业特点、地域分布、合规风险等因素上存在诸多方面的差异，企业实施具体犯罪的原因也各不相同，故合规整改计划的设计要具备可行性就不能套用同一个模板和同一个标准。个别化而非标准化，是可行性的基石。涉案企业应根据其内外部环境、自身因素特点和企业经济承受力，按照适用性、相称性原则或者比例原则，确立差异化的合规整改思路以此设计可行的整改计划。企业应视情投入相应比例的合规管理资源，包括设置相应的合规管理机构和人员，匹配相应的资源和保障，开展相应的合规管理工作，建立相应的预防、监控、应对的制度、机制和措施，以达到有效预防特定违法犯罪行为再次发生的效果。

尤其是合规整改计划中合规组织架构的搭建、职责的分配和合规管理的运行制度和机制，应当与企业的实际规模、原组织架构和职责、管理运营机制等因素相匹配和融合，具备适宜性。

1.企业合规组织体系和职责的构建应与原组织架构和职责紧密匹配和融合

合规组织架构不仅需要自成体系，而且要和企业的原组织架构内在形成紧密关系，将合规管理的制度、标准和要求全面渗透到企业的领导机构、管理团队、业务部门、业务岗位直至全体员工中，即在自成体系的合规组织中，不仅需要独立的合规团队完成合规责任的配置、合规计划的制定和执行、合规考核整改和警示教育的落实，而且要建立与业务部门和岗位、职能部门和岗位的紧密合作，形成协同联动关系，共同对合规风险进行及时准确的识别、监测、清除和控制，这是合规管理体系的有效功能。

合规管理体系与企业其他管理体系的协同和融合，并非体系、规划或标准的简单叠加，而应将合规管理的核心要求、标准和方法与其他管理体系形成有机且紧密的结合，尽量避免要素的重复和多体系各自运行导致的职责内卷、管理低效、管控不力的风险。

企业一般应当成立合规建设领导小组，由其实际控制人、主要负责人和直接负责(涉嫌污染环境罪案例中的环保部门)的主管人员等组成。企业应当设置与企业类型、规模、业务范围、行业特点、原组织架构和职责、管理运营机制等相适应的合规管理机构、管理人员并明确其职责。合规管理职责必须明确、具体、可考核。

一般情况下，大中型企业的合规管理的组织架构至少应设置两个层级，分别是决策层和执行层。其中,执行层内设“三道防线”,分别是由业务部门和职能部门组成的“第一道防线”,负责本业务领域的流程完善、日常合规审查、合规预警等相关工作;法务部门、合规部门或环保部门等作为合规牵头部门,是合规管理的“第二道防线”,也是合规管理的牵头部门,负责组织开展合规检查与考核评估、起草相关制度等具体合规管理工作;由审计部门、纪检部门组成的“第三道防线”,负责对企业经营管理行为和问题整改情况进行监督、检查、问责等。

决策层作为合规管理的第一责任主体,除在重大事项、重要合同上拍板决策外,另一个重要职责则是统筹协调执行层内“三道防线”的分工,并提供充足的资金、人力、办公、技术等保障。

合规组织体系的构建要符合合规整改的比例原则,只要能够有效实现风险管控即可。不同规模企业的运行状况有所不同,需要不同的组织架构,通常规模越大的企业组织架构越完善,小微企业由于企业规模相对较小,组织架构比较简单。管理机构在大企业里面可能是一个部门,在中型、小型企业里面可能只有一个人,在微小企业里面可能是一个兼职的人(但要注意兼职人员的自身业务不能与合规工作存在利益联结或冲突,如存在需要回避)。例如,对于中央企业、国有企业和大型民营企业,还可以在董事会中专门增设合规委员会及办公室,设立合规管理负责人、首席合规官等高级合规管理人员,还可以增设专门的合规管理部门承担“第二道防线”的职责。对于中小微企业,则可以进一步合并组织架构层级,由决策层直接承担“第二道防线”的职责。

企业的原组织体系应当适当、合理、无缝地嵌入合规管理。合规组织体系尽量在企业原有组织架构的基础上匹配和融入相应的合规职责安排,不能为了追求形式上的全面而建立大而空的合规组织体系,过分加重企业的运行成本。如企业现有的组织配备过分低于企业规模应当具备的组织架构水平,企业应当根据基本的合规组织要求提升和完善自身的组织架构,去匹配企业应当具备的合规组织体系,以保障完成合规管理。

针对不同规模的企业,企业应当进行不同类型、不同层级的合规组织体系设置。不同类型、不同层级的合规组织体系设置参见表 7-1。

表 7-1　不同类型不同层级的合规组织体系设置

	企业规模		
	大中型企业	小型企业	微型企业
合规治理机构	设置专门机构（如合规管理委员会或合规领导小组）	最高决策机构或企业负责人履行相应职责（如董事会或负责人）	最高决策机构或企业负责人履行相应职责（如执行董事或负责人）
合规管理机构	设置专门机构（合规部）	可由其他部门兼合规管理职责或设置专门合规管理人员	主要负责人兼任合规管理负责人，设置兼职合规管理人员
合规管理负责人	专人担任合规部负责人	他人兼任或者不设合规管理负责人	企业负责人兼任或不设合规管理负责人
合规管理人员	单独设置	由其他部门人员兼职履行合规职责或设置专门的合规管理人员	设置兼职合规管理人员
各业务、职能部门	设置专职或兼职合规管理员	设置兼职合规管理人员	设置兼职合规管理人员

注：规模以上企业如涉及合规整改，应当进行全面合规管理体系建设或者至少几个相关领域的专项合规管理建设，那么整个有效性评价将会发生重大变化，本部分主要针对的是中小微企业的专项合规整改，因为截至目前中小微企业是合规改革的主力军。

2.合规整改计划中合规管理的难度和颗粒度应与企业原本具备的治理和管理能力相匹配

合规整改是用治理的方法论进行合规价值观的建设，整改计划需要企业用管理的方法去落实和实施，合规整改计划的设计要与企业应当具备的治理和管理能力相匹配才具有可行性，合规整改计划才有可能有效落地实施。过于复杂、过多、过细要求的合规计划，如果企业不具备相应的管理能力去落地实施，运行效果会打折扣；过于粗线条、过于简单的合规计划，企业在落地实施后则难以对企业的管理进行细化提升和精进赋能，难以产生应有的促进效果。譬如像素太低、反应太慢的相机，无法及时清晰监测抓拍到颗粒度小的风险。

对于治理和管理体系较为完善的规模以上企业，其本身的治理和管理制度能够较好地运行，相应就能够很顺畅地去执行、落实合规整改计划，这时只有制定更为全面的合规管理计划，提出更高、更精、更准、更细的合规要求，才能进一步完善企业内部治理结构、制度机制，以达到纠正经营行为偏差、消除犯罪原因的目的。而对于管理相对落后的小微企业，如果一味追求合规计划形式上的全面性，但计划中过高、过多的合规要求企业没有能力去落地实施，就极易导致纸面合规。对中小微企业具备的管理能力进行充分了解，根据企业的组织架构、管理水平设置相匹配的合规管理组织架构及相应的合规职责，在此基础上设计相应合理的合规计划，才能让合规计划既能够有效落地又不会成为企业多余的负担。

值得注意的是，企业应当具有的管理能力不一定与企业实际具有的管理能力相一致，应当根据企业应当具备的管理能力设计合规整改计划，通过合规整改计划的制订并落地实施，实现企业管理能力的提升，使之与企业的规模相适应，这也是合规管理的目的之一。

3.合规整改计划中合规管理资源的配备应与企业的人力、物力、财力相匹配

适用涉案企业合规整改机制的企业，应当具备基本的人力、物力、财力、设施、技术等资源保障能力。大中型企业尤其是规上企业的人力物力财力比较雄厚，相应的合规管理难度加大，合规管理投入资源亦应加强匹配，正所谓小马拉不起大车来。除了前述合规组织、合规制度、合规机制等基本投入外，合规宣传、合规培训、合规考核、合规举报、合规文化、合规信息化等平台和手段也应加强资源保障，进行合规、风控、内控、法务一体化建设，甚至由环保专项合规辐射至其他专项合规，最终进行全面合规管理体系建设，使合规管理体系综合化、立体化和丰富化。针对其中资源保障能力较弱的小微企业可以建立“mini 版的合规管理三道防线”，即各业务部门、合规部门、合规稽查部门可以合三为二甚至合三为一，配套基本的合规行为准则，形成适用小微企业的合规计划。

（二）合规整改计划设计是否具备有效性

合规整改的有效性，需要计划的落实和执行去实现，但整改计划设计本身的

有效性是其最基本前提。设计的针对性(准确性)和必要性是合规计划有效性的两大核心问题。

1.紧紧围绕企业的环保重点制定合规管理制度,具备防控污染环境违法和犯罪的可能性

环保合规整改计划的有效设计,需要紧紧围绕企业的环保合规重点制定合规计划,环保合规重点需要通过系统性风险识别确定。具体包括以环保风险为导向,通过合规风险识别、确定环保合规重点,围绕环保合规重点进行企业内部治理结构、制度机制、人员管理等方面的制度纠错和流程优化,环保合规管理制度与公司现有的制度体系相协同,并将环保合规要求嵌入业务和管理流程,利用对口合规资源精准施策,做到有的放矢,对症下药。

具体到上述涉嫌污染环境罪案例中的 F 公司,要达至整改计划的有效性,必须走好找准病根、对症下药这关键两步。首先找准病根,即通过自查深入查询、精准揭示企业发生犯罪的外部诱因和内生性根本原因,提交有针对性的自查报告。污水处理服务供应商的低价诱惑无疑是本次犯罪的外部诱因,但 F 公司事前合规审查和事后排污跟踪机制等合规资源投入严重不足是造成本次犯罪发生的内生性、结构性原因。其次对症下药,针对上述原因进行剖析,F 公司一开始提出有针对性的提级合规审查(合规职责与财务职责分开)、预先风险监测、事后外排跟踪,直至最后的自行建设排污工程等纠错措施,既消除那些容易导致违法犯罪发生的直接隐患和漏洞,也为企业预防相同相似犯罪建立长远、稳定、根本的内部控制机制,从而确保了企业合规计划的有效性。

2.设置必要的合规运行机制,形成 PDCA 循环,具备持续防控类似合规风险的可能性

通过设置合规预防、合规监测、合规应对、合规举报、合规调查、合规处理、合规考核、合规评审、合规报告等机制,与企业本身的运营机制相契合,盘活用好环保合规管理 PDCA 循环(计划、实施、检查、改进),对环保违规事项及时反馈、正确处理、持续改进,对类似经营管理行为偏差进行准确、有效纠正,具备实现预防与污染环境类似犯罪的可能性。

合规整改计划设计的有效性,体现在三个方面:(1)应避免合规要求重复叠加累积如山难以执行,尤其是新合规要求应避免与旧政策形成无效堆积,最好在

原来解决方案的基础上稍加改动实现有效累计和有机结合;(2)计划设计是否经过正式的流程和程序(经历了调研、论证、讨论和决策程序),如征询了相关业务职能部门和人员的意见,经过了正式的发布程序;(3)计划设计的是否具备可问责性,如明确牵头制定合规计划的人是谁,是否能被相关部门和人员准确理解,如何推进计划的实施和改进,计划在执行过程中的责任是否可以明确被评价等。

(三)合规整改计划设计是否全面

合规整改计划设计的全面性,并非要求任何一个企业都必须建立大而全的合规计划,而是指合规必备要素是否健全、特定合规风险(例如本书案例 F 企业环保合规风险)是否得到系统全面整体控制。

1.是否具备合规管理的制度、机制等必备要素

中型以上企业的"范式合规"专项合规整改计划,应该同时具备基础性合规要素和专门性合规要素。企业应设立一个基础性合规管理平台,建立合规领导组织机构,配备合规管理人员,落实最高层承诺,完善合规管理办法,将合规风险识别和评估、合规审查、合规举报、合规调查、合规培训、合规考核、合规改进等渗透于业务流程,建立必要的合规风险预防、合规全流程监控和违规事件应对等基本管理流程。在此基础上,企业可以根据预防特定合规风险的需要,配备专门性合规要素。如案例中的 F 公司针对高管涉嫌的污染环境罪,成立合规建设领导小组,发布专门性的环保合规指引、员工手册及其他规范性文件,设立专业化的环保合规部门和合规管理岗位,开展环保合规培训和合规文化建设,并从职能和业务两个维度,建立有针对性的防范环保违法犯罪行为的管理流程和业务内控体系。

小微企业的合规整改计划可以根据情况进行简化,但"简式合规"(mini 合规)也应通过根源性分析找出潜在的系统性问题,并通过基本的制度修改、流程重塑等合规措施整改系统性漏洞,提维合规管理体系,能防范和控制同类型风险。"简式合规"也要具备使合规管理有效运行的基本条件,具体包括具备合规管理的基本要素,具备合规风险识别、合规审查、合规举报、合规应对、合规培训等基本制度和机制。

2.能够覆盖企业环保合规领域的所有薄弱环节和明显漏洞

本书所称合规计划的全面性,并非所有领域"面"上的广,而是特指环保合规

领域这条“线”上的深，即是否全面识别、分析、评估环保合规风险，并建立了充分的系统控制过程，以及实施控制过程中是否配备了资源和保障。本书所称企业环保合规整改是纠正企业所涉污染环境罪体现的经营管理行为偏差的专项合规整改，经营行为偏差可体现在组织架构、人员管理、生产经营、污水处理、环保监督、财务管理等各个环节，化工企业对外输出的风险主要关涉环境、卫生、安全、劳动权益保障等方面，故合规整改的重点可能不仅限于一项，合规整改计划的设计应当覆盖环保合规领域的所有薄弱环节和明显漏洞，能够在各个领域、阶段、环节、岗位预防和控制相同和类似的违法犯罪行为。

案例中涉嫌污染环境罪的F公司的环保合规计划范畴应涵括废水、废物、废气等各领域，委托处理污水、自行处理污水各阶段，污物收集、处理各环节，生产车间、合规部、审计部各岗位，应能全面预防和管控环保合规风险。

F公司在前期不具备自行处理污染物能力的情况下，尚需继续委托外部服务商进行污水处理。在此阶段企业合规计划的纠错措施即是遴选若干家具有治理相关污染物资格的企业，经检察机关审核批准，与最符合资质能力要求的专业治污机构签订委托协议，根据污染物处理的数量和类型，支付处理污染物的费用，并对治污机构实施有效的事前尽调、事中审查、事后跟踪等合规管理措施。为此，涉案企业需要事前对治污企业进行尽职调查，根据其合规风险评估设定风险等级，对服务商采取相对应的合规管理措施；事中涉案企业需要严格审查治污企业资质，签订相关协议时务必写入其环保违规应承担全部责任，对其进行合规培训，对于不符合治污条件或不积极履行治污义务的企业，涉案企业可以提前解除协议或终止协议履行，实施责令退出机制并由治污企业承担违约责任。事后实行排污跟踪制度，派专人监督其排污处理合规性。在F公司自身投资建设的污水处理工程竣工后，在公司自身具有治理污染能力的情况下，此阶段合规计划中的合规管理可采取“一劳永逸”的污染治理方式，即F公司终止委托处理污水合同，运行自身污水治理设备设施，配备相关的污水处理专业人员，设立并运行环保合规管理制度和机制，最终由环境资源监管部门验收治理污水效果。

如果因法律、行政法规等政策的不确定性或相互冲突，导致环保合规风险识别出现困境，合规计划的风险识别机制原则上应坚持最高和最严标准，保持对违规风险的高度敏感性，不能心存侥幸。具体评价指标是，是否通过系统性风险识别确定环保合规重点，是否根据环保合规重点设计全面的合规管理制度、机制和措施来进行风险控制。

三、合规整改计划执行的有效性评价

科学合理的合规整改计划，只有真正落地执行才能够产生效果。合规计划的落地执行，是通过对企业内部治理结构、规章制度、人员管理等方面的管理优化，通过合规培训、合规举报、合规处理等保障制度的运行，实现合规管理的动态闭环运行。合规整改计划的落地执行需要领导层重视并进行配套资源保障，构建合规组织体系进行合规管理，通过各岗位合规职责的严格落实，开展合规承诺和培训，建成合规管理体系，提升企业的合规力。

合规计划执行的有效性评价，是指企业按照相关原则、方法、程序和标准，对合规计划执行工作的有效性进行评价，以及时发现和解决合规管理实践中存在的问题。它以防控合规风险为导向，覆盖合规管理执行的各个环节。

《合规管理体系要求与使用指南》(GB/T 35770—2022/ISO 37301:2021)提出："最高管理者应按计划定期评审组织的合规管理体系，以确保其持续的适用性、充分性和有效性。"《中央企业合规管理办法》规定："中央企业应当定期开展合规管理体系有效性评价，针对重点业务合规管理情况适时开展专项评价，强化评价结果运用。"

评价顺序上，首先由企业进行内部审核交叉检查，开展自我评价，重点是业务与合规的契合度，然后由第三方组织在企业完成自评的基础上进行系统全面的独立专业评价，最终得出评价结论。

(一)企业是否紧密结合自身组织架构搭建合规组织体系

1.设置相应的合规组织机构

企业应紧密结合自己的组织管理架构和水平设置相应的合规组织机构，既不会因合规高配而浪费人财物供给，也不会因合规低配而缺乏资源保障，企业合规组织结构既独立行使合规职能又能与其原组织架构紧密匹配和融合，不抵牾不排异，无缝衔接还能协同联动共同产生化学反应，进而提高合规计划执行的有效性。具体可对照合规整改计划设计的有效性评价标准中合规组织设置及其职责要求，参考董事会、最高管理层、合规部门、业务部门等组织在合规治理中的角色落实情况、履行相应合规职责情况。重点审查合规管理体系与既有组织体系中法律、内控、风控等体系的融合度或一体化程度。

2.合规组织的责任与权力相符

合规管理人员能接触到合规管理必需的信息，能将违规情况和疑惑直接上报领导层，能独立履行合规职责。企业应确保合规管理人员在企业的权威和地位与其职责相匹配，合规管理人员有了足够的权威才能确保企业的合规管理制度与机制的有效落实。

评价指标：企业的主要管理人员有无担任重要的合规岗位，合规履职是否不受其他业务部门限制，协同机制建立情况，合规、法务、内控、风控一体化信息平台建设情况。

（二）各岗位合规职责的落实评价

1.领导层、决策层的作用发挥情况

领导层的重视、支持和绝对承诺是企业合规管理的基本保障，涉案企业合规整改申请书、高层的合规承诺、犯罪单位的认罪认罚、设置合规组织体系、配备合规保障资源和机制、将合规纳入绩效考核等合规要素，无一不体现领导层在合规管理中的重要作用。领导层应发挥好其合规职责，确保合规融入企业的发展目标、发展战略和管理体系，提供配套资源以保障合规计划的落地实施。

（1）设置合规治理机构，统筹合规管理的运行

领导层根据企业规模和职责安排成立合规建设领导小组或合规管理委员会，或安排主要负责人对合规管理进行总体协调、推动和最终负责。对合规管理人员进行批准、任免，公开本人或者指定其他高级管理人员接收举报信息的方式，发挥监督作用；通过批准合规运行机制，保障合规管理实施。

评价指标：合规组织架构调整的文件、合规管理第一负责人名单、首席合规官任命文件、职责清单、批准合规考核的文件、举报接收途径等。

（2）设置企业合规方针和合规目标，处理好合规管理与业务发展的关系

合规管理需要制定企业的合规方针及合规目标，合规目标应当与业务发展正向一致，合规和业务发展应当在经营管理过程中统筹兼顾，抓业务同时必须也抓合规，二者有机统一于企业的发展目标。发展业务的过程中坚持合规底线，对于合规风险把握不准的、风险认识不清的业务坚决不做，认识到只有合规才能创造价值，合规应优先于业务。

评价指标:决策层做出的合规方针和合规目标;纳入章程或者以其他形式公示、宣传。

(3)公开做出合规承诺,并做出合规表率

领导层通过股东会或合规动员大会制定发布企业合规目标,同时公开做出合规承诺,按照合规承诺率先履行合规职责,强调合规的重要性以及表明企业对合规的重视程度,因为对企业的法定代表人或实际控制人这个少数进行合规制衡对于合规计划的有效性具有关键性意义,因此要看合规第一负责人是否尽到监督、阻止、制裁等合规义务。

评价指标:会议记录、公开的合规承诺书、违规监督记录。

(4)为合规管理部门和人员分配履职所需资源,推动企业合规管理实现

将合规经费纳入年度预算,提供合规履职保障,包括合规专员设置、招聘及工资预算,合规兼职人员的岗位补贴,外聘合规人员的劳务费,合规办公、设施和技术条件等。

评价指标:增加预算、设置合规专员、合规管理决议;合规决算单;办公设施和技术条件配备的相关文件化信息。

2.合规管理部门职责履行情况

(1)合规管理部门

根据《中央企业合规管理办法》,合规管理部门牵头负责本企业合规管理工作,主要履行以下职责:①组织起草合规管理基本制度、具体制度、年度计划和工作报告等;②负责规章制度、经济合同、重大决策合规审查;③组织开展合规风险识别、预警和应对处置,根据董事会授权开展合规管理体系有效性评价;④受理职责范围内的违规举报,提出分类处置意见,组织或者参与对违规行为的调查;⑤组织或者协助业务及职能部门开展合规培训,受理合规咨询,推进合规管理信息化建设。

企业应当配备与经营规模、业务范围、风险水平相适应的专职/兼职合规管理人员,加强业务培训,提升专业化水平。有条件的企业可聘请外部合规团队/律师帮助进行合规管理。

合规管理机构和合规管理人员配备完成后,应落实独立性、权威性、最高层支持和有资源保证等基本原则,确保合规组织高效运转、合规职责精准到位。首先从理解企业所处的组织环境入手,指导业务部门梳理业务活动识别合规义务

（当然要优先识别与业务最为相关的重大合规义务，履行顺序亦是优先履行确定的重大合规义务），将外部强制性合规要求和内部合规承诺纳入合规义务清单并在企业内部发布，保证持续更新和维护，并根据变更的合规义务清单调整管理措施，以满足新的监管要求；合规管理机构的独立判断和自主工作不受干涉；合规管理机构的意见和建议能直接汇报至最高层并能影响决策；建立环保合规义务识别常态化实施机制，包括人员配备、识别方法、落实制度、实施流程，并将合规义务与业务活动、产品和服务相关联，确保合规义务识别机制与管理措施更密切结合；保证企业的污水处理等环保项目都能通过合规性审查；能够获取合规工作所需要的员工信息、文件信息和所需要的数据等；对有环保违规风险的产品、业务或管理活动，能够即时调查、识别、评价，并能一票否决。组织开展合规风险识别、预警和应对处置，根据董事会授权开展合规管理体系有效性评价；受理违规举报，提出分类处置意见，组织或者参与对违规行为的调查；组织或者协助业务及职能部门开展合规培训和测试，受理合规咨询，推进合规管理信息化建设。

评价指标：专职合规管理人员任命文件；业务活动梳理工具表；合规义务清单；订阅合规信息服务、加入专业团体和监管咨询记录；风险识别的底稿文件或风险库维护制度；合规计划的执行、检查、监督、纠正和汇报；违规直接汇报记录；合规审查意见（重大事项和重要决策合规评审报告）、重大合规风险报告、合规举报 、合规调查、风险监测、风险应对、合规培训、合规能力测试、违规处置与问责等工作记录；进行合规管理制度制定的工作底稿；明确合规职责的文件；合规部门（合规人员）参会、表决、表达记录。

（2）各业务、职能部门

各业务、职能部门作为企业日常经营环节的直接参与者，是合规风险防控的第一道防线，作为合规管理制度的执行部门，承担合规管理主体责任。在业务、职能部门均需设置合规管理员，由业务骨干担任，接受合规管理部门业务指导和培训。

有效的合规管理，首先需要将合规性要求有效融入业务/职能流程中，将合规性审查纳入业务/职能审批。其次各个业务部门人员需要明确知悉本部门、本岗位业务中的合规风险和相应合规职责，全面知晓合规疑虑咨询与违规事项举报的方式和途径并能熟练运用。

各业务、职能部门主要履行以下职责：建立健全本部门业务合规管理制度、机制和流程，在对本部门业务活动梳理分析的基础上形成企业生产经营活动、产品和服务清单，协助合规管理部门识别本领域合规义务，开展本部门合规风险识别评估，并编制风险清单、做出应对预案；定期梳理重点岗位合规风险，将合规要求纳入岗位职责；负责本部门经营管理行为的合规审查；及时报告合规风险，组织或者配合开展违规应对处置；组织或者配合开展违规问题调查和整改等。

评价指标：合规管理员任命文件；合规职责清单；本部门经营管理行为合规审查记录；合规风险报告；组织或者配合开展违规问题调查、应对处置和整改记录；依据合规要求进行制度制定和修改的底稿；合规风险识别评估表，风险清单和应对预案；合规政策传达记录；对业务人员进行合规指导培训和知识测评的结果展示；制度上墙、上网展示等。

（三）专项合规行为准则制定和落实的有效性评价

企业不仅要制定合规管理制度，更需要通过管理制度的有效落实实现合规管理的目标。涉案企业合规整改是聚焦合规重点的合规管理，需要制定专项合规行为准则，为企业提供明确的合规指引，便于合规管理的落实。前述案例中涉嫌污染环境罪的F公司，制定和执行的是环保专项合规指引。

考虑到企业不同的管理能力，可制作更加简洁的合规管理指引流程图等辅助行为准则的适用。可由各部门共同制定，经股东会通过后发布，最后流程图上墙。专项合规行为准则的落实，可通过合规部与各业务职能部门沟通或业务职能部门学习、宣传、反馈、举报、报告、投诉等进行，亦可通过量化统计违规行为和实施奖惩来进行。例如，在举报机制实施中，为保护匿名举报人和减少举报人担心，举报箱应设置在无监控摄像头的办公场所；对于负责举报信息收集以及调查处理工作的部门和人员，应该确保其工作的保密性和独立性，其业绩考核、职级升迁和工资待遇由上级垂直负责。

评价指标：通过查阅专项合规行为准则文件的体系、文件的内容和形式、表述方式、制定程序、展示路径等，审查其制定内容的完整性和易理解性、形式上的易方便获取；通过实地考察或查阅合规监测、应对、调查、评审和考核评价等记录和文件（如定期轮岗交流表、尽职调查报告、合规评审报告、重大事项集体讨论记录、承诺书、廉洁协议书等），审查其落地执行效果。

（四）合规培训的落实情况

合规培训能够增强企业各部门及员工的合规知识水平，帮助其更好地履行合规职责，并最终完成企业合规文化的培育。企业应建立日常性沟通和常态化合规培训机制,用培训作为合规管理落实的手段。

全体员工应当全面接受合规培训,熟悉并遵守与本岗位职责相关的法律法规、企业内部制度、劳动合同约定和其他合规义务,依法合规履行岗位职责,对自身行为的合规性承担责任。

合规部培训的内容要具备基本的合规元素和要求,主要包括合规的含义、合规管理的重要性、合规管理基本制度和方法、合规管理的运行机制、不合规事项的举报流程等。业务/职能部门内部的合规培训,不能千篇一律,要针对自己部门的业务/职能特点和职工接受程度,设置相应的内容和方式。

当然,环保合规部以及其他涉及环保合规业务和职能部门和人员的培训,首要的内容应聚焦环保专项合规元素,其培训内涵应更丰富、形式应更全面、手段应更灵活、测试应更频繁、要求和标准应更高。

评价指标:合规培训效果可通过违规行为的减少来体现,也可通过合规培训签到表、课件、内部OA、邮件、培训视频或图片资料进行查阅,亦可通过合规询问、测验、考试等方式来测量和评价。

(五)企业内部合规责任的落实情况

一个有效的合规机制,它应该是一个从上到下没有断裂的完整的合规责任链条(深入地区分上下各级的监督与责任,使责任链条不致断裂,如企业领导人具有危险源的监督义务,经授权合规官取得了派生性的监督者保证人义务),和一个自下而上的信息流(客观保障合规机制的有效运行,如合规官对违规风险的直接汇报、传递或通知职责。自下而上的信息反馈行动,也是一个合规整改有效性鉴定的非常重要的要素)。

合规绩效考核是衡量合规整改有效性的重中之重。作为合规管理必不可缺的监督、评价和激励的保障机制,考察企业是否注重考察员工合规愿望、能力和行为,合规绩效考核是否与员工收入、晋升等紧密挂钩。

评价指标:合规事项直接向高层汇报记录;违规监督监测记录;合规考核表;绩效评价表中合规分值和权重体现。

(六)合规计划的常态运转和持续改进情况

合规管理体系运行的有效性特点是具有常态运转、持续改进和动态发展的能力。因为合规义务以及合规风险并非静止不变,合规制度、合规机制的正常运转以及运转流畅度，是监测风险防控违规、保障日常合规基本功能发挥的基础。

企业的组织环境是因时因地因势因事动态变化的，合规风险也不是固定不变的，第三方组织和检察机关也可能根据监督审查提出新的建议、意见和要求，因此合规计划在执行过程中也不可避免地会进行修改和变更。故此时还要看企业是否正确面对问题并与时俱进采取适当措施对合规计划进行改进。

评价指标：定期合规风险监测报告；合规年度总结；合规计划修改意见反馈表；改进决议程序和相关持续改进措施等。

四、合规整改执行效果的有效性评价

企业合规整改是通过合规建设，对企业内部治理结构、制度机制、人员管理等方面存在的问题进行解决、完善和优化，从而真正达到弥补企业制度建设和监督管理漏洞，从源头防止再次发生相同或类似违法犯罪的目的，实现合规整改的有效性，增强企业合规力、免疫力，最终培植和涵养企业的合规文化。

（一）合规整改执行效果的有效性先后体现在三个阶段

（1）恢复期，即守护价值期，通过设定公司合规管理红线，将合规要素嵌入业务流程和岗位职责，进行制度纠错和漏洞弥补，建立合规风险识别、检测和对应机制，实现各部门（生产部门、管理部门等）上下一体系统联动的合规管理。

（2）发展期，即协同发展期，完善合规规则并有效宣贯，促进执行落地，强化合规稽查，营造合规文化，实现合规持续闭环管控。

（3）超越期，即带动增值期，树立合规标杆，创建合规品牌，引领行业合规趋势，致力于构建与公司业务发展相一致的一流全面合规管理体系。

涉案企业合规整改的基本目标是要通过第三方组织及检察机关的有效性考察。基于该合规目的，企业合规整改落地后达到第二阶段发展期的验收要求即可通过有效性考察，该阶段执行效果的有效性评价可通过以下评价内容、评价工具来进行。

（二）合规整改执行效果有效性评价的主要内容

1.一般合规风险的预防

企业要预防一般合规风险，需采取如下措施：(1)合规风险识别、监测和应对机制嵌入业务流程，与业务活动、产品和服务等紧密结合，对日常合规风险进行动态管控；(2)新业务活动、新产品开发、新的服务启动时开展风险评估，并配之以针对性预防预案；(3)业务流程的关键环节植入相应合规审查机制和管控程序；能定期收集合规风险防控案例，予以分析并相应地调整管控措施。

评价指标：合规风险日常预警管控记录；合规风险管控机制嵌入业务流程的职责清单、落实情况以及相应激励和惩戒；合规风险应对机制实施的工作案例和事例。

2.重大合规风险的预防

企业要预防重大合规风险，需做到以下几点：(1)企业从上到下都对可能的重大合规风险以及行为底线具备清晰和统一的认知，能避免个人行为导致企业出现重大合规风险；(2)业务和职能部门知悉合规风险监测、报告程序和应对措施；企业投入了充分资源在重要的领域、流程和节点，强化了管控措施，提高了企业防控重大风险能力，特别是能预防影响生存与发展的系统性合规风险；(3)企业合规风险预警和应对机制良好运行，没有出现过导致重大合规风险管控失效的合规危机事件。

评价指标：对重大合规风险的一致认识程度；对重大合规风险制定的针对性监测和管控措施的实施效果；对尽到合规审查、审计、评价等职责者的相应的绩效激励和惩戒；是否因管控失败出现合规危机。

（三）合规整改执行效果有效性评价工具

1.合规意识/文化的培养情况

合规文化建设有利于企业防控合规风险从而提升软实力和核心竞争力。任何一个领导或职工其自身掌握的知识都有局限，甚至是有缺陷的，但是必须有环保合规意识，这样才可能避免违规行为。企业里的领导或职工具备合规意识了，也会降低违规现象发生的概率。

合规文化是合规管理体系的灵魂。合规整改一定是建立在企业的主要领导深刻反省并深刻认识到违法犯罪的恶劣性和整改的必要性的基础上，如果做不到这一点，很难真正开展合规整改。即使开展了合规整改，执行效果也很难保证。没有良好的合规文化和治理理念，合规治理体系再完善功能发挥也会大打折扣。因此合规的前提就要建立合规优先的价值，合规计划和实施就是践行合规优先的价值。企业从上至下要确立合规优先的价值观，所有的经营管理活动以合规为前提，不合规的事不做，不合规的业务不做，不合规的苗头要掐灭，不合规的现象要整改，不合规的人要追责。经过有效的合规整改，企业就能养成基本的合规意识和合规文化。

合规是顶层设计，企业的领导层、决策层及高级管理人员能够清楚地理解合规管理的重要性，能够从自身做起，积极率先进行坚定的合规承诺、合规宣讲和合规沟通，将合规职责融入本职工作，一岗双责。

企业员工从知识和认知上接受合规意识，从情感和理智上认同合规理念，并作出认同的合规承诺，上下同欲摒弃潜规则，形成合规的底线思维。招聘新员工、员工晋升，需将合规意识作为考核要素之一。对合规事项进行奖励，对违规事项进行惩罚，并分别树立为正反教育警示典型。员工能主动反馈合规监测的风险，能够独立地进行违规事项举报，举报后能得到保密保护和奖励，存在合规疑虑时能够及时获得有效解答，员工认可和支持企业在合规管理改善方面的尝试和变革。

前述案例中涉嫌污染环境罪的F公司，企业从领导到员工需要全员从认识、意志、情感、行为、习惯上将环保合规自觉吸收进相关经营、管理活动中，企业从整体上凝心聚力形成一种合规优先的文化风气和氛围。

文化评价指标：合规价值观，可以具化为合规态度、习惯和氛围，表现形式为合规承诺、沟通、学习、报道、宣传、策划、表彰、文化建设等，其中领导参与深度是重要指标；合规政策的易获得性、易理解性、更新及时性；主动风险反馈的数量质量频率积极性；合规建设文件举报记录、奖惩记录、会议记录、沟通记录、合规行为习惯调查分析报告等。违规事项能否及时收集、有效处置并反馈改进，实现持续闭环（PDCA 循环）管控，以动态检验合规管理体系的持续有效性。

2.持续闭环（PDCA 循环）管控情况

国际标准化组织《合规管理体系要求及使用指南》（ISO 37301：2021）和推荐性国家标准《合规管理体系指南》（GB/T 35770）均采用 PDCA 循环（PLAN 计

划—DO 执行—CHECK 检查—ACT 处理)管理方法。这是国际、国内通行的质量管理方法,其也是在实践中不断将成功经验纳入合规标准。有效的合规管理计划本身是动态而非静态不变的。在检察机关主导下确定一定的考察时限,让涉案企业自行识别评估风险,完善机构、人员、制度、机制,防止同类违法犯罪再次发生,一旦发生也能及时应对。在有限的考察时间内,应当重点关注能否完成 PDCA 循环,动态检验合规管理体系的有效性。

例如,看员工能否发现违规事项,并能将违规事项主动举报到相应人员。看合规部或合规官有无独立的信息进入权(即独立的调查权)、开展合规工作是否受到阻碍;举报信息接收人员接收违规事项后能否尽快展开调查(内部调查主体是否适格、调查手段是否合规、调查结果转移是否合规),并根据问题进行风险分析和后续处理;如暴露出制度、机制或管理漏洞,能够有针对性地进行流程优化,纠正管理行为偏差。看违规追责是否责任到人、惩戒是否到位等;是否进行了奖惩效果评估,奖惩措施的实施是否传达了合规管理价值;合规部是否会同业务部门总结违规合规教训、做出合规要素持续改进方案。

评价指标:员工能够判断职责范围内的违规行为、明确知晓违规事项的多种报告途径,举报途径简单、有效,实名举报数量增多,举报信息准确率提升,合规举报得到领导重视,举报人信息保密、知晓合规疑虑的了解方式,举报信息查实后有奖励,专门人员负责处理举报信息并进行记录、合规管理部门(审计部门)能够及时根据举报情况展开调查分析,对追责、奖惩制度落实情况的记录,合规管理部门会同相应业务部门能根据调查情况针对性地做出的流程优化表以及合规持续改进方案。调查人员与被调查人员不存在职责重叠,能保持调查的独立性。合规三道防线均具备且都能发挥实效等。

3.职业风险防控情况

通过商业网络串联起来的商业主体利益共同化的过程中,风险也在相互传导。前述案例中 F 公司涉嫌污染环境罪,就是因为外部污水处理服务提供者污水偷排的犯罪行为导致。合规整改执行效果的有效性必然延伸和拓展至对第三方商业伙伴的选择、监督和管理。例如在对第三方的选择上,我们可以看前期是否对第三方的资质、信誉、涉案、财务等进行过尽调,合规承诺书或协议中是否约定对第三方的质询、检查、审计、调查权利和合规培训要求,是否有约定违规违约责任的承担,第三方是否进行过环保合规管理,其是否认可企业在合规管理改善方面的工作和努力。

评价指标：廉政合同、廉洁协议、合规承诺书的签署和履行；合规培训记录；背景调查报告；客户满意度调查表。

4.参照中小企业合规管理体系有效性评价进行合规内审和管理评审

2022 年 5 月发布的《中小企业合规管理体系有效性评价》团体标准，对有效性评价的原则、评价方法、内容和流程等均作了规定，可以作为合规整改执行效果有效性的参照。合规体系的有效性评价原则主要包括：全面性（评价内容及结果反映合规体系建立、实施、运行、维护全过程）、差异性（针对不同企业特点设定评价标准、指标、指标权重）、明确性（针对评价标准和指标设定明确的评价准则）、可证实性（评价指标等便于采集、能追溯过程、结论可证实）、引导性（引导中小企业持续改进合规管理体系）等。另外，聘请外部合规团队加持企业合规建设也是保障合规整改有效性的重要方法。

五、外部合规专业团队的运行

不同于单个问题的咨询和解决，合规计划的制定与执行，要具备合规管理的整体性、系统性、长远性、预先性、主动性、动态性等特征，要考虑企业规模、业务范围情况，也要兼具合规管理的业务流程节点控制、内控风控法务协同、文化意识沟通培育、利益相关方关注和国际化视野。外部合规专业团队只有契合上述综合性要求才能加持企业合规计划的制定和落地执行，才能避免纸面合规、虚假合规、无效合规。

（一）外部合规专业团队运行的运行条件和运行管理

1.运行条件

（1）复合型知识结构

外部合规专业团队应具备复合型的知识结构，如综合法律知识技能、合规管理经验，具备企业管理、财务、人力资源等知识。应根据企业特定需求，对应选择相关专业人才。

（2）最优化团队结构

团队人员结构应与上述知识结构相对应，团队中应有不同专业背景、不同年龄阅历、不同能力方向的团队人员，有利于扬长避短、互补有无，这样才能无缝衔接、立体结合，从而达成最优化的一体化团队结构配置。

(3)外部合作机构

在特定需求或特殊情形下，外部合规专业团队综合服务能力还需要一些特定领域极高的专业和资质的加持，如审计、评估等。这就要求借助外部合作机构的专业能力来补强外部合规团队的服务能力。

2.运行管理

如前所述，与单个咨询服务相比，合规整改内容的综合化、方法的复合化和更长的工作流程，要求团队内部进行更为合理的业务流程管理，统筹与协调团队人员内部的分工合作，并合理规划和有效落实项目不同环节的层级和顺序。如，宜安排合规团队负责人访谈企业最高管理者，合规团队骨干访谈企业中层，普通合规人员访谈一般员工。

（二）律师合规专业团队与客户关系问题

外部合规专业团队的有效运行，首先必须处理好与企业之间的关系，主要包括以下五个方面。

1.外部合规专业团队应发挥其独立的合规管理作用

作为外部引入的独立合规专业机构，旨在打破企业集权的管理模式，达致有效合规约束。不少涉案企业内部管理存在集权和封闭问题，造成对企业负责人或高层管理人员的权力制约机制形同虚设。对合规义务、岗位职责和违规风险往往习惯性漠视，直到严重的行政、刑事法律风险降临时才大梦初醒。

在合规计划的实施过程中，外部合规专业团队应发挥其独立的合规管理作用。岗位制约方面，外部独立合规专业人员可作为合规建设领导小组成员，或者担任企业合规管理委员会负责人、首席合规官，以强化合规管理的权威性和独立性；汇报流程方面，外部合规专业团队协助企业设置独立汇报线，以确保合规部在开展具体业务时的独立性，设置直接通报最高层的渠道，通过各项风险防范措施，及时发现问题、调查问题、改进问题；管理机制方面，外部合规专业团队协助企业进行客观全面的合规风险识别、分析、评估和制度纠错工作，有效调整和优化原有的治理结构、经营管理流程、监督管理机制、财务管理职责和法务管理职能，在合规管理机制动态完善过程中将合规整改计划做深、做实、做细。

2.专业服务赋予企业合规内驱力

专业合规团队作为外脑，属于企业管理的外因、外力和外功，企业应吸收内化其为自己的长效合规管理机制，转化为企业合规管理的内因、内力和内功。

专业合规团队除了帮助企业建立合规制度体系外，还应赋予合规制度、机制和流程体系以自生和持续的内驱力。当发生外部环境改变、内部业务调整、重要流程变化等情况时，合规风险监测控制机制能够自行及时预警、识别、反应，及时监视风险的变化并做出相应的调整和优化。专业合规团队应根据企业管理特点，使企业合规嵌入业务流程、合规行为覆盖全部岗位、合规培训入脑入心、合规文化厚植养成，最终提升客户自身内在“合规力”。

3.授之企业合规方法论

外部合规专业团队帮助企业完成合规计划内容固然重要，但要使相关合规机制能够发挥长效作用，就需要让企业及业务人员对合规整改计划的思路、方法论有充分的了解和一定程度的掌握。

不同于追逐商业利益的方式和思维，合规管理是将一种过程方法来适应工作需要，即将合规管理工作作为一个过程，在企业内协调全部成员，推动企业高管自上而下地实施合规，而不是由合规部一个或几个部门独立实施。合规管理建设，要求合规管理人员具备管理协调能力、过程思维能力及价值遵循能力。外部合规专业团队需要借助企业合规人员和核心业务骨干对企业的业务流程更为熟悉的优势，在合规嵌入业务流程过程中与之共同完善和执行合规计划，并将合规思路和方法论共享给企业。在合规理念、方法和组织干部上帮助企业做好充分的储备，这是合规管理体系发挥长效作用的重要条件。在合规整改项目完成后，合规方法论尚可继续发挥合规续航作用。

4.以自身合规促企业合规

在企业合规整改的角色架构图中，如果说办案检察机关是裁判委员会或总裁判的话，那么第三方组织作为监管人则是监督者和现场（或初步）裁判者，而外部合规专业团队作为企业合规顾问则是企业合规整改的“导师”或“教练”，指导、辅助涉案企业制订、执行合规计划并接受考察评估。

这就要求合规团队成员不仅具备专业团队复合型知识结构，还需具备娴熟的执业技能、丰富的合规管理经验、过硬的思想素养、良好的工作作风、高度的责任心和强大的共情能力，指导企业合规整改实务的同时做好企业合规精神导师，以自身合规促企业合规，以专业敬业促企业真实整改。

5.内外兼具全面助力合规建设

由于现在尚处在合规适用普及初期，绝大多数企业和职工不具备合规管理知识和技能，对内难以独自胜任有效合规整改工作，对外与检察机关、第三方机制管委会和第三方组织的接触和沟通亦存在合规标准、评估指标、启动程序等方面的信息障碍和专业壁垒，所以才有必要聘请外部合规专业团队担任合规顾问，合规律师在合规整改中应该发挥其不可替代的作用。

(1)内部合规辅导到位

在合规改革初期，外部合规专业团队应将合规理念、合规制度和合规机制等辅导到位，确保合规计划执行到位，从而使合规管理真正转化为企业的"内功"。

外部合规专业团队接受涉案企业的委托，就具有"合规园丁"或"合规教练"的身份，就必须对涉案企业履行忠诚义务，为涉案企业全面尽职地提供授权委托范围内的合规服务。除了以前所述帮助企业提交合规考察申请，进行合规尽职调查，帮助企业开展内部自查，制定、修改专项合规计划和方案，还要协助涉案企业及其人员按照时限要求认真履行合规计划，将合规要求嵌入企业的决策、经营、环保、财务、人事管理等各流程、岗位和环节。

随着合规改革的全面深入推行，检察机关审查越来越强调合规整改的有效性，随之第三方组织也越来越重视对企业合规整改有效性的科学评估，第三方组织运用随机访谈员工和相关人员、随机抽查商业交易和财务记录、随机旁听相关业务或管理会议、模拟合规投诉、穿透式合规审查等合规有效性评估验收方法，形成针对企业合规整改有效性的考察报告。为避免企业合规整改走向"纸面合规""无效合规"，合规专业团队应充分学习和借鉴模仿第三方组织的上述合规评估方法，确立一系列有效的合规建设和自评措施。比如在合规考察中，尤其是第三方组织开展最终合规评估验收之前，合规专业团队可以对企业的合规整改效果预先开展一次评估验收(合规内审)，也就是针对即将到来的第三方组织的合规评估进行一次有针对性地提前"彩排"或"演练"，及时解决那些已经暴露的问题，修复那些存在缺陷的管理流程和业务环节，确保所嵌入的合规管理要素都能有效运行，切实保证可持续地发挥有效预防类似违法犯罪行为的作用，使涉案企业的合规整改经得起外部的评估、检验和审查。

(2)外部理顺整改环境

在同检察机关、第三方机制管委会和第三方组织联络沟通合规整改相关事项时,专业合规团队应积极发挥其专业和渠道优势,充分利用好积极因素,消除和避免不利因素,争取让企业顺利通过合规整改评估和验收。专业合规团队应从以下方面做好外部理顺工作。

①尽快帮助企业拟制书面合规整改申请并向检察机关提交,充分说明理由和依据,并提交合规整改计划和企业经营状况、纳税就业、技术创新、社会贡献度等相关情况的证明材料。

合规团队(合规顾问)从接受企业委托开始,就应第一时间协助企业向检察机关提出合规整改申请,一方面可赢得充分时间对企业开展内部调查,查找企业致罪的内生性结构原因,提交针对性专项合规整改计划,借以提高申请成功率。另一方面尽早申请可赢得充盈空间,督促检察机关提前介入侦查程序,争取对企业不采取查封、扣押、冻结等强制性侦查措施,对责任人不采取拘留、逮捕等羁押性强制措施,从而为适用合规考察程序奠定现实基础。

要成功说服检察机关启动合规考察程序,合规顾问在提交合规整改申请书之前,应当与涉案企业进行充分沟通,说服其根据企业涉嫌犯罪的具体情况进行必要的前期准备工作,形成并提交一系列证明材料,以佐证其符合合规考察条件:一是提交企业和相关责任人认罪认罚的书面材料,企业和相关责任人员至少应当承认检察机关认定的基本违规事实;二是提交企业全面停止违法犯罪活动的证明材料,通过提交材料来证明企业已经停止那些容易导致违法犯罪的经营活动、业务工作和商业模式等;三是提交企业书面合规承诺,表明对刑事调查和合规整改的自愿配合态度;四是提交企业采取或者承诺采取补救挽损措施的证明材料,包括缴纳罚款、补缴税款、缴纳违法所得、赔偿被害人、修复环境资源等方面的证明材料;五是提交处理责任人员的证明材料,包括对犯罪负直接责任的人员采取免职、降职、调离、解除劳动合同或送交司法机关处理的证明材料;六是提交企业纳税、就业、技术创新等具有重大社会贡献的证明材料;七是提交企业的内部自查报告,揭示发生犯罪行为的内生性结构原因;八是提交相应的合规整改计划。

以上是附条件不起诉合规考察的制度模式。但是如果企业犯罪情节轻微(即不需要判处刑罚、免除处罚或者不超出可六个月有期徒刑以上刑罚等情形),社会危害后果不大,并具备一定合规管理基础,合规顾问应当优先申请适用相对不起诉合规制度模式，以最大程度维护企业利益。检察机关如果采用相对不起诉模式，则无需事先合规整改即可使企业直接获得出罪结果，企业在获得无犯罪记录证明后，可以再按照合规检察建议的要求进行合规整改。

②应检察机关征询积极回复愿意合规整改的意见。

③积极与第三方机制管委会、第三方组织联络对接，配合前期调查。

④应第三方组织、检察机关要求制定、修改合规整改计划和方案。涉案企业虽然自身具备主营业务或服务的经营管理优势，但是对于涉嫌犯罪治理决策层面以及内生性结构原因的分析，企业自查极易出现灯下黑或者出现回避深层次矛盾的情况。尤其是面对第三方组织、检察机关审查合规计划后提出的新修改要求，更需要外部合规团队的专业加持来确保合规整改计划制定的有效性、可行性和全面性。

这时合规顾问应当协助企业开展两项工作，一是实质性的内部尽职调查，深入查询精准定位全面揭示企业发生犯罪的外部诱因和内生性结构原因，提交更有针对性的自查报告。从企业的治理结构、管理方式、业务经营模式等方面深刻揭示发生特定犯罪的结构性原因，从而为下一步针对性合规整改创造条件。二是针对犯罪发生原因，合规顾问应提出有针对性的合规纠错措施，修订优化合规整改计划，既消除那些容易导致违法犯罪发生的直接隐患和漏洞，也为企业预防相同或相似犯罪建立长远稳定的内部控制机制，从而确保企业合规计划通过第三方组织的审查。

⑤执行第三方组织指导和要求，配合其监督、评估、检查、调查、考核、指导、纠正和验收，并定期书面报告合规计划的执行情况。在第三方组织开始监督考察后，合规顾问应当将配合第三方组织的监督考察作为工作重心。合规顾问应当代表涉案企业，接受第三方组织的检查、监督调查和指导，按照第三方组织的建议制定合规整改日程表，兑现企业所作的合规整改承诺，对第三方组织提出的进一步整改的合理意见，诚恳接受并在管理活动和业务流程中加以落实。在一定程度上，合规顾问的工作主要就是按照第三方组织的要求，承诺确立专项合规计划并有效落实，实现有效合规整改的目标。[①] 第三方组织对涉案企业合规整改的考察的具体工作方式为了解、调查、监督、检查、考核、指导、纠正、评估和验收，企业应该在认真严谨地落实合规计划的同时，积极配合第三方组织的上述监

① 参见陈瑞华：《合规顾问在有效合规整改中的作用》，《浙江工商大学学报》2022 年第 6 期。

督、考察和评估工作,定期、不定期报告(最好书面报告)合规计划的执行和落地情况,并根据反馈信息进行调整、优化和改进。

⑥配合检察机关调查、核实、审查、听证,接收检察建议并反馈意见。

⑦在侦查阶段积极对接公安或监察机关,争取提出合规整改申请,积极回复自愿合规整改意见。

⑧第三方组织或其组成人员的检查、评估行为不当或者涉嫌违法犯罪的,专业合规团队可以代理企业向负责选任第三方组织的第三方机制管委会反映或者提出异议,或者向负责办理案件的检察机关提出申诉、控告,依法维护企业合法权益。

⑨参与检察机关组织和主持的合规听证,汇报企业合规整改情况,帮助企业充分抗辩,争取通过听证员的评议和检察机关的检查、验收、审核,获得合规整改合格的审查结果,这是专业合规团队提供服务的最后一项重要工作。

首先,在答辩内容方面,应注意作重点、全面双向论证。第一,紧紧围绕"企业达到有效合规整改标准"这一核心观点,提出充分证据,回应提问和质疑,重点论证企业从此次犯罪的内生性结构原因出发,深入分析企业在经营中容易出现违规问题的风险领域、管理环节和业务流程,相应采取针对性合规制度、机制纠错措施和合规管理体系建设方案;第二,全面论证企业的合规整改既建立和运行了专项合规计划,达到了制度纠错效果,合规整改情况达到预期目的,通过了第三方组织有效性检测和考察评估,实现了长远且有效预防相同或类似违法犯罪行为再次发生的合规目标。

其次,在答辩方式方面,始终将第三方组织的评估验收报告作为论证企业合规整改成功的重要证据,全力维护报告的权威性、合法性和科学性。第三方组织评估报告验收合格通过后检察机关才会举办听证会,因此无论是正面阐述和论证此次合规整改的积极效果,还是回应听证各方的询问、异议和质疑,合规顾问都可直接援引报告的相关观点、论据和论证,作为支持企业合规整改有效性的权威证据。

本章附录

附录 7-1　合规整改申请书

关于适用企业合规改革试点以及第三方监督评估机制的申请

申请人：×××公司，住所地：×××，统一社会信用代码：×××。法定代表人（负责人）；×××，职务：×××。

申请事项：对申请人原经营管理人员吴××涉嫌“污染环境罪”一案，进行涉案企业合规改革试点并适用第三方监督评估机制，依法对吴××作出不起诉决定。

事实与理由：

（1）本案事实清楚，证据确实充分，法律适用明确。本案案发后，经×市公安局侦查，全部犯罪事实已经查清，犯罪嫌疑人如实向侦查机关供述了自己的犯罪事实；同时有相关检测报告和证人证言予以印证，本案证据确实充分；侦查机关对于犯罪嫌疑人涉嫌污染环境罪的法律适用也是十分明确的。

（2）申请人经营管理人员吴××自愿认罪认罚、全面停止了违法违规行为。

（3）申请人作为涉案企业能够正常生产经营并承诺建立企业合规制度，具备合规整改的基本条件。

①申请人的经营状况良好。申请人于×××年×××月×××日在×××市注册成立，统一社会信用代码×××，是×××上市公司的全资子公司。占地×××平方米，固定资产×××元，注册资本×××万元。申请人现有职工×××人，其中管理人员×××人，大专及以上学历×××人，中级以上职称×××人，研发技术人员×××人，2019 年、2020 年、2021 年的年销售额分别为×××万元、×××万元、×××万元，2019 年、2020 年年均纳税均超过×××万元，2021 年纳税×××余万元。在知识产权方面，申请人拥有×××项实用新型专利。申请人对当地就业及经济发展作出了相应贡献。

申请人现有年产×××吨的×××生产项目和年产×××吨×××生产项目。本项目生产过程全封闭，采用了先进生产工艺，可实现连续生产，能提高效率、产品的收率和纯度，提升市场竞争力。目前该两项目产量均居全国首位，产品远销海内外。

申请人按照《质量管理体系—要求》(GB/T 19001—2008 idt ISO 9001:2008)建立了完整的质量管理体系,获得了北京认证中心颁发的质量管理体系认证证书。

在企业发展战略上,申请人聘请××大学多名教授提供技术支持,由高级工程师、化工工程师担任技术骨干,借助多年来形成的先进技术及研发优势,为打造一家集研发、生产、出口贸易为一体的高新技术企业发展而不断努力。

目前,申请人一直处于正常生产经营状态。

②申请人作为涉案企业自愿作出合规承诺,并申请在第三方监督评估机制下建立、完善自己的企业合规制度。

(4)申请人作为涉案企业具备启动第三方机制的基本条件。

2021年8月,作为申请人的经营管理人员吴××因涉嫌污染环境罪被移送至贵院审查起诉。申请人已经从经营管理人员所涉嫌犯罪行为中深刻吸取教训,在案发后对涉案经营管理人员调离原工作岗位,加大了对污染废物排放的管理力度,制止了非法处理废物行为造成环境污染的犯罪活动。并且申请人已经着手建设自己的污水处理设施,确保因生产经营产生的污水、废水能够达到国家规定的排污标准。目前,申请人一直处于正常生产经营状态。

此外,集团公司拥有A级纳税人、高新技术产业、专业特新小巨人、隐形冠军企业、专精特新企业等多项荣誉或资质。对于集团公司下属企业的经营管理和产品生产一直是高要求、高标准、高质量,自2011年以来连续取得了相关环境管理体系认证。在本案中,申请人作为涉案企业确实暴露出在企业废水处理等环保管理方面的漏洞,急需进行合规整改。一旦申请人经营管理人员因涉嫌污染环境罪被追究刑事责任,作为上市企业的集团公司必须依法披露该信息,这将会对集团公司的声誉造成负面影响,极有可能会影响到集团公司的外贸等市场业务开展,造成较大经济损失。所以,包括申请人在内的整个集团公司对企业合规整改高度重视,目前已经聘请相关企业合规业务专家,帮助申请人建立企业合规管理体系。

申请人涉案经营管理人员吴××自愿认罪认罚,目前申请人能够正常生产经营,自愿承诺建立企业合规制度,积极进行刑事合规整改。申请人完全具备启动第三方监督评估机制的基本条件,也愿意在合规整改的过程中适用第三方监督评估机制。

现根据刑事诉讼法及最高人民检察院等相关部委印发的《关于建立涉案企业合规第三方监督评估机制的指导意见(试行)》(高检发〔2021〕6号)第三条、第四条、第十条等相关规定以及山东省人民检察院联合十七部门印发的《关于建立涉案企业合规第三方监督评估机制的实施意见(试行)》(鲁检会〔2021〕14号)第三条、第四条、第二十二条、第二十三条等相关规定,特向贵院申请批准。

此致

×××人民检察院

申请人:×××公司

×××年×××月×××日

附件1:法律法规及文件规定

附件2:相应证明文件

2.1　社会贡献度证明

2.2　资质

2.3　架构图、岗位职责、纳税

2.4　承诺、决议

2.5　认证证书

…………

联系人:×××

联系方式:×××

附录7-2　专项合规计划承诺书

专项合规计划承诺书

×××人民检察院:

承诺人×××公司经营管理人员吴××涉嫌污染环境罪一案,正在贵院审查起诉。承诺人已向贵院提出进行企业合规改革试点并适用第三方监督评估机制申请,为确保专项合规计划的有效实施,特作出承诺如下:

一、针对经营管理人员吴××涉嫌污染环境罪的事实,主动停止违法业务活动,深刻吸取教训并积极开展合规自查。

二、在开展合规自查的基础上,适用第三方监督评估机制,制定并严格落实《专项合规计划》,确保《专项合规计划》有效实施。

三、严格按照《专项合规计划》内容开展生产经营活动。

四、完善规章制度，开展常态化合规培训活动，相关责任人员签订合规承诺书。

五、根据国家合规管理体系指南逐步建立企业合规管理体系。

六、如未有效落实《专项合规计划》，自愿承担不利法律后果。

承诺人：×××公司

×××年×××月×××日

附录 7-3 合规自查自纠报告

合规自查自纠报告

一、企业基本情况介绍

见《合规整改申请书》"事实与理由"部分关于申请人的经营状况、纳税就业、技术创新、社会贡献。

二、企业涉案人员所涉案件基本情况

2021 年 11 月，作为涉案企业的经营管理人员吴××因涉嫌污染环境罪被移送至×××检察院审查起诉。涉案企业已经从经营管理人员所涉嫌犯罪行为中深刻吸取教训，在案发后对涉案经营管理人员调离原工作岗位，加大了对污染废物排放的管理力度，制止了非法处理废物行为造成环境污染的犯罪活动。

涉案企业涉案经营管理人员吴××自愿认罪认罚，目前涉案企业能够正常生产经营，自愿承诺建立企业合规制度，积极进行刑事合规整改。目前已经聘请相关企业合规业务专家帮助涉案企业建立企业合规管理体系。

三、合规风险存在的领域

随着企业发展的不断扩大、产品结构的不断提升以及当地影响力的增强，企业合规运营重要性显而易见，各部门开展企业部门合规自查自纠，找出问题和漏洞，尽快完善和整改。

(1)供应链部针对本部门采购合同未明确因原料采购质量和供货期延迟而造成的违约责任问题，提出控制措施为在合同中明确约定违约责任。

(2)人力行政部提出的合规风险为试用期没有缴纳社会保险，控制措施为入职即为员工缴纳社会保险。

(3)技术质量部提出的合规风险点为专利侵权或对方侵权公司专利，控制措施为建立专利数据库，申请时规避。

(4)销售部针对本部门销售合同中账期过长可能产生的呆账从而给公司造成损失，提出控制措施为货到付款，或者有账期的，设定授信额度，超过授信额度需要特殊审批。

(5)财务部提出的风险点。

①各部门费用报销发票存在不规范的情况，有仍然用收据报销的、发票名称与实际业务不符的、发票备注栏填写不规范的等，控制措施为针对发票不规范做专题培训，后续针对不规范的发票不予报销。

②客户账期管理需要书面合同支持，确保合同履行有效性。控制措施为严肃内控监管流程，做到制度和流程有效管理。

(6)安全环保部(EHS)提出的风险点。2020 年 4—7 月公司污水池的污水由财务吴××联系处理，因污水处理方无处理资质及合理处置方式，财务副总吴××及公司财务等部门缺乏对处理方资质的跟踪、审查，导致出现污染环境的犯罪行为，2021 年 8 月，吴××因涉嫌环境污染罪被起诉处理。

为纠正此项严重不合规的情况，首先公司采取通过招标正规有资质的污水处理企业进行污水合规处理，同时公司建立污水处理站，严格按照环保要求进行污水处理，最终杜绝此类事项的再次发生，使公司污水处理合规化。

四、风险产生的影响、损失

(1)影响公司市场订单。

(2)公司被依法追究法律责任。

(3)相关责任人面临被裁员、被起诉的风险。

(4)面临被经济处罚的风险。

(5)影响公司上市计划。

五、企业整改措施

(1)对已经发现的既存风险，建立风险应对机制，企业通过自查或者举报等途径发现的违规现象，对于这些已经发生的风险事件，建立即时应对机制。应对机制分内部调查、决策处理、完善内控、应对执法四个步骤。

(2)将企业内部管理规范规定的处理流程和汇报程序向决策机构提交调查报告。

(3)分析风险事件发生的原因，弥补企业管理体系和内控机制中的漏洞，完善相应的工作流程和工作环节，防止类似违规事件再次发生。

(4)设立专门合规部门，招募合规专业人员，聘请专业团队，统筹企业的合规制度建设。

(5)制定合规指南、员工合规行为准则等合规规范。

六、结论

通过合规培训，增强员工的风险防范意识和合规行为自觉性，打造依法经营、合规发展的良好企业文化和氛围。

×××公司

×××年×××月×××日

附录 7-4　专项合规整改计划

专项合规整改计划

一、企业基本情况介绍

见《合规整改申请书》“事实与理由”部分“申请人的经营状况良好”。

二、企业涉案人员所涉案件基本情况

见《合规自查自纠报告》“企业涉案人员所涉案件基本情况”。

三、纠正违规行为并修复被侵犯法益

企业全面纠正违规行为，努力修复被侵犯法益。

(1)停止违规行为，修建污水处理站。涉案企业及负责人已经认识到涉案行为是错误的，决心痛改前非，遂主动停止了涉案违规行为，并积极采取修建污水处理站等补救措施，避免再次发生污染环境的行为。

(2)缴纳罚款。涉案企业已缴纳罚款×××元。

(3)配合司法机关调查。案发后，涉案人员均如实供述涉案事实，按照司法机关的要求如实提交各种涉案文件和资料，使案件得以顺利查清。

(4)自查自纠。合规整改期间，除外聘合规顾问指导合规整改之外，企业自行开展自查自纠活动，针对之前出现的问题做了系统的梳理，并形成了书面的风险点以及整改措施。对此次涉及的违规人员进行了严格问责惩戒，对违规事项进行了处理，将涉案人员吴××撤职并调离原岗位。

四、专项合规整改计划

1.合规组织建设

确立三个层级的合规管理机构，包括合规建设领导小组(合规整改后或改为合规管理委员会)、合规部、合规管理员,明确各机构在合规管理中的职责。

(1)成立合规建设领导小组

由企业实际负责人×××担任合规建设领导小组组长,并聘请山东×××律师事务所、济南×××合规研究院协助,由其设计合规整改方案,为企业合规整改提供技术支持。合规建设领导小组承担合规管理职责,具体负责合规整改工作,同时赋予其一定范围的否决权,做好权力配置,协同推进合规管理体系的有效运行。在专项合规整改结束后,其职能转给合规管理委员会。

合规建设领导小组成员:

×××　执行董事兼总经理

×××　财务总监

×××　人事总监

×××　环保安全总监

×××　合规顾问

量化工作成果:执行董事决定、合规建设领导小组成员名单。

(2)设立合规部

新设企业合规部,选任专职合规部部长,具有足够的独立性、自主性,持续监督合规整改措施的落实情况。合规部门独立设置,在合规建设领导小组的领导下牵头开展企业的合规整改管理工作,不受公司领导和其他部门的干预,确保独立地将专项合规工作落到实处。

合规部主动开启合规审查,对污水排放等污染环境的行为进行监管,对相关文件进行审查并嵌入第三方合作伙伴的审查工作。

量化工作成果:执行董事决定、设立合规部的通知、合规部组织架构图、合规部成员名单、合规部职责清单。

(3)设立合规专员

在合规部设立合规专员,通过社会公开招聘方式引进专业人员作为合规部专职员工,组织、协调和监督专项合规整改工作,在直接负责各项合规管理工作的同时为其他部门提供合规管理支持。

量化工作成果:聘任合同、合规专员名单。

(4)各业务、职能部门设立合规管理员

业务、职能部门设置合规管理员,由业务骨干兼任,负责本部门合规风险识别、评估、处置等工作,接受合规部业务指导和培训。市场、物流等部门的合规管理员，由部门或处室负责人担任。

量化工作成果：合规管理员名单、职责清单。

2.企业的合规承诺

(1)领导层的合规承诺

通过执行董事发表声明等方式，确立企业进行合规整改的基本方针，提出专项合规整改的基本要求，明确合规是企业的优先价值，对违规违法行为采取零容忍的态度，确保合规融入企业的发展目标、发展战略和管理体系。向社会公开承诺进行合规整改，确保合规计划有效落地。

量化工作成果：合规建设领导小组承诺、执行董事决定。

(2)管理层的合规承诺

高管、部门负责人等作为各自岗位第一责任人作出合规承诺，建立企业专项合规承诺制度。其中包括涉案企业管理层的集体合规承诺，将严格服从企业决定，履行合规整改计划，学习合规知识；相关管理岗位人员的合规承诺，将在自己的职责范围内履行合规义务。

量化工作成果：合规部承诺书、业务部门承诺书、合规部岗位职责清单。

(3)员工的合规承诺

全员签署合规承诺书以及保密协议，将统一学习与自我学习相结合，遵守企业的合规制度，严格执行企业合规计划，报告合规关注事项、问题和漏洞，根据要求参加培训，积极学习、领会、贯彻企业合规文化，最终实现企业人人合规、时时合规、事事合规。

量化工作成果：员工合规承诺书、培训记录、签到表、保密协议。

3.配合第三方监督评估组织评估、聘请外部专业机构协助

聘请山东×××律师事务所、济南×××合规研究院协助，制作合规计划日程安排表并按照合规计划日程安排表的进度安排和时限要求，落实合规计划的各项任务，积极配合第三方组织合规考察并按要求向第三方组织、检察机关报告执行和整改情况。

量化工作成果：合规整改日程安排表、企业合规整改法律服务协议。

4.企业的专项合规管理制度体系建设

(1)修改企业章程

在原有章程的基础上增设合规部及首席合规官等企业合规管理、治理的内容，并向社会公开承诺进行合规整改。

量化工作成果：企业章程、执行董事决定。

(2)建立合规风险库制度

①围绕涉案企业相关人员涉嫌的污染环境罪，结合企业经营管理流程及相关环节，对企业环保合规风险的产生原因，企业经营目标、合规目标的影响结合企业可接受的风险程度，进行分析、评估和风险分级评定，建立企业合规风险库，根据风险点制定针对性的防范措施。

②根据企业内部经营状况、外部监管政策和环境的变化，定期对风险库进行更新。

③企业所有经营管理部门应熟知可能存在的企业环保合规风险点，应承担各自职责范围内的风险识别责任，及时报告识别情况，并纠正违规行为。

④企业的合规部承担风险监测责任，定期开展专项检查，及时发现并报告、纠正违背企业环保合规管理要求的各类违规行为。

量化工作成果：合规风险清单、义务清单、风险库、装箱检查报告。

(3)制定环保合规专项指引/风险行为准则

认真研究行业情况、相关法律法规政策等合规依据，结合企业文化、核心价值观、公司业务范围等内部因素，根据梳理的合规风险点，制定环保合规专项指引/环保合规风险行为准则，在指引/准则中体现企业最高级别的合规态度、承诺和要求以及违反准则的后果等内容。

量化工作成果：环保合规专项指引/环保合规风险行为准则。

(4)完善废水、废液、废物处理流程特别事项审批制度

在公司正常的采购、生产流程之外，涉及废水、废液废物处理的，要向企业合规部门报备，由其提出合规意见，并向公司总经理提交审核，杜绝不合规的排污行为发生。

量化工作成果：废水、废液、废物处理流程特别事项审批制度。

(5)其他合规制度

根据企业章程及企业实际业务需求，由总经理组织相关部门制定或完善合规管理办法、合规培训制度、合规风险处置流程、污染环境合规审查流程、客户资质审查制度、各部门间监督制度等并留档备查。

量化工作成果：合规管理制度、合规管理手册、环保合规专项指引、合规培训制度、合规风险处置流程、污染环境合规审查流程、客户资质审查制度、各部门间监督制度。

5.风险发现与评估机制建设

通过完善合规风险自查机制，全面系统梳理企业经营活动中可能存在的合规风险，制定合规风险清单、合规义务清单并建立合规风险台账，对风险点、风险类别、风险形成因素、可能发生的后果及发生的概率等展开系统分析与评估，对有典型意义、普遍存在的以及可能造成严重后果的风险应及时发布预警。

量化工作成果：合规风险清单、合规义务清单、合规风险台账等。

6.建立合规风险举报与调查机制

鼓励内部员工对违法或违反职业操守的行为向合规部门或合规专员进行举报，外部设立投诉举报渠道，包括电话、邮箱、微信公众号、举报信箱等，以便及时发现生产经营活动中出现的违规情况。根据举报情况，由合规建设领导小组决定启动对应的调查机制，并对举报者进行保护。

设立合规举报邮箱，由合规专员进行管理，收到举报邮件后，合规专员应当第一时间向合规建设领导小组汇报，在严格保护举报人隐私的前提下，立即开展调查，举报由无利益冲突的合规人员进行独立调查，由合规部出具调查及处理结果，经调查属实的，对被举报人扣除当月的绩效奖金，对举报人给予2000—20000元奖励。

量化工作成果：电话、邮箱、微信公众号、举报信箱等收集的举报线索。

7.建立合规风险监控与处理机制

(1)风险监控机制

①各部门对合规工作开展情况进行自查，定期形成书面报告，由合规联络员呈交合规部，以确保合规制度真正实施并有效运行；

②由合规部人员牵头，负责组织、协调企业各项合规检查工作，可抽调相关部门合规专员共同组成临时检查组，根据企业业务情况随时开展合规风险检查并形成检查报告。

量化工作成果：自查报告、临时检查组人员名单、检查报告。

(2)风险处理机制

针对检查发现的合规风险，合规检查组应向问题部门提出书面整改建议，该部门提出具体解决方案，解决方案经合规检查组审核确认后，由合规部督促该部门积极落实整改方案。

量化工作成果：整改建议、解决方案。

8.建立合规绩效评价机制,开展考核与追责

制定《合规绩效考核管理办法》及针对员工的季度、年终绩效考核表,将合规绩效考核纳入公司薪酬管理体系,以客观指标和明确的分值来评价被考核人员履行岗位职责的合规情况。

将涉案合规整改效果作为公司组织绩效考核、员工个人绩效考核的标准,同时将绩效考核结果与个人职务晋级等挂钩,对合规行为予以奖励,对违规行为严格追究责任,进行负激励考核,采取有效的纠正措施。

量化工作成果:《合规绩效考核管理办法》。

9.建立合规培训制度,培育合规文化

企业环保合规教育培训要坚持日常化和多样化原则。

(1)在教育培训日常化方面,要提高教育培训的频次,使环保合规意识深入人心。

(2)在企业办公楼内,单独设立合规部办公室,并悬挂张贴合规部标牌,同时在办公楼走廊、工位等处张贴合规标语。在厂区悬挂合规标语,在车间张贴合规标准,使合规理念及具体的合规标准深入企业员工内心。

(3)在教育培训多样化方面,要采取全员培训和重点培训、集中培训和个别谈话、线上和线下培训相结合的方式。

(4)在教育培训重点人员方面,要结合企业环保合规风险的发生环节,确立教育培训的重点人员,同时加大对风险程度较高岗位人员的合规教育力度。

(5)要做好教育培训记录。集中教育培训要有培训的全程录像和培训人员的登记簿;个别教育谈话,要有谈话记录。

(6)开展涉案企业环保合规风险防范文化建设,培育浓厚的企业合规文化氛围。

(7)举办合规考试。采取外部专家授课与企业员工解读相结合的方式,采取合规知识灌输和专业知识自主学习相结合的形式,在举办多场合规培训的基础上,对合规培训所学内容进行书面考试,考试成绩不合格者需补考。

量化成果:培训记录、心得体会、签到表、谈话记录、合规考试试题、合规考试合格者名单。

10.合规整改有效性保障

合规整改有效性直接决定了对涉案企业合规整改的处理结果,对企业的经营发展将产生重大影响。为保障合规专项整改工作的顺利完成,企业承诺为专

项合规整改计划的实施提供除上述保障制度以外的必备物项工具，包括但不限于固定的办公场所、办公设备。企业将开展合规工作所需资金列入年度预算，并视合规整改工作的开展情况调整预算额度，确保专款专用。

量化工作成果：合规部办公设备、合规建设年度预算表。

（盖章）×××公司

×××年×××月×××日

附录7-5　刑事合规整改方案

刑事合规整改方案

一、涉案企业基本情况

见《合规整改申请书》“事实与理由”部分“申请人的经营状况良好”。

二、企业涉案人员所涉案件基本情况

见《合规自查自纠报告》“企业涉案人员所涉案件基本情况”。

三、专项合规整改方案

在前述自查自纠的基础上，涉案企业进一步就合规风险进行了全面梳理，深究犯罪原因，以全面合规为目标，以专项合规为重点，围绕与企业涉嫌污染环境罪有密切联系的企业内部治理结构、制度机制、人员管理、审查机制等方面存在的问题，重点在培养企业管理人员合规经营意识、完善业务审批流程与污水收集处理、财务管理等方面制定可行的合规管理规范。

为构建有效的合规组织架构，完善相关业务合规管理流程，有效纠正违法问题，健全环保合规风险防范报告机制，弥补企业制度建设和监督管理漏洞，防止再次发生相同或者类似的违法犯罪，拟定合规整改方案如下：

（一）纠正不合规行为，努力修复被侵犯法益

涉案企业对不合规事件第一时间进行了应急处理，主动停止违法违规行为，对涉案人员作出免职处分，调离原工作岗位。与此同时，涉案企业及全体员工积极配合司法机关调查，开展自查自纠活动，在合规顾问团队的指导下形成了书面的风险清单以及配套风险控制措施。

量化工作成果：涉案人员免职通知、自查自纠报告合规风险清单。

配档表		
整改措施文件化成果	日期	完成情况
涉案人员免职通知		
合规自查自纠报告		
合规风险清单		

（二）合规管理机构设置和职责配置

为更好地进行合规整改，经执行董事决定确立三个层级的合规管理机构，包括合规管理委员会、合规部、合规管理员，并明确各机构在合规管理中的职责。

1.成立合规建设领导小组/合规管理委员会

由企业主要负责人×××担任合规建设领导小组/合规管理委员会主任，兼任首席合规官，聘请外部合规专业机构协助。合规管理委员会承担合规管理职责，做好权力配置，协同推进合规管理体系的有效运行。合规建设领导小组/合规管理委员会统筹协调合规管理工作，领导合规管理部门组织开展相关工作，指导所属单位加强合规管理，定期召开会议，研究解决重点、难点问题。对合规管理的有效性承担责任，履行下列职责：

（1）制定企业合规管理的工作计划和目标，审议批准公司合规管理的重要制度。

（2）率先作出合规承诺及合规表率，主动在日常经营过程中倡导合规经营理念，积极培育公司合规文化，认真履行合规管理职责。

（3）决定聘任、解聘、考核合规部负责人，决定解聘对发生重大合规风险负有主要责任或者领导责任的管理人员。

（4）听取合规部负责人的定期报告。

（5）为合规管理部门履行职责提供充分的人力、物力、财力、办公、设施、技术支持和保障。

（6）定期了解企业合规风险，组织合规管理有效性评估，督促各业务部门就合规风险事项开展自查或配合公司调查，严格按照公司规定进行合规问责，并落实整改措施，解决合规管理中存在的问题。

（7）有效监督各业务部门落实企业合规管理要求，发现问题时及时要求各业务部门及其工作人员改进。

(8)公司规定的其他合规管理职责。

量化工作成果:执行董事决定(成立合规建设领导小组/合规管理委员会)、股东决定(任命首席合规官)。

配档表		
整改措施文件化成果	日期	完成情况
执行董事决定(成立合规建设领导小组/合规管理委员会)		
股东决定(任命首席合规官)		

2.设立合规部及合规专员

设立一个自上而下、垂直领导的合规部,作为合规管理职能部门,向合规建设领导小组/合规管理委员会负责并报告工作。由合规部负责人、合规专员组成,享有足够的独立性、自主性,持续监督合规整改措施的落实情况。合规部门独立设置,不受公司利益的干预和领导权力的制约,确保独立地将专项合规工作落到实处。合规部牵头负责本企业合规管理工作,对公司的经营管理行为及其员工的履职行为和业务活动的合规性进行审查、监督和检查,主要履行下列职责:

(1)组织起草环保合规管理基本制度和具体制度、年度计划和工作报告等。

(2)负责企业规章制度、经济合同、重大决策合规审查。

(3)组织开展合规风险识别、预警和应对处置,根据董事会授权开展合规管理体系有效性评价。

(4)受理职责范围内的违规举报,提出分类处置意见,组织或者参与对违规行为的调查。

(5)组织或者协助业务及职能部门开展合规培训、合规考核、合规宣传及合规文化建设;受理合规咨询,推进合规管理信息化建设。

(6)处理与外部监管方、合作方相关的合规事务,向服务对象提供相关合规政策解读服务。

(7)其他合规管理职责。

在合规部配备与经营规模、业务范围、风险水平相适应的合规专员,组织、协调和监督环保合规管理工作，在直接负责各项合规管理工作的同时为其他部门提供合规管理支持，并确保其拥有对涉及重大环保合规风险事项的一票否决权。同时要加强对合规专员的业务培训，提升其专业化水平。

量化工作成果：设立合规部的决定、合规部组成人员名单、合规专员名单。

配档表		
整改措施文件化成果	日期	完成情况
设立合规部的决定		
合规部组成人员名单		
合规专员名单		

3.各业务、职能部门及其合规管理员

各业务、职能部门是公司合规管理的重要一环，承担合规管理主体责任，主要履行以下职责：

(1)建立健全本部门业务合规管理制度和流程，开展合规风险识别评估，编制风险清单和应对预案。

(2)定期梳理重点岗位合规风险，将合规要求纳入岗位职责，明确职责范围内的合规管理主体责任，提醒、督导工作人员认真履行合规管理职责，落实合规管理要求。

(3)负责本部门经营管理行为的合规审查。

(4)及时报告合规风险，组织或者配合开展应对处置。

(5)组织或者配合开展违规问题调查和整改，配合合规部有效落实合规工作要求。

(6)接受合规培训，就合规培训内容接受定期测试或考核。

(7)知晓违规举报渠道，对违规事项主动报告。

设置合规管理员，由业务骨干担任，接受合规部业务指导和培训。

在专项整改实施阶段，环保部、财务部合规管理员在合规建设领导小组/合规管理委员会的监督指导下，在×××年×××月×××日之前向合规部汇报合规整改方案执行情况，接受合规管理委员会及合规部业务指导和培训。

量化工作成果：合规联络员名单、合规方案执行情况报告。

配档表		
整改措施文件化成果	日期	完成情况
合规联络员名单		
合规方案执行情况报告		

(三)企业的合规承诺

1.领导层的合规承诺

执行董事发表声明,宣贯企业进行合规管理的基本方针,提出专项合规管理的基本要求,确保合规计划有效落地。

企业负责人×××向全体员工致辞《给全体员工及合作伙伴的一封信》,在致辞中进行合规承诺并明确宣示:合规是公司的生命线,企业确立了通过生产流程风险管控,完善企业管理,形成合规文化的合规目标,企业对任何形式的违规行为秉持"零容忍"的态度。确保合规融入企业的发展目标、发展战略和管理体系。

量化工作成果:《给全体员工及合作伙伴的一封信》、领导层合规承诺书。

配档表		
整改措施文件化成果	日期	完成情况
《给全体员工 及合作伙伴的一封信》		
领导层合规承诺书		

2.管理层的合规承诺

总经理等高管和部门负责人等作为各自岗位第一责任人作出合规承诺,其中包含表示严格服从企业决定,履行合规整改计划并学习合规知识等。

量化工作成果:管理层的合规承诺书、管理层培训签到表。

配档表		
整改措施文件化成果	日期	完成情况
管理层的合规承诺书		
管理层培训签到表		

3.员工的合规承诺

全体员工签署合规承诺书，承诺将统一学习与自我学习相结合，接受并遵守企业的合规制度，严格执行企业合规整改方案，主动报告合规事项、问题和漏洞，根据要求参加合规培训，积极学习、领会、贯彻企业合规文化，最终实现企业人人合规、时时合规、事事合规。

量化工作成果：员工合规承诺书。

配档表		
整改措施文件化成果	日期	完成情况
员工合规承诺书		

(四)配合第三方监督评估组织评估、聘请外部专业机构协助

聘请外部合规专家团队协助制作合规计划日程安排表，并按照合规计划日程安排表的进度安排和时限要求，落实合规计划的各项任务，积极配合第三方组织合规考察并按要求向第三方组织和检察机关报告执行和整改情况。

量化工作成果：合规计划日程安排表。

配档表		
整改措施文件化成果	日期	完成情况
合规计划日程安排表		

(五)企业的专项合规管理制度体系建设

1.修改企业章程

通过股东决定修改企业章程，在原有章程基础上设立合规管理委员会、首席合规官等合规管理机构等内容，并向社会公开承诺进行合规整改。

量化工作成果：修改企业章程的股东决定、企业章程(新)。

配档表		
整改措施文件化成果	日期	完成情况
修改企业章程的股东决定		
企业章程(新)		

2.建立合规风险库制度

(1)围绕涉案企业相关人员涉嫌的污染环境罪,结合企业经营管理流程及相关环节,对企业环保合规风险的产生原因,对企业经营目标、合规目标的影响结合企业可接受的风险程度,进行分析、评估和风险分级评定,建立企业合规风险库,根据风险点制定针对性的防范措施。

(2)根据企业内部经营状况、外部监管政策和环境的变化,定期对风险库进行更新。

(3)企业所有经营管理部门应熟知可能存在的企业环保合规风险点,应承担各自职责范围内的风险识别责任,及时报告识别情况,并纠正违规行为。

(4)企业的合规部(或合规专员)承担风险监测责任,定期开展专项检查,及时发现并报告、纠正违背企业环保合规管理要求的各类违规行为。具体载体包括具有知识分享功能的企业网站专栏、文件化成果(如合规义务清单等)或搭建专门的数据库。

合规风险库的内容包括但不限于:企业合规风险清单,合规义务清单,合规风险报告以及法律法规,部门规章,行业监管规定,国际惯例,国际公约,商业惯例,行业准则,内部规章制度,职业操守和道德规范以及企业已存在、可能存在或同行业其他企业常见的合规义务,司法判例及行业监管案例等。由合规部根据企业内部经营状况、外部监管政策和环境的变化适时对风险库进行更新。

量化工作成果:合规风险库制度。

配档表		
整改措施文件化成果	日期	完成情况
合规风险库制度		

3.制定环保专项合规指引

认真研究行业情况、相关法律法规政策等合规依据,结合企业文化、核心价值观、公司业务范围等内部因素,根据梳理的合规风险点,制定环保专项合规指引,在准则中体现企业最高级别的合规态度、承诺和要求以及违反准则的后果等内容。

量化工作成果:环保专项合规指引。

配档表		
整改措施文件化成果	日期	完成情况
环保合规专项指引		

4.完善废水、废液、废物处理流程等特别事项审批制度

在公司正常的采购、生产流程之外，涉及废水、废液废物处理的，要向企业合规部门报备，由其提出合规意见，并向公司总经理提交审核，杜绝不合规的排污行为。

量化工作成果：废水汇集输送操作规程。

配档表		
整改措施文件化成果	日期	完成情况
废水汇集输送操作规程		

5.其他制度

根据企业章程及企业实际业务需求，由总经理组织相关部门制定或完善水污染控制管理制度、水污染防治责任制度、污水处理费用财务审批制度、污水处理物流监管制度并制作合规管理手册留档备查。

量化工作成果：水污染控制管理制度、水污染防治责任制度、污水处理费用财务审批制度、污水处理物流监管制度、合规管理手册。

配档表		
整改措施文件化成果	日期	完成情况
污水处理物流监管制度		
水污染控制管理制度		
水污染防治责任制度		
污水处理费用财务审批制度		
合规管理手册		

（六）风险发现与评估机制建设

通过完善合规风险自查机制，全面系统梳理企业经营活动中可能存在的合规风险，在前述风险库制度基础上，所有经营管理部门须熟知可能存在的企业合

规风险点,承担各自职责范围内的风险识别责任,对风险点、风险类别、风险形成因素、可能发生的后果及发生的概率等展开系统分析与评估,及时报告识别情况,对有典型意义、普遍存在的以及可能造成严重后果的风险应及时发布预警,并及时纠正违规行为。

量化工作成果:合规风险预警台账。

配档表		
整改措施文件化成果	日期	完成情况
合规风险预警台账		

(七)建立合规风险举报与调查机制

鼓励内部员工对违法或违反职业操守行为向合规部门或合规专员进行举报,外部设立投诉举报渠道,包括电话、邮箱、微信公众号等,以便及时发现生产经营活动中出现的违规情况。根据举报情况,决定启动对应的调查机制,并对举报者采取保密和保护措施。

建立合规风险举报与调查制度,由合规专员定期查阅邮箱及信箱,及时接听举报电话,收到举报信息后,合规专员应第一时间向合规建设领导小组汇报,在严格保护举报人隐私的前提下立即开展调查,举报由无利益冲突的合规专员进行独立调查,由合规部出具调查及处理结果,经调查属实的,对被举报人或业务部门扣除当月的绩效奖金,对举报人给予500—5000元奖励。

量化工作成果:合规风险举报与调查制度、举报电话、举报邮箱、举报信箱、合规举报记录。

配档表		
整改措施文件化成果	日期	完成情况
合规风险举报与调查制度		
举报电话		
举报邮箱		
举报信箱		
合规举报记录		

（八）建立合规风险监控与处理机制

1.风险监控机制

企业建立合规风险监控机制，包括日常监控合规风险的机构、方法、措施、频率、信息来源、结果运用、操作流程等，明确监控重点人员、重点岗位及重点环节。

（1）各业务、职能部门对合规工作开展情况进行日常监控并登记留档，定期形成书面报告，由合规联络员呈交合规部，以确保合规制度真正实施并有效运行。

（2）由合规管理委员会牵头，由合规部负责组织、协调企业各项合规检查工作，抽调相关部门负责人组成临时检查组，定期开展合规风险检查评估。基于合规风险识别评估的结果，企业将采取必要措施管控合规风险，或在内部有效地开展预防性合规管理工作，及时发现违背企业合规管理要求的各类违规行为并形成检查报告，使企业能合规地开展业务、诚信经营，避免企业违反法律法规和企业合规承诺，从而提升企业品牌形象，避免和减少监管机构的处罚，实现企业合规目标，进而为实现企业可持续发展提供必要条件。

量化工作成果：合规风险监控制度、自查报告、检查报告。

配档表		
整改措施文件化成果	日期	完成情况
合规风险监控制度		
自查报告		
检查报告		

2.风险处理机制

在合规风险识别、评估、监控、举报、调查等机制发挥作用的基础上，建立合规风险处理机制。根据风险事件严重程度将合规风险分为一级危机事件、二级危机事件、三级危机事件。根据合规评估和分级结果，设置合规风险应对责任人、应对措施、应对流程。一级危机事件应由公司总经理、分管副总、事件发生部门负责人、合规部全员、运营总监、财务总监、人力资源部负责人、市场部负责人等组成临时管理小组；二级危机事件应由分管副总、事件发生部门负责人、合规部负责人、运营总监、财务总监、市场部负责人等组成临时管理小组；三级危机事件应由事件发生部门负责人、合规专员、运营总监、财务总监、市场部负责人等组成临时管理小组。

针对检查发现的合规风险，问题部门应制定合规风险应急预案，同时合规检查组向问题部门提出书面整改建议，问题部门提出具体解决方案，解决方案经合规部审核确认并报合规管理委员会通过后，由合规部督促问题部门积极落实整改方案。

量化工作成果：合规风险处理制度。

配档表		
整改措施文件化成果	日期	完成情况
合规风险处理制度		

（九）建立合规绩效评价机制，开展考核与追责

企业建立合规绩效评价机制，引入合规指标，结合现有《绩效考核管理办法》对企业主要负责人、市场项目部、计划物流部等经营管理人员进行季度、年终绩效考核，将合规绩效考核纳入公司薪酬管理体系。将绩效考核结果与个人职务晋级、升职、调岗等挂钩，以客观指标和明确的分值来评价被考核人员履行岗位职能的合规情况。

量化工作成果：《绩效考核管理办法》。

配档表		
整改措施文件化成果	日期	完成情况
《绩效考核管理办法》		

（十）建立合规培训制度，培育合规文化

通过持续开展合规培训，坚持培训日常化、多样化原则，发挥合规培训在管理技能提升和价值观宣传上的作用，逐渐形成企业合规文化。

1.进行不同层次的合规管理能力培训

首先，由外部合规团队对企业领导层、主要部门负责人进行座谈宣讲，对企业管理层的合规风险管理意识、能力进行培训。

其次，针对重点岗位、重点人员（包含总经理及各业务部门负责人）、不同层次的人员结合其合规管理的重点进行不同内容、不同规模的合规培训，尤其要突出定期对涉环境污染岗位及人员的专项业务合规风险培训。通过合规培训增强员工对合规制度流程的认知，使员工熟练掌握合规风险控制措施。通过合规培

训加强对企业的合规监控与检查机制、违规事项的报告与调查处理机制、合规风险库制度等合规运行制度进行宣贯。

最后，合规部定期或不定期对各业务、职能部门开展环保专项合规培训，尤其是针对各业务、职能部门的合规管理员，要进行系统合规培训，使其熟练掌握合规风险预警和应对、对违规举报的基本处理等能力。

环保专项合规教育培训要坚持日常化和多样化原则，提高合规管理能力，应时时合规、事事合规，逐渐形成合规价值观，使企业主动践行更高的道德标准，在无明确制度参考的情况下，仍然能够根据合规价值观作出正确判断，最终形成企业的合规文化。

量化工作成果：合规培训记录。

配档表		
整改措施文件化成果	日期	完成情况
合规培训记录		

2.开展涉案企业环保合规风险防范文化建设，培育浓厚的企业合规文化氛围

在企业文化墙中增设守法经营板块，在办公楼公共区域、餐厅、厂区、生产车间等处张贴合规标语，使合规理念及具体的合规标准深入员工内心。

量化工作成果：合规文化墙、合规标语。

配档表		
整改措施文件化成果	日期	完成情况
合规文化墙		
合规标语		

3.进行合规知识测试

企业采取外部专家授课与企业员工解读相结合、合规知识灌输和专业知识学习相结合的形式，在举办多场合规培训的基础上，对全员开展合规知识测试。员工所在部门应对培训情况进行督促检查，将合规知识纳入新员工入职培训内容，培训不合格的不得上岗。

量化工作成果：合规知识测试试题、合规知识测试成绩单。

配档表		
整改措施文件化成果	日期	完成情况
合规知识测试试题		
合规知识测试成绩单		

(十一)合规整改有效性保障制度

合规整改的有效性直接决定了涉案企业合规整改的处理结果,对企业的经营发展将产生重大影响。为保障合规专项整改工作的顺利完成,企业承诺为专项合规整改方案的实施提供除上述保障制度以外的必备物项工具,包括但不限于固定的办公场所、办公设备等。企业将开展合规建设工作所需资金列入年度预算,并视合规整改工作的开展情况调整预算额度,确保专款专用。

量化工作成果:合规部办公室、办公设备明细、合规建设年度预算。

配档表		
整改措施文件化成果	日期	完成情况
合规部办公室		
办公设备明细		
合规建设年度预算		

企业通过落实上述合规整改方案,构建有效的合规组织体系,完善相关业务审批流程,健全风险防范报告机制,弥补企业制度建设和管理漏洞,防止再次发生相同或者相似违法犯罪,建立动态的、能够持续改进的合规管理体系,并形成企业的合规文化。

专项合规整改阶段的环保专项合规建设只是合规管理的开始,企业将以全面合规为目标,持续进行合规管理。

此致

×××人民检察院

(盖章)×××公司

×××年×××月×××日

附录 7-6 环保合规风险清单

环保合规风险清单												
基础信息区					合规规范信息区					管理信息区		
业务模块	风险名称	风险概述	产生原因	风险等级	合规规范	具体规定	责任后果	案例	应对建议	涉及部门	配合主体	业务/管理活动
服务采购	事前对服务供应商尽调缺乏	采购意向达成前未调查废水处置供应商第三方的资质、信誉、合规水平等	节约成本只看低价、疏忽	高	《中华人民共和国固体废物污染环境防治法》第80条	禁止将危险废物提供或者委托给无许可证的单位或者其他生产经营者从事收集、贮存、利用、处置活动。	可能涉嫌污染环境罪	××污染环境案	事先加强对服务供应商资质、信誉的审查，可聘请第三方机构对其进行尽职调查	采购、财务、环保	采购副总、法务	OA系统资质审批前置、背景调查前置
合同签署	事中资质审核不到位、缺乏合同约束条款	协议达成前缺乏对第三方资质、许可和能力的前置审核，协议达成时缺乏避免第三方责任连累的合同条款	服务采购权力过于集中，环境管理体系（EHS）职权被绕过	高	《中华人民共和国环境保护法》（2014修订）第6条	企业事业单位和其他生产经营者应当防止、减少环境污染和生态破坏，对所造成的损害依法承担责任。	可能存在因审核不到位、程序不规范导致违法犯罪行为的发生。		规范公司的审批程序，对各类合同进行严格审查。按照公司流程对采购等活动进行审核，EHS总监、主管发挥其审查监督作用。	法务	采购、财务、环保	OA系统资质审批、复查

续表

环保合规风险清单												
基础信息区					合规规范信息区					管理信息区		
业务模块	风险名称	风险概述	产生原因	风险等级	合规规范	具体规定	责任后果	案例	应对建议	涉及部门	配合主体	业务/管理活动
售后跟踪	事后处置监督不到位	对第三方违法转包、处置废水的过程防控跟踪监督缺乏	缺乏对废水拉走后的处置监督流程和节点跟踪、调查人员设置	高	无	无	因缺乏对后续处置程序的跟踪调查易导致被牵连，产生违法犯罪	××污染环境案	加强对事后处置流程的监督，同时在合同签订时明确约定禁止转包和分包、售后免责等条款	环保、技术服务	法务	环保跟踪、合同免责
供电设备	供电设备断电导致物料泄漏	两套供电输入设备，极端情况下出现断电，可能会导致物料泄漏	断电后蓄电供应、泄露防范等措施不到位	低	无	无	可能因断电导致泄露从而造成环境污染		在现有检查制度的基础上，增强防范措施，从事前预防和事后补救两个方面进行应对	设备部	供电部	增加日常检查频次，完善应对补救预案

续表

环保合规风险清单												
基础信息区					合规规范信息区					管理信息区		
业务模块	风险名称	风险概述	产生原因	风险等级	合规规范	具体规定	责任后果	案例	应对建议	涉及部门	配合主体	业务/管理活动
反应釜	一线人员人身伤害风险	存在易燃易爆危化品，岗位安全风险主要存在于反应釜等方面，易产生爆燃事故	生产过程中有易燃易爆品，管理不到位存在一定风险	低	无	无	爆炸可能发生泄漏，导致环境污染、人身伤害		易燃易爆品岗位职责安全意识提升和贯彻	设备部	环保部	加强对员工的教育和培训
存储设备维护	储罐的维保	储罐的维修、保养、监测、检查的制度、流程需要建立和补强	储存液氨的储罐为带压设备，易发生泄漏、炸裂，原料储存环节易产生污废水	高	无	无	一旦泄露会造成环境污染		完善对储罐的维修、保养、监测、检查的制度、流程和监控，落实责任制，并制定应急措施以应对因泄露炸裂引发的环境问题	设备部	环保部	将储罐的维保制度和流程监控责任到人并纳入绩效考核

续表

环保合规风险清单												
基础信息区					合规规范信息区					管理信息区		
业务模块	风险名称	风险概述	产生原因	风险等级	合规规范	具体规定	责任后果	案例	应对建议	涉及部门	配合主体	业务/管理活动
原料装卸	危险化学品泄漏环保风险	原材料中有危险化学品，装卸车时有泄漏的可能，但发生概率较低	装卸危险化学品时疏忽大意、过于自信易发生环保风险	高	无	无	一旦泄漏会发生环保问题		完善危险化学品装卸车时的安全管理流程，制定应急措施应对泄漏引发的环境问题	物流部	环保部	将装卸制度和流程监控责任到人并纳入绩效考核

续表

环保合规风险清单												
基础信息区					合规规范信息区					管理信息区		
业务模块	风险名称	风险概述	产生原因	风险等级	合规规范	具体规定	责任后果	案例	应对建议	涉及部门	配合主体	业务/管理活动
设备冲洗水管控	设备冲洗水、前期雨水管控制度和流程缺乏	设备冲洗水、下雨前半小时收集雨水管控制度、流程、岗位、人员缺乏	认为设备冲洗水、前期收集雨水污染不大，环保认识、宣传沟通、培训不到位，风险重视度、制度流程规定必要性认识不足	高	《化学工业污水处理与回用设计规范》(GB 50684—2011)	全文	设备冲洗水、前期收集雨水会导致环境污染		加强设备冲洗水、前期雨水管控制度、流程、岗位、人员管理，加强环保认识培训，进行相应监测	生产部、设备部	环保部	冲洗水、雨水管控、监测责任到人

续表

环保合规风险清单												
基础信息区					合规规范信息区					管理信息区		
业务模块	风险名称	风险概述	产生原因	风险等级	合规规范	具体规定	责任后果	案例	应对建议	涉及部门	配合主体	业务/管理活动
原料采购	贿赂风险	采购过程中存在贿赂风险	采购人员吃回扣	低	《中华人民共和国刑法》第163条	公司、企业或者其他单位的工作人员，利用职务上的便利，索取他人财物或者非法收受他人财物，为他人谋取利益，数额较大的，处三年以下有期徒刑或者拘役，并处罚金；数额巨大或者有其他严重情节的，处三年以上十年以下有期徒刑，并处罚金；数额特别巨大或者有其他特别严重情节的，处十年以上有期徒刑或者无期徒刑，并处罚金。 公司、企业或者其他单位的工作人员在经济往来中，利用职务上的便利，违反国家规定，收受各种名义的回扣、手续费，归个人所有的，依照前款的规定处罚。	存在以次充好或者企业内部资源流失的可能，严重的构成非国家工作人员受贿罪		加强企业内部规章制度管理，完善建立制约监督机制，进行廉洁培训	采购部、财务部	监察部	采购分离，制约监督

续表

环保合规风险清单												
基础信息区					合规规范信息区					管理信息区		
业务模块	风险名称	风险概述	产生原因	风险等级	合规规范	具体规定	责任后果	案例	应对建议	涉及部门	配合主体	业务/管理活动
技术、化验	技术员、化验室人员不合规风险	技术员、化验员工作中存在利冲、懈怠、疏忽导致瑕疵产品流出的风险	技术员、化验员制度、流程、程序不严密、执行不到位以及监督不力导致	高	无	无	可能导致产品质量不稳定，公司的公信力降低，股价下跌		加强对技术员、化验员的培训管理，建立完整的监督制约机制以及奖惩机制	技术部、化验部	负责生产的副总	增强对其岗位职责培训、教育，完善监督、激励机制

附录 7-7　合规管理手册

致全体员工的一封信

各位同仁：

大家好！我是总经理×××。

合规是企业的生命线。违规行为有悖于公众信任，严重影响合作伙伴、企业员工对我们的信赖，甚至损害企业的社会公信，危及交易安全和公司的经营发展。基于此，我代表××公司郑重致信：

自即日起，将“合规作为企业的优先价值，对不合规行为采取零容忍的态度，确保合规融入企业的发展目标、发展战略、管理体系和业务流程”作为公司的合规方针。

近年来，在全体员工的不懈努力下，公司不断发展壮大，但企业在高速发展的同时，面临的风险和挑战亦是与日俱增。因此，企业合规和诚信经营显得尤为重要。自今日起，公司在此承诺，会以更高的标准实现企业合规发展，建立健全有效的合规管理体系，在所有的业务和经营管理活动中，坚决遵守法律法规，以更高的企业合规标准，杜绝一切不良经营行为。

当然，我们也欢迎出于善意地对不合规或疑似不合规的行为进行举报，在查实举报内容后，公司将对举报人给予奖励和保护，确保其不会受到任何形式的打击报复。

最后，让我们携手，在日常经营中、在每一次业务活动中，坚持将企业合规放在首位。遇到任何疑问，第一时间向合规管理委员会、合规部或合规专员进行咨询，做到时时合规、事事合规。

感激大家一直以来对于我们工作的支持，请接收我最诚恳的致意，谢谢！

总经理：×××

×××年×××月×××日

引言

该合规管理手册旨在明确公司依法合规经营的理念，增强管理层和员工依法合规经营意识。明确岗位合规职责和行为准则，为全体员工的行为提供合规指引，及时发现和处理各类违规违法行为，消除引发各类不合规风险的诱因，完善公司治理，增强公司市场竞争力。

第一章　总　则

第一条　为加强公司内部合规管理，增强员工自我约束能力，防范合规风险，建立有效的合规管理体系，保障公司依法合规经营，依据《合规管理体系要求和使用指南》(ISO 37301：2021)、《中小企业合规管理体系有效性评价》(T/CASMES 19—2022)等，制定本手册。

第二条　本手册所称合规，是指企业经营管理行为和员工履职行为符合国家法律法规、监管规定、行业准则和国际条约、规则，以及公司章程、相关规章制度等要求。

本手册所称合规风险，是指企业及其员工在经营管理过程中因违规行为引发法律责任、造成经济或者声誉损失以及其他负面影响的可能性。

本手册所称合规管理，是指企业以有效防控合规风险为目的，以提升依法合规经营管理水平为导向，以企业经营管理行为和员工履职行为为对象，开展的包括建立合规制度、完善运行机制、培育合规文化、强化监督问责等有组织、有计划的管理活动。

第三条　公司的合规方针为将合规作为企业的优先价值，对不合规行为采取零容忍的态度，确保合规融入企业的发展目标、发展战略、管理体系和业务流程。

合规是公司全体员工的共同责任，公司推行全员合规、合规从管理层做起、合规是公司生存基础、合规创造价值的理念，倡导和推进合规文化建设，培育全体员工合规意识，形成公司人人合规、事事合规的合规文化理念和经营价值观。

第二章　合规管理目标和基本原则

第四条　公司深入开展合规管理，致力于实现下列目标：

(一)完善制度机制，保障公司经营管理和业务开展符合法律、法规和准则。

（二）实现对合规风险的有效识别和主动管理，增强自我约束能力。

（三）针对公司所涉不合规事项进行整改，及时查找原因，制定可行的管理规范，完善相关业务流程。

（四）推动合规文化建设，切实防范合规风险，促进合规管理实现全覆盖。

（五）深入贯彻习近平法治思想，落实全面依法治国战略部署，深化法治企业建设，推动企业加强合规管理，有力保障深化改革与高质量发展。

第五条　公司合规管理的基本原则：

（一）全面性原则。合规管理应当覆盖公司全体员工，嵌入和贯穿生产经营管理各领域、各环节，贯穿决策、执行、监督全过程，落实到各部门、各单位和全体员工，实现多方联动、上下贯通，确保不存在合规管理漏洞。

（二）针对性原则。合规管理实施过程中应当突出重点，优先从不合规行为的专项整改入手，确保取得实效，以点带面促进实现全面合规管理的目标。

（三）主动性原则。公司及其全体员工在其经营管理和业务开展中应当主动执行合规制度，主动寻求合规支持，主动报告不合规行为或合规风险隐患。

（四）及时性原则。公司合规制度应当随着国家法律法规、政策制度等外部环境的改变和公司经营战略、经营方针、经营理念等内部环境的变化及时进行修改和完善。

（五）合理性原则。合规管理应当与公司经营规模、业务范围、合规状况及公司所处环境相适应，以合理的成本实现合规管理的目标，保障公司各项业务健康规范运行。

（六）独立性原则。合规管理部门具有相对独立性，公司董事、经营管理人员及其他员工不得以任何理由不正当干涉其正常履行职责。

（七）权责清晰原则。按照“管业务必须管合规”的要求，明确业务及职能部门、合规管理部门和监督部门职责，严格落实员工合规责任，对违规行为严肃问责。

（八）务实高效原则。建立健全符合企业实际的合规管理体系，突出对重点领域、关键环节和重要人员的管理，充分利用大数据等信息化手段，切实提高管理效能。

第三章　合规管理组织架构与部门职责

第一节　合规管理组织架构

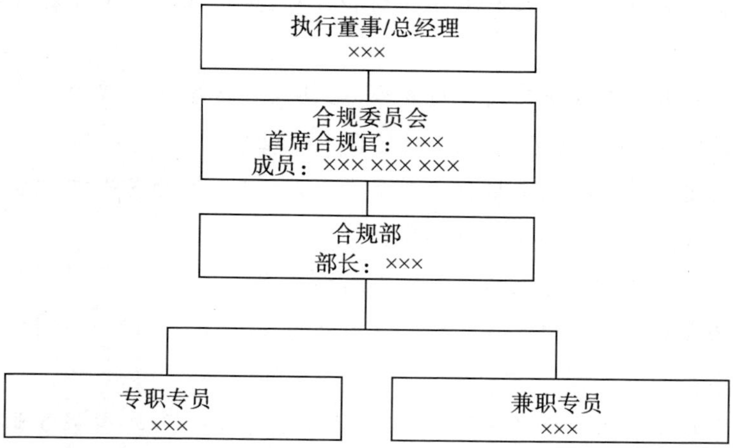

合规管理组织架构图

第二节　执行董事

第六条　执行董事发挥定战略、作决策、防风险作用，主要履行以下职责：

（一）审议批准合规管理基本制度、体系建设方案和年度报告。

（二）研究决定合规管理重大事项。

（三）推动完善合规管理体系并对其有效性进行评价。

（四）决定合规管理部门设置及职责。

第三节　经理层

第七条　经理层发挥谋经营、抓落实、强管理作用，主要履行以下职责：

（一）拟订合规管理体系建设方案，经董事会批准后组织实施。

（二）拟订合规管理基本制度，批准年度计划等，组织制定合规管理具体制度。

（三）组织应对重大合规风险事件。

（四）指导监督各部门和所属单位合规管理工作。

第四节　第一责任人

第八条　企业主要负责人作为推进法治建设的第一责任人，应当切实履行依法合规经营重要组织者、推动者和实践者职责，积极推动合规管理各项工作。

第五节　合规管理委员会

第九条　公司合规管理委员会统筹协调合规管理工作，定期召开会议，研究解决重点、难点问题。对合规管理的有效性承担责任，履行下列职责：

（一）制定企业合规管理的工作计划和目标，审议批准公司合规管理的重要制度。

（二）率先作出合规承诺及合规表率，主动在日常经营过程中倡导合规经营理念，积极培育公司合规文化，认真履行合规管理职责。

（三）决定聘任、解聘、考核合规部负责人，决定解聘对发生重大合规风险负有主要责任或者领导责任的管理人员。

（四）听取合规部负责人的定期报告。

（五）为合规管理部门履行职责提供充分的人力、物力、财力、机构、技术支持和保障。

（六）定期了解企业合规风险，组织合规管理有效性评估，督促各业务部门就合规风险事项开展自查或配合公司调查，严格按照公司规定进行合规问责，并落实整改措施，解决合规管理中存在的问题。

（七）有效监督各业务部门落实企业合规管理要求，发现问题后要求各业务部门及其工作人员及时改进。

（八）公司规定的其他合规管理职责。

设立首席合规官，不新增领导岗位和职数，由公司主要负责人×××担任，领导合规管理部门组织开展相关工作，指导所属单位加强合规管理。

第六节　各业务、职能部门

第十条　各业务、职能部门是公司合规管理的重要一环，承担合规管理主体责任，主要履行以下职责：

（一）建立健全本部门业务合规管理制度和流程，开展合规风险识别评估，编制风险清单和应对预案。

（二）定期梳理重点岗位合规风险，将合规要求纳入岗位职责，明确职责范围内的合规管理主体责任，提醒、督导工作人员认真履行合规管理职责，落实合规管理要求。

（三）负责本部门经营管理行为的合规审查。

（四）及时报告合规风险，组织或者配合开展应对处置。

（五）组织或者配合开展违规问题调查和整改，配合合规部有效落实合规工作要求。

（六）接受合规培训，就合规培训内容接受定期理解测试或考核。

（七）知晓违规举报渠道，对违规事项主动报告。

设置合规管理员，由业务骨干担任，接受合规部业务指导和培训。

第七节　合规管理部门

第十一条　公司设立合规部作为合规管理职能部门。合规部向合规管理委员会负责并报告工作。

第十二条　合规部牵头负责本企业合规管理工作，对公司的经营管理行为及其员工的履职行为和业务活动的合规性进行审查、监督和检查，主要履行下列职责：

（一）组织起草合规管理基本制度、具体制度、年度计划和工作报告等。

（二）负责规章制度、经济合同、重大决策合规审查。

（三）组织开展合规风险识别、预警和应对处置，根据董事会授权开展合规管理体系有效性评价。

（四）受理职责范围内的违规举报，提出分类处置意见，组织或者参与对违规行为的调查。

（五）组织或者协助业务及职能部门开展合规培训、合规考核、合规宣传及合规文化建设；受理合规咨询，推进合规管理信息化建设；配备与经营规模、业务范围、风险水平相适应的合规专员，加强业务培训，提升专业化水平。

（六）处理与外部监管方、合作方相关的合规事务，向服务对象提供相关政策解读服务。

（七）其他合规管理职责。

第十三条　合规管理委员会/合规部对公司经营管理行为及其员工的履职行为和业务活动的合规性进行内部合规审查、评估、监督，主要履行下列职责：

（一）监控企业专项合规管理体系运行有效性，开展评估、优化等工作。

（二）及时制止违规行为，参与对违规行为的调查处理和追责。

（三）其他合规管理监督职责。

第十四条　合规部负责人由合规管理委员会推选产生，由合规管理委员会任免与考核。应具备下列任职条件：

（一）在公司任职三年及以上，熟悉公司业务及环保、排污、污水处理等业务。

（二）了解相关法律法规和行业准则，具备胜任合规管理工作所需要的专业知识和技能。

（三）热爱公司，诚实守信，坚持原则，模范遵守公司各项规章制度。

第十五条　公司解聘合规部负责人，应当有正当理由，并提交合规管理委员会讨论决定。

前款所称正当理由，包括合规部负责人本人申请，或确有证据证明其存在无法正常履职、未能勤勉尽责、违法违规等情形。

第十六条　合规部负责人不能履行职责或者履职不到位的，由公司总经理代行其职务，并在作出决定之日起3个工作日内向合规管理委员会作出书面报告，代行职务的时间不超过3个月。

合规部负责人提出离任的，应当提前1个月向合规管理委员会提出申请。在离任申请获得批准之前，合规部负责人不得停止履行职责。

合规部负责人缺位的，合规管理委员会应在3个月内选聘符合任职条件的人员担任负责人。

第四章　合规管理履职保障

第十七条　公开合规承诺。公司全体人员签署合规承诺书，保障合规管理落地实施。

第十八条　合规管理支持。

（一）公司为各部门履行合规管理职责提供必要的物力、财力和技术支持。

（二）公司为合规部配备足够的、符合法律法规及监管要求的、具备与履行合规管理职责相适应的负责人、专职及兼职合规管理人员，并定期开展合规培训。合规培训及沟通制度具体内容详见第五章“合规培训与沟通制度”。

（三）公司应当确保合规部相关人员的合理预算，并允许负责人根据公司业务和风险情况，定期、及时调整相关预算。

第十九条　合规部及其成员权力保障。公司保障合规部成员充分行使履行职责所必需的知情权和调查权。公司召开董事会议、经营决策会议等重要会议以及合规部负责人要求参加或者列席的会议的，应当提前通知合规部负责人。合规部成员有权根据履职需要参加或列席有关会议，有权查阅、复制有关文件、资料，可以要求公司有关人员对有关事项作出说明，有权向为公司提供审计、法律等中介服务的机构了解情况，必要时可以公司名义直接聘请外部专业机构或人员协助工作，费用由公司承担。

第二十条　合规部的独立性。公司保障合规部及其负责人的独立性。公司其他部门应当支持和配合合规部的工作，不得以任何理由限制、阻挠合规部工作人员履行职责。

第二十一条　公司保障合规部及其负责人的权威性。公司不采纳合规部合规审查意见的，应当将有关事项提交合规管理委员会决定。

第五章　合规培训与沟通制度

第二十二条　公司设立合规部负责组织合规培训与宣传工作。

（一）从管理层开始，各级领导应当充分认识合规管理的重要性，参与合规培训宣传工作，参与合规培训讲课并对合规培训提出要求，公司全体员工均需签署员工合规承诺书。

（二）以风险评估为基础，针对不同岗位、历史阶段、事件和风险类型，制定多样化的培训和沟通模式，保证培训和沟通的实际效果。

（三）在培训和沟通过程中进行良好的互动和讨论，重点岗位合规培训应设置课后测试，对参与培训的人员进行考核打分，与个人绩效考核挂钩，并作为个人表彰和奖励的重要依据。

（四）留存培训参加记录，包括合规培训计划、培训记录、培训主题、课件及参训人员情况（职位、人数、签到表、受训率）、考试通过率、培训证书等支持材料。

培训不能是一次性或一劳永逸的，因为记忆、客观环境、企业运营模式等会不断发生变化，应保证持续性的培训。

第二十三条　公司采取适当方式进行合规沟通宣传，确保合规信息被全体员工持续地接收和理解。沟通活动应清楚地传递公司对员工的合规期待，并告知员工哪些不合规的情况将受到调查与处理。告知员工在必要的情况下可以向谁报告和寻求解决办法。

第六章　合规检查机制

第二十四条　公司应当组织各部门或者委托具有专业资质的外部专业机构对公司专项合规管理进行检查评估，及时解决公司合规化建设工作中存在的问题。

（一）合规检查人员：包括但不仅限于公司合规部、相关业务部门及第三方专业机构（如律师事务所、会计师事务所等）。

（二）合规检查频率：合规部门对公司的合规性检查评估，每季度至少进行1次。委托具有专业资质的外部专业机构对公司的合规性检查评估，每一年至少进行1次。

（三）合规检查范围：涉知识产权专供产品签约、生产、销售各个流程，包括签约、接单、生产、入库、销售、出库等，以及公司管理层、各业务部门、员工日常行为所涉其他合规风险。

发现公司存在违法违规行为或重大合规风险隐患的，公司应当按照相关要求就发现的问题及时整改。

外部监管部门（包括但不限于市场监督管理局、环保局、应急管理局等部门）的检查不能替代公司内部的合规检查。

第二十五条　合规部应当向合规管理委员会报送上一年的年度合规报告。年度合规报告包括以下内容：

（一）公司合规管理的基本情况。

（二）合规部门履行职责情况。

（三）公司专项合规检查评估及整改情况。

（四）公司违法违规行为、合规风险隐患的发现及整改情况。

（五）相关监管机构要求或公司认为需要报告的其他内容。

合规部门应当对前款规定的合规报告签署确认意见，保证报告的内容真实、准确、完整；对报告内容持有异议的，应当注明意见和理由。如遇紧急情况，必须第一时间整理合规报告上报合规管理委员会。

第七章　违规事项的报告、处理及奖惩

第二十六条　合规部应依据本制度第九条的要求，履行支持合规风险事项报告、处理及合规问责职责。

各业务、职能部门发现公司存在违法违规行为或合规风险隐患的，应依据本制度第十条的要求，履行有效评估合规风险并处理不合规行为的职责。

第二十七条　合规举报制度

（一）公司员工在经营管理活动中，应当主动将发现的不合规行为、可能的合规风险隐患等报告合规风险管理部门。

（二）公司鼓励员工广泛参与合规举报，对于参与违规案件人员，提倡“首举不究”的原则。

（三）根据举报信息使公司避免、减少或者追回了经济损失，或者避免、挽回了公司的信誉损失的，公司根据具体情况给予举报人员奖励。

（四）鼓励和要求客户或第三方配合企业的合规管理并将其纳入企业交易规范之中。企业应严格保护举报人的安全，严禁任何人对举报人进行任何形式的打击报复。

（五）公司首席合规官负责合规举报管理工作，为第一责任人。合规部负责具体举报管理事项。

（六）企业要为合规举报提供必要的技术措施，可通过如下方式进行举报：

举报电话：×××。

举报邮箱：×××。

上述举报电话和邮箱应由专人负责，确保信息不外泄。

第二十八条　合规问责机制。公司实行合规问责机制，对在经营管理及业务开展过程中违反法律、法规和内部规章制度的员工进行合规问责，并与绩效考核和薪酬发放挂钩。对已发现或已出现的违法违规行为或合规风险隐患不报告或报告不及时，或采取补救措施不力的，公司将对相关责任人从严处罚。

合规部对合规问责有知情权、建议权和检查权。各业务部门负责人应当向合规部反馈合规问责的最终执行情况。

第二十九条　公司各业务部门员工主动、及时报告违法违规行为或合规风险隐患，积极妥善处理，公司可酌情从轻、减轻处理；情节轻微并及时纠正违法违规行为或避免合规风险，没有造成危害后果的，可不予追究。

第三十条　公司全体员工应严格遵循公司合规管理制度，在业务开展期间为企业带来经济效益、为公司合规化建设带来积极效果的，公司视情况可对其进行表彰或绩效奖励。

（一）培训考核奖惩。

为提升合规文化培训宣传效果，采取每季度一次的笔试答题和业务合规性评定的方式进行综合考评，并将该考评结果纳入员工季度绩效考评中。

（二）举报奖惩。企业将对检举违规行为的员工在被举报事件查实处理完毕后两周内予以奖励，对举报人给予500—5000元奖励。

（三）年度考核不合格或违规被查实两次以上（含本数）视为不符合岗位要求，根据企业制度进行调岗或辞退处理。

（四）企业合规部设置晋升考查表，将合规管理（举报、培训、宣传）工作纳入晋升考核，落实待晋升人员合规尽职调查程序，由公司首席合规官对考核人员进行访谈，考察后对相关人员予以晋升奖励。

第三十一条　公司对防范重大合规风险或挽回重大损失的集体或个人进行表彰和奖励；对落实合规管理工作不力或因重大合规风险造成损失的集体或个人进行问责。表彰和问责在公司内部进行通报。

第八章　合规咨询

第三十二条　公司建立合规咨询机制，公司全体员工在经营管理及业务开展过程中遇到合规问题，均可通过合规管理委员会公开的联系方式与相关合规管理人员取得联系，获取合规指导或建议。如遇严重复杂情况，可向第三方专业法律机构请求协助。

第九章　附　则

第三十三条　本制度适用于本公司业务经营管理全流程，各业务部门按照本制度规定，制定其他合规管理具体工作制度。

第三十四条　公司其他管理制度与本制度不符的，以本制度为准。

第三十五条　本制度自公司董事会审议通过后生效实施，解释权归公司董事会。

第三十六条　本制度自印发之日起施行。

附录 7-8　专项合规整改阶段性工作报告(第一阶段)

专项合规整改阶段性工作报告(第一阶段)

×××年×××月×××日

致:×××人民检察院、×××第三方组织

×××公司(下称“企业”)合规整改工作已进行合规自查,已制定专项合规整改计划,现将工作进展情况汇报如下。

一、合规整改的审查阶段

2022 年 2 月 14 日,企业向××(地级)市人民检察院、××(县级)市人民检察院递交了《合规适用申请书》《合规经营承诺书》,并于 2022 年 5 月 20 日递交了《涉案企业专项合规整改计划》。上述两级人民检察院经过审核,同意了企业的合规整改申请,并决定适用第三方监督评估机制。

二、进行自查自纠、合规整改

经企业自查,发现出现环境污染问题的主要原因是企业管理层法律意识尤其是环境保护意识淡薄,相关责任人未尽合理审查义务,业务审批流程存在漏洞,缺乏跟踪制度等。针对上述原因,涉案企业采取了如下措施:

1.涉案人员处理

案发后,企业认识到在管理层人员决策方面的漏洞,即个别管理人员利用职务便利以及业务审批流程漏洞,私自委托没有污水处理资质的第三方处理污水。2022 年 1 月 14 日,企业对原财务副总×××作出免职、解除聘任关系的处理决定。

2.申请适用第三方监督评估机制

2022 年 2 月 14 日,企业向××(地级)市人民检察院、××(县级)市人民检察院递交了适用第三方监督评估机制的申请,申请进行涉案企业合规整改。

3.聘请外部合规团队

为确保此次合规整改质量,企业聘请了外部合规团队进行合规整改指导,针对企业管理人员被指控的涉嫌犯罪事实,深入分析犯罪原因,对企业经营管理环节深入展开合规风险自查,形成《自查自纠报告》。

4.合规承诺

企业领导层、管理层及全体员工签署合规整改承诺书，作出合规承诺及合规表率，主动在日常经营过程中倡导合规经营理念，积极培育企业合规文化，认真履行合规职责。

5.总经理合规宣示

2022年7月19日，企业总经理×××向全体员工致辞《强化风险意识，树立合规理念》，在致辞中进行合规承诺并明确宣示：合规是企业的生命线。企业确立了通过流程风险管控，完善企业管理，形成合规文化的合规目标，对任何形式的违规行为秉持“零容忍”的态度。以确保合规融入企业的发展目标、发展战略和管理体系。

6.进行合规组织建设

2022年5月30日，企业母公司山东××股份有限公司作出股东决定，修改企业章程，设立合规管理委员会，负责监督和协调合规管理体系运行，并任命×××为企业首席合规官，×××、×××、×××为合规管理委员会成员。

2022年7月11日，企业作出《关于×××公司设立合规部的通知》，决定成立合规部，任命×××为合规部部长，×××、×××为合规部合规专员。合规部负责合规工作的计划、执行、检查、监督、整改和报告，进行合规义务的收集、识别、汇编并将其转化为内部规章制度，进行合规风险的评估、监控、处置，开展合规培训，弘扬合规文化，以及有关合规性管理的其他事项。

7.建设污水处理站

经企业研究决定并向母公司备案，企业进行自有污水处理站建设，于2021年11月24日与××(大连)有限公司签订《污水处理工程总承包合同书》，支出工程总承包费用365万元。目前，该工程处于试运行阶段，预计于2022年10月正式投入使用。

8.委托专业机构对危废进行处置

为防止出现无资质机构对企业危废进行处置的情况，企业委托有相应资质的专业机构对危废进行处置。2021年4月15日，企业与××环保科技有限公司签订《危险废弃物处理合同书》，将生产过程中产生国家危险废物名录中规定的危险废物委托××环保科技有限公司进行无害化处置，并由××市环境保护局进行监管。

9.开展合规培训,培养合规意识

由外部合规团队对企业全体职工进行合规宣讲,让企业全体职工了解合规的重要性,增强全体人员的合规意识;介绍合规管理的具体实施步骤,领导层、管理层以及普通员工的合规职责,为下一步合规工作的开展打下基础。

10.开展合规访谈,发现合规风险

由外部合规团队对领导层、管理层进行一对一访谈,并对关键岗位进行多次访谈,了解企业的污水产生、收集、处理流程,发现现有的合规风险。了解领导层对本次合规问题发生原因的分析及具体解决方案,了解企业的业务制度、监督举报机制、考核机制建设,了解企业的管理、合规现状。通过对行政管理人员的深入沟通了解企业的薪酬制度,了解企业对违规问题的处理方式以及是否将违规纳入绩效考核等制度问题。通过对相关部门管理层的深入沟通,重点了解各部门的岗位职责、业务流程以及各负责人对本次合规问题的原因分析和具体解决方案。

11.梳理合规风险清单、义务清单

根据企业所处的行业及主营业务,结合本次合规整改案件情况,根据访谈的内容及现有制度、流程,梳理合规风险,分析对合规目标和经营目标可能造成的损害。根据企业的实际情况判断合规风险等级,根据风险识别清单对企业的合规风险进行分析评估,形成合规风险清单、义务清单,作为接下来专项合规整改的基础。

12.进行合规制度建设

根据识别出的企业的风险点,在外部合规团队的协助下,企业制定污水处理物流监管制度、污染防治责任制度、污水处理费用财务审批制度、水污染控制管理制度、废水汇集输送操作规程,进一步规范企业污水处理流程及制度。

三、专项合规整改方案的制定

企业根据全面自查所确定的合规重点制定合规整改方案,提交第三方组织、检察院审定,并根据修改意见定稿。审定定稿后的专项合规整改方案将作为企业落实合规整改的依据。

四、下一步的工作计划

以审定后的合规整改方案为指引,逐项落实整改,并及时汇报进展。

汇报人:×××公司

×××年×××月×××日

附录 7-9 环保专项合规指引

环保专项合规指引

第一部分 环境保护管理基本制度

为了加强完善本公司的各项环境保护管理工作，使之符合国家相关法规，保障公司有序生产，现特制定环保管理相关制度。

第一章 总 则

第一条 根据《中华人民共和国环境保护法》"为认真执行全面规划，合理布局，综合利用，化害为利，依靠群众，大家动手，保护环境，造福人民"的环境方针，搞好本公司的环境保护工作，特制定本管理制度。

第二条 本公司环境保护管理主要任务是：宣传和执行环境保护法律法规及有关规定，充分、合理地利用各种资源、能源，控制和消除污染，促进本企业生产发展，创造良好的工作生活环境，以减少公司的经济活动对周围生态环境的污染。

第三条 保护环境人人有责。公司员工、领导都要认真、自觉学习、遵守环境保护法律法规及有关规定，正确看待和处理生产与保护环境之间的关系，坚持预防为主、防治结合的方针，提倡车间清洁生产、循环利用，从源头上消灭污染物，并认真执行"谁污染、谁治理"的原则。

第二章 组织结构

第四条 公司设置由总经理为组长的环保合规工作领导小组，并设立环保合规专员，专门负责环境保护和环境监测工作，全面负责本公司环境保护工作的管理和监测任务，改善公司环境状况，减少公司生产对周围环境的污染，并与政府环保部门做好协调工作。

第五条 建立公司环境保护管理网络，由公司总经理牵头，办公室和环保合规专员为成员，定期召开企业环保情况报告会和专题会议，负责贯彻会议决定，做好本公司的环境保护工作。

第六条 公司环境保护机构必须保持正常工作，只能加强，不能削弱。

第三章 基本原则

第七条 公司环保工作由总经理主管，环保合规专员专项负责，直接向公司董事会负责并报告环保工作。

第八条　环保合规专员要重视防治“三废”污染，要把环境保护工作作为生产管理的重要组成部分，纳入日常生产中，实行生产环保一齐抓。

第九条　环境保护工作关系到周边环境和每个职工的身体健康及企业生产发展，公司员工必须严格执行环境保护工作制度，确保环境保护合法合规，任何违反环保工作制度造成事故者，一律追究责任，情节严重的，移送司法机关处理。

第十条　防止“三废”污染，实行“谁污染，谁治理”的原则，所有造成环境污染和其他公害的部门都必须提出治理规划，有计划、有步骤地加以实施，公司在财力、物力、人力方面及时给予帮助。

第十一条　对环保设施、设备等要切实管理，建立定期检查、维修和维修后验收制度，保证设备、设施完好，运转率达到考核指标要求。

第十二条　把环保工作作为评定公司技术经济的指标。

第十三条　凡新建、扩建、改造项目须依法履行环评和“三同时”等建设项目环境保护相关规定，并将项目中的“三废”治理和综合利用工作所需资金、设备材料同时列入计划，切实予以保证。在施工过程中不得以任何理由挤占“三废”治理和综合利用工程的资金、设备、材料和人力等。

第四章　环保工作具体内容

第十四条　建设规范化污染物排放口并设置标志牌，开展自行监测并保存原始检测记录，建立环境管理台账记录制度，提交排污许可证执行报告，公开污染物排放信息。

第十五条　确保封闭降噪效果，保持各项设备的封闭设施完好，在日常生产及时进行检查，发现异常及时采取措施。

第十六条　定期保养、维修，维修班严格按照设备说明书对设备进行日常保养，发现异常立即采取措施，对无法自行解决的故障，联系厂家进行维修。

第十七条　降低能源消耗，减少上、下货时的粉尘和扬尘。

第十八条　厂区地面。最大限度绿化、硬化路面和场地，减少扬尘产生；设环卫队，每日清扫并洒水五遍以上，维持清洁、湿润，杜绝扬尘。

第十九条　料场。购买防晒网对料场原材料进行整体覆盖；在料场安装喷淋装置，确保除尘效果；设环卫队，每日不间断清扫，洒水四遍以上，维持清洁；对料场的堆放物进行覆盖，杜绝卸料产生扬尘、粉尘。

第五章　环保合规专员职责

第二十条　环保合规专员职责：

（一）在公司总经理领导下，认真贯彻执行国家、上级主管部门的有关环保方针、政策和法规，负责本公司环保工作的管理、监察和测试等。

（二）负责组织制定环保长远规划和年度总结报告。

（三）监督检查本公司执行“三废”治理情况，参加新建、扩建和改造项目方案的研究、审查、验收工作，提出环保意见和要求。

（四）组织公司开展环境监测，保存原始监测记录，建立环境管理台账，提交排污许可证执行报告，公开污染物排放信息，做好环保资料归档和统计工作，并将在工作中遇到的合规风险及时向合规专员报告，同时向上级环保部门汇报。

（五）对员工进行环保合规法律法规教育、宣传，提高员工的环保合规意识，并对环保岗位人员进行培训考核。

第六章　奖励和惩罚

第二十一条　凡本公司员工在环境保护工作中成绩明显者，给予精神和物质奖励。

第二十二条　凡本公司员工玩忽职守，任意排放企业“三废”，造成污染环境事件，依法依规处理，并视为严重违反规章制度的情形，公司依法可作出解除劳动合同的处理决定。

第七章　附　则

第二十三条　本制度与国家法律、法规等部门文件有冲突时，按上级文件规定执行。

第二十四条　本管理制度属公司规章制度的一部分，由公司负责贯彻落实和执行。管理部门要严格执行并监督、检查。

第二部分　水污染控制管理制度

一、目的

通过对公司污水处置的长效管理，控制污水排放，达到减少水体污染、合理科学利用水资源的目的。

二、范围

适用于公司内生产、生活用水的节约化、减量化管理以及各类污水产生、收集、输送、排放及检测等过程管理。

三、职责

（一）设备维修部负责公司淡水的计量统计管理。负责污水输送设备的检修和维护，保证设备正常运行。

（二）各用水单位均需本着节约化、减量化及循环利用的原则使用和管理日常的淡水资源，技术部为公司水资源的节能减排提供技术支持。

（三）公司实行雨污分流，公司所有生产废水、生活污水的单位应加强日常管理，确保废水通过专用管道输送到废水装置均衡池，然后集中送往污水处理站集中储罐。

（四）地埋式生化处理系统运行管理由生产部负责，生活污水经生化处理达标后用于厂区绿化，禁止外排。

（五）安全环保部负责按照排污许可核准的项目及检测要求，组织和协调第三方落实到位，污水、雨水进行周期性检测，并将检测结果录入环保污染检测数据共享系统平台。

（六）合规部负责对水污染控制管理工作进行监督审查。

四、程序

（一）水资源管理

（1）生产部根据有关规定对生产用水进行合理有效使用。

（2）生产部负责保证生产用水计量仪表的准确，保证生产用水及时、准确计量。

（3）技术质量部、人力资源部应利用各种形式，加强对保护、节约、合理利用水资源的宣传。

（4）各用水单位应积极采用新技术、新工艺、新设备提高水的重复利用率，合理利用水资源。

（二）污水收集与处理

（1）公司污水包括生产污水及事故废水等。根据参考项目环评文件和排污许可证中的相关要求，以及当前适用的国家和地方技术标准规范中的相关规定，明确公司各种污水收集、输送及排放管理。

（2）废水通过车间收集池收集后，再通过输送泵经管道输送到“三废”装置的均衡池。

（3）生产部负责管理地埋式生活污水处理系统的运行。

（4）化验室化验废液及一次冲洗水全部收集并作为危险废物管理，二次冲洗水作为生产废水先收集于废水收集桶内，然后集中作为生产废水定期转移至废水装置。

(5)公司新建有初期雨水池，用于接收前15分钟的初期雨水，此部分收集雨水作为生产废水转移至均衡池，同其他生产废水一起转送至污水处理站。

(6)公司所有的生产废水最终输送至污水处理储罐。

(7)污水处理岗负责初期雨水、后期雨水的收集转移及下雨天雨水收集排放系统的运行管理，并建立和完善相关运行记录。

(8)事故废水是指，事故发生时或事故处理过程中产生的受污染雨水、物料泄漏。消防废水和工艺废水是指，事故状态下泄漏的物料、事故水、消防水，通过专用输送管网输送到公司事故水池，然后再作为生产废水转移输送至污水处理储罐。

(三)其他污水管控要求

(1)严格污水处理岗位责任制和操作规程，保证污水处理设施正常有效运行。

(2)逐步完善治污设施，各单位加强废水管理，减少污水产生量，加强循环利用，减少新鲜水用量，提高水循环利用率。

(3)污水处理装置计划停车、检修需提前向生产部提交请示报告，生产部与各排污单位做好工作安排报合规部备案后方可停车、检修。

(4)对于可能发生事故或其他由于紧急停电等原因造成排放污染事件的排污单位应采取措施并及时通知当地安环部门。

五、管理记录

管理部门：安环部、生产部、合规部。

保存期限：2年。

管理内容：公用工程操作运行记录、雨水检测报告、生活污水检验记录、生化处理系统运行记录。

第三部分　废水汇集输送操作规程

一、目的

规定并规范公司废水收集、输送操作，确保废水汇集、输送过程符合规定要求。

二、范围

本流程适用于本公司范围内所有的生产废水的汇集、输送、管理。

三、职责

（一）生产部负责废水汇集、输送的具体操作，建立废水汇集、输送台账，废水汇集、输送台账应当与环境运行控制、排污许可环境台账等关联程序中的环境设施运行台账要求一致。

（二）安环部及合规部负责对操作过程进行监督。

四、污水产生

项目生产废水主要为车间环保设施吸收废水。双丙酮车间废水收集在2＃、3＃废水罐内，三甲酯车间废水收集在1＃废水罐内。现场操作人员根据各废水罐化验的COD、NH3-N、TN、TP的指标进行调节搭配用量，经废水罐提升泵转至主体生化污水处理池，经生物氧化接触工艺，进行硝化、反硝化处理，最终实现污水排放达标。

五、流程

（一）污水处理工艺

1.预处理工艺采用

分类收集池/罐＋备用水罐＋调节配水池＋一体化气浮的组合工艺，脱除水体中大部分悬浮物、油类，确保后续处理单元进水水质的稳定。

2.主体生化工艺采用

复合水解池＋一级A/O接触氧化池＋二沉池＋中间水池1＃（预留臭氧催化氧化）＋二级A/O生物炭池（预留生物酶接触氧化）＋中沉池工艺，去除废水中的大部分COD、氨氮及总氮等。其中，一级A/O采用生物接触氧化工艺，二级A/O采用PACT生物炭池工艺。

3.深度处理工艺采用

中间水池2＃＋多功能复合反应池（预留芬顿催化氧化）＋三沉池工艺，保证最终排水全面满足排放标准。污泥处理拟采用污泥浓缩池＋叠螺脱水机，将污泥含水率降低至80％左右。

（二）污水处理设备操作规程

1.运行

（1）开启生活污水集水池提升泵，向低浓度污水池注水，经低浓提升泵转至调节配水池、气浮机组，控制流量5m^3/h，再转入主体生化污水池。

（2）开启曝气风机，调节各主生化池的曝气手动阀进行生物氧化接触。

（3）开启一、二级硝化回流泵，控制流量为200％—300％。

(4)开启中间水池1#、2#回流泵,观察能否实现高位、低位报警,高高位、低低位自动启停泵。

(5)污水流至深度处理池经絮凝、消毒进入检测排放池,经检测达标后进行外排。

2.停机

(1)停止废水储罐提升泵、备用水罐提升泵、低浓污水池提升泵,停止向配水调节池注水。

(2)关闭配水调节池曝气搅拌系统、复合水解池曝气系统、一级O池曝气系统、二级O池曝气系统、多功能复合反应池曝气系统(即关闭罗茨风机)。

(3)关闭配水调节池提升泵,停止气浮机注水。

(4)关闭气浮机。

(5)关闭一级硝化液回流泵。

(6)关闭中间水池1#回流泵。

(7)关闭二级A池潜水搅拌机。

(8)关闭二级硝化液回流泵。

(9)关闭中间水池2#回流泵。

(10)巡查污水处理系统是否已按要求正常停车。

六、相关文件

水污染控制管理制度。

第四部分　污染防治责任制度

为更好地保护环境、避免环境污染,根据《中华人民共和国环境保护法》等有关环境保护法律、法规,结合本公司实际情况,特制定本制度。

一、污染防治责任原则

环境保护遵循“预防为主、防治结合”的工作方针和“三同时”规定,做到生产建设与保护环境同步规划、同步实施、同步发展,实现经济效益、社会效益和环境效益的有机统一。

二、污染防治责任人

公司主要负责人是污染防治工作的第一责任人,对全公司环境保护工作负全面领导责任,并引导公司环境保护工作稳步向前发展。

三、污染防治工作领导小组

设立由公司主要负责人为首、各部门领导组成的公司污染防治工作领导小组，对公司的各项环境保护工作进行决策、协调。污染防治领导小组日常工作开展受合规部监督。

组长：×××

副组长：×××、×××、×××

成员：×××、×××、×××、×××、×××

四、污染防治部门工作责任制

（一）安环部

安环部是公司污染防治工作归口主管部门，负责对公司及各职能单位污染防治措施的落实和运行情况进行检查，并将检查情况报合规部备案。

（1）主持公司废物、废水等污染防治日常工作。建立管理网络、档案、台账，完善保护管理体系，监督各生产经营单位的污染物防治情况。

（2）完善环境监测体系，监测和抽查全公司各类污染物排放情况。

（3）参加建设项目环境影响报告书（表）的会审，监督落实排污许可制度执行情况，监督建设项目环境保护“三同时”执行情况，负责新、扩、改建项目试生产报审工作。

（4）按“事故四不放过”原则，组织污染事故调查。

（5）编制环境保护考核指标并组织考核。

（6）组织贯彻和实施国家环境保护法律、法规及上级部门环境保护文件、条例和决议，不断提高员工的环境保护意识，促进环境保护与生产建设同步发展。

（二）生产管理部

按照“管生产必须管环保”的原则，生产副总经理对本单位污染防治工作负全面领导责任，下属各职能车间必须把污染防治工作纳入本部门日常管理工作中。

（1）把污染防治纳入生产管理、控制过程。污染物处理设施的运行必须与主体设施同时调度安排。

（2）对生产系统开、停车和事故状态下的污染物排放要采取有效防范、应急措施，避免污染环境；当生产经营与环境保护发生矛盾时，生产安排要服从环境保护法律、法规的要求；不得把没有污染防治措施的工序或产品转移给其他企业。

(3)废物污染防治处理设施纳入生产设备管理程序，制定相应的与动力、运行设备指标一致的考核指标，严格监督执行，减少跑、冒、滴、漏；对各类设备检修、大修，要确保污染物处理设施的检修质量。

(4)确保污染物治理与生产经营活动同时计划、布置、检查、总结和评比；加强生产过程控制，做到达标排放；对不执行“三同时”规定或达不到要求的工程项目，有权拒绝接收和使用。

(三)计划、财务部门

(1)会同安全环保部编制公司废物污染防治计划、规划，统筹安排实施，使环境保护与生产建设同步规划、同步实施、同步发展。

(2)编制和审批环境保护项目补助资金计划，检查环境保护计划、规划执况情况。

(3)负责环境保护资金及环境保护项目补助资金的管理，做到专款专用，负责排污费缴纳工作；参加污染事故的调查处理，负责支付污染赔款和罚款。

(四)供销部门

(1)负责环保设备、仪器、药品和备件等物资的供应工作，做好有毒有害物料的管理，防止在运输、贮存和发放时逸散泄漏污染环境。

(2)负责回收物资及资源综合利用产品的运输、销售工作。

(3)固体废物(含危废)按国家相关规定进行处置或处理，不得把可能产生二次污染的物料或产品转移给其他企业。

五、污染防治工作人员责任制

(一)董事长、总经理废物污染防治工作职责

(1)董事长对公司环境保护和废物污染防治工作负全面的领导责任；负责公司环境保护职能机构的建设，指导和监督公司环境保护部门的工作。

(2)总经理责根据公司环境保护现状，审查和批准公司废物污染防治计划，并监督其实施，实行总经理任期目标责任制；审查、批准公司环境保护管理制度、文件和各类报表。

(3)主持公司废物污染防治工作领导小组工作，对公司废物污染防治工作作出决策，确保公司生产建设与废物污染防治同步协调发展，做到经济效益、社会效益和环境效益的有机统一。

(4)参加重大污染事故处理，处理事故责任单位和事故责任者；表彰废物污染防治保护先进单位和先进个人。

（二）安全环保部主管领导工作职责

（1）在公司总经理的直接领导下，负责主持环境保护职能机构的日常工作，对公司总经理负责。组织公司职工学习和贯彻国家、地方环境保护法律、法规及有关规定。

（2）全面了解和掌握公司资源综合利用、废物污染现状及其变化规律和发展趋势，及时向总经理汇报，提出相应的对策和建议；控制污染，发展生产。组织开展公司日常废物污染防治工作，建立健全档案、台账。

（3）编制和修订公司废物污染防治管理制度，监督、检查、协调其实施。

（4）参加建设项目环境影响报告书（表）的会审、工程初步设计审查，监督、检查建设项目环境保护"三同时"的实施；参加工程竣工验收。

（5）组织废物污染事故调查，按"事故四不放过"原则，向公司提交调查报告、提出处理建议。

（6）组织开展公司废物污染防治宣传教育和保护业务培训，提高公司员工废物污染防治素质。

（三）环境保护管理人员工作职责

（1）全面学习和掌握国家、地方废物污染防治保护法律、法规；在管辖工作范围内坚决贯彻执行国家法律、地方性法规、上级有关保护规定和公司废物污染防治管理制度。

（2）了解和掌握管辖工作范围的资源综合利用和污染物排放现状、变化规律和发展趋势，及时向部门主管领导和有关部门提出对策建议，建立相应的档案、台账。

（3）参与公司污染防治管理制度的编制和修订。

（4）管辖工作范围内建设项目环境影响评价报告书（表）的会审，审查工程初步设计，监督落实排污许可制度执行情况，监督公司建设项目环境保护"三同时"的贯彻执行情况，参加工程的竣工验收，防止新污染源产生。

（5）参加污染事故调查处理，提出处理意见。

（6）参加业务技术培训、环境保护管理经验和技术交流，提高自身的业务水平和管理能力。负责对员工开展业务、技术培训，监督、指导其工作。

（四）监测人员环境工作职责

（1）按照环境监测计划，采用国家环境监测标准，开展环境监测工作。

（2）参加建设项目环境保护装置考核测试和污染事故调查，配合地区性环境监测调查。

(3)按照规定标准采样、分析、数据计算,填写监测分析原始记录,执行环境监测质量保证体系,保证监测数据准确可靠;监测人员对监测数据承担相关责任。

(4)监测条件不足、监测器材不全时需及时委派有资质的第三方环保监测单位对公司生产排放污染物做环境监测。

(五)各生产部门主管环境保护负责人工作职责

(1)对本部门的废物污染防治工作负全面领导责任,对公司总经理和环境保护部门负责。

(2)组织本部门职工学习和贯彻国家环境保护法律、法规和公司环境保护管理制度。

(3)把废物污染防治工作纳入生产、经营管理轨道,做到环境保护管理与生产管理同时计划、布置、检查、总结和评比,使环境保护和生产经营同步发展。

(4)组织学习公司的有关废物污染防治工作的规章制度并严格执行。

(5)参加本单位建设项目环境影响报告书(表)的会审及设计审查,监督执行环境保护"三同时",防止新污染。对不执行"三同时"规定或达不到"三同时"要求的工程项目,有权拒绝接收和使用。

(6)主持本单位环境保护管理、污染物治理工作,负责本单位污染事故调查、处理,并将调查报告及处理意见及时报送公司环境保护部门。

(六)各生产班组、员工工作职责

(1)在班组长领导下,负责本班组日常废物污染防治管理工作,业务上接受环保管理的监督和指导。

(2)组织本班组职工学习贯彻国家环境保护法律、法规和公司环境保护管理制度,不断增强环境保护意识。

(3)监督管辖范围内环境保护设施和主体装置同步运行。督促生产操作人员精心调控,严格控制工艺指标,不得乱排乱放;督促设备检修人员做好设备和污染物处理设施的维护保养,防止所管理设施泄漏和污染物流失。

(4)参加本班组污染事故的调查处理,提出处理建议。公司员工必须自觉遵守国家、地方有关环境保护相关法律法规以及公司颁布的各项环境保护制度及管理规定,精细管理确保生产装置长周期稳定生产,减少生产过程中污水的产生与排放。

六、污染防治部门工作职责

各部门必须严格遵守国家和地方人民政府颁布的环境保护法律、法规、标准和要求，积极参加与公司有关的环境保护工程项目建设，并在业务上接受安全环保部及合规部的指导和监督。

七、危险废物的收集、贮存、转移、利用、处置

危险废物的收集、贮存、转移、利用、处置活动必须遵守国家和公司的有关规定。禁止向环境倾倒污水。污水的收集、贮存、转移、利用、处置必须遵守国家及本公司的有关规定，污水的收集、贮存、转移应当使用符合标准的容器和包装物。污水的容器和包装物以及收集、贮存、转移、处置的设施、场所，必须设置显著识别标志。

八、突发环境事故应对机制

公司定期进行突发环境事故预案演练，发生污染事故或者其他突发性事件，公司应迅速控制事态以减轻或消除对环境的危害，并及时通知可能受到危害的单位和个人，向事故发生地环境保护行政主管部门报告，主动接受调查处理。

九、安环部、合规部职责

根据化工生产实际情况，安全环保部在装置开、停车和处理紧急事故过程中，密切配合生产单位，安全、有效地处理好污水的回收、排放及转移处置工作，合规部对污水处理进行全流程监督，避免环境污染事故的发生。

十、“三同时”制度

对于新建、扩建、改建工程项目，公司应严格遵循“三同时”制度以及国家和地方政府最新颁布的相关规定，合规部严格把关，防止新污染源产生。

十一、环保合规文件化

建立健全公司环境保护档案，安排人员负责各类环境保护统计工作，承担资料、档案收集和整理工作，以良好的管理手段促进环境保护工作。

第五部分　污水处理费用财务审批制度

一、目的

为保障公司环境保护设施稳定运行，落实各项环境保护政策，明确企业污水处理费用及委托第三方进行污水处理费用管理情况，制定本制度。

二、范围

适用于公司各生产车间、各部门污水处理费用及委托第三方进行污水处理

费用管理。

三、职责

(一)财务部

财务部会同安全环保部对公司内的各项污水处理费用及委托第三方进行污水处理费用进行核算,保障费用支出。

(二)安全环保部

安全环保部提供污水处理方面的综合治理等费用,建立污水处理费用台账。

(三)供应链部

供应链部提供污水处理设施的购置费用,危化品运输防护、办理手续等费用。

(四)合规部

合规部负责对上述费用进行合规审查、留档,并形成合规台账。

(五)总经理

总经理负责对经过合规审查后的污水处理费用申请进行审批。

四、程序

(一)污水处理费用包括的内容

(1)合规宣传教育培训及会务费用。

(2)委托第三方进行污水处理的费用。

(3)新改建、扩建项目涉及的支出(包括评价费、会务费、污水处理设备建设安装费、咨询费、接待费及差旅费等)。

(4)污水处理岗位人员的工资(含薪金、奖金、保险费用等)。

(5)污水处理设备及设施的运行、维修、监测费。

(6)相关污水标识、警示牌的制作费。

(7)其他涉及污水处理费用方面的支出。

(二)污水处理及委托第三方进行污水处理费用审核流程

(1)各部门、单位的污水处理项目立项由分管的副总经理审核,经总经理批准后,报公司合规部备案,项目验收应有合规部签字,项目款项列入公司年度预算,保证专款专用。

(2)项目结算时由负责单位提供该项目的投资金额、设备、设施构成表。

(3)合规部对上述费用的审核进行全流程监督。

(三)委托第三方进行污水处理费用的管理办法

安全环保部全面负责公司委托第三方进行污水处理费用管理工作,包括:

(1)建立委托第三方进行污水处理费用台账。

(2)按月会同财务部做好委托第三方进行污水处理费用的统计工作。

(3)按月向公司报送一次污水处理费用明细。

第六部分 污水处理物流监管制度

一、目的

为加强公司污水的规范化管理,对废水处理进行全流程监管,保护生态环境,保障人体健康,维护公共安全,根据相关法律法规和技术标准,结合本公司实际制定该制度。

二、适用范围

适用于公司污水的产生、收集、贮存、运输、转移、处置以及其他经营活动和监督管理活动。

三、职责

安全环保部对公司污水物流监管工作实施统一管理,具体负责污水处理物流监管事务工作。合规部负责对该项工作开展进行监督审查,企业负责人承担该项工作的主体责任。

四、程序

(一)污水基础管理要求

(1)遵循“统一收集、分类管理、安全处置、消除隐患”的原则,实现污水减量化、资源化和无害化。

(2)安全环保部应根据污水管理相关的法律法规与技术标准以及公司的实际运营情况,对产生的各类污水进行充分识别和正确归类,按照相关法规、标准和公司制度要求进行全流程、可追溯的严格管理。

(3)安全环保部将污水的种类、产生量、流向、贮存、处置等相关情况报合规部备案,按照法律及政策规定需依法向地方生态环境主管部门进行申报的,应及时将相关情况向有关部门申报。

(4)组织建设符合环保要求的收集、储存场所和专用设施。安全环保部做好每年一次的污水储存、内部转运及综合利用设施的运行维护工作,合规部对上述工作的开展进行全流程监督。

(5)各车间认真做好每年一次的污水收集、储存场所的检修工作,发现损坏及时组织整改。确保污水处理设施、设备和场所正常运行和使用,不得擅自关闭、拆除或者停用;确有必要关闭、拆除或者停用的,必须在实施关闭、拆除或者停用前20日报安全环保部批准后报合规部备案。

(6)污水产生部门和储存部门须做好污水情况的记录,记录上须注明污水来源、数量、特性和包装容器的类别、入库日期等;污水转移时应当将废物出库日期、种类、数量及接收单位名称登记好,并做好台账记录。

(7)从事污水的收集、储存、运送的工作人员和管理人员,应当配备必要的防护用品,定期进行健康检查。定期接受相关法律、专业技术、安全防护以及紧急处理等知识的培训。

(二)污水运输、转移、监控管理要求

(1)运送废水的单位应当由持有污水经营许可证的单位按照其许可证的经营范围组织实施,承担污水运输的单位应具备污水运输资质。

(2)污水的外委处置单位需具备危废资质,持有合法、有效的危废经营许可证,经营范围包含本公司产生的危废类别,并按照相关规定办理转移联单。

(3)污水运输单位转移污水时,必须确保其采取了防止污染环境的措施,并遵守了国家有关污水运输管理的规定。

(4)污水运输过程中,安全环保部应及时监控污水去向并将相关情况报合规部备案,确保污水运送至目的地。

五、污水处置管理要求

(1)不得将污水提供或者委托给无经营许可证的单位收集、储存、运送和处置。

(2)安全环保部负责办理污水转移联单,合规部负责对污水处理进行监督。

(3)污水自行利用的,应符合国家规定的自行利用规范。

六、制度的发布及实施

本制度由安全环保部及合规部根据现行法规并结合公司实际情况制定,如因相关法律规范调整及其他原因本制度需作出适时调整,解释权及修订权由安全环保部及合规部统一负责。

附录 7-10　合规整改综合报告

合规整改综合报告

×××有限公司(下称“企业”)于 2022 年 2 月 14 日向××市人民检察院提出合规整改申请,并按照××市人民检察院和××第三方监督评估组织(下称“第三方组织”)的要求,于 2022 年 9 月 8 日举行了企业合规整改项目启动仪式,开始进行涉案企业专项合规整改工作。

为确保此次整改质量,企业聘请了外部合规团队。针对企业管理人员被指控的涉嫌犯罪事实,企业深入分析犯罪原因,对企业经营管理环节深入展开合规风险自查,形成了《自查自纠报告》和《专项合规整改方案》,经检察院和第三方组织审定,逐项落实合规整改方案的各项任务,具体落实过程中,根据检察院和第三方组织的意见对合规整改方案不断进行修改,目前各项任务按照计划安排如期完成。

现将合规整改工作综合汇报如下。

一、合规整改开展背景

2021 年 8 月,涉案企业的经营管理人员×××因涉嫌污染环境罪被移送至××市人民检察院审查起诉。经实地走访,和企业开展交流座谈了解企业情况后,检察官认为该案反映出企业在内部管理制度上存在漏洞,可以适用第三方机制对企业进行合规整改。

企业自愿进行涉案企业合规整改,并向检察院递交了合规整改申请书和合规整改承诺书,并附初步合规整改计划。同时在合规团队的帮助下有序开展自查整改。

2022 年 9 月,××市人民检察院结合企业实际情况,牵头引入第三方机制,与第三方组织开始对企业进行合规考察。

二、企业主动纠正违规行为,积极进行合规整改

(一)企业主动停止违规行为,努力修护被侵害法益

本次违法事件发生之后,企业负责人积极与相关主管部门沟通进行赔偿、缴纳罚款等。经过分析,犯罪产生的原因主要是企业管理人员法律意识淡薄,片面追求成本控制,违反业务审批流程等。针对上述问题,涉案企业对相关污水排放审批制度进行了完善,并斥资兴建企业自己的污水处理站,实现污水处理自主

化，并第一时间就涉案情况作出了风险应对，并补充、完善了相应的管理制度。

（二）全力配合检察院、第三方组织的相关工作

案发后，涉案人员如实供述涉案事实，按照司法机关的要求如实提交各种涉案文件和资料，使得案件得以顺利查清事实。案件移送××市人民检察院后，涉案人员×××签署了认罪认罚具结书，后向检察院提出整改申请，作出合规整改的承诺，自愿进行合规整改。

决定对企业适用第三方机制进行合规整改后，××市人民检察院联合第三方组织到企业进行现场调查，企业积极向检察机关、第三方组织介绍企业情况及合规整改进展情况，并按照检察院、第三方组织根据实际调查情况确定的专项合规整改重点进行自查。

（三）企业进行自查自纠

经涉案企业自查，发现出现污染环境问题的主要原因是企业管理层法律意识淡薄，片面追求成本控制，污水排放审批流程存在漏洞等。针对上述原因，涉案企业采取了如下自纠措施。

1.涉案人员处理

案发后，企业认识到在管理层人员决策方面的漏洞，即个别管理人员利用职务便利以及业务审批流程漏洞，私自委托没有处理资质的第三方处理污水的问题，并积极采取补救措施。2022 年 1 月 14 日，企业对原财务副总×××作出免职、解除聘任关系的处理决定。

2.申请适用第三方监督评估机制

2022 年 2 月 14 日，企业向××市人民检察院递交了适用第三方机制的申请，申请进行涉案企业合规整改。

3.聘请外部合规团队

为确保此次合规整改质量，企业聘请了外部合规团队对合规整改进行指导，针对企业管理人员被指控的涉嫌犯罪事实，深入分析犯罪原因，对企业经营管理环节深入展开合规风险自查，并形成《自查自纠报告》。

4.作出合规承诺

企业领导层、管理层及全体员工签署合规整改承诺书，作出合规承诺及合规表率。企业领导层、管理层主动在日常经营过程中倡导合规经营理念，积极培育企业合规文化，认真履行合规职责。

5.总经理作出合规宣示

2022年7月19日，企业总经理×××向全体员工致辞《强化风险意识，树立合规理念》，在致辞中进行合规承诺并明确宣示：合规是企业的生命线，企业确立通过流程风险管控，完善企业管理，形成合规文化的合规目标，企业对任何形式的违规行为秉持"零容忍"的态度。确保合规融入企业的发展目标、发展战略和管理体系。

6.进行合规组织建设

2022年5月30日，企业母公司××股份有限公司作出股东决定，修改企业章程。企业设立合规管理委员会，负责监督和协调合规管理体系运行，并任命×××为企业首席合规官，×××、×××、×××为合规管理委员会成员。

2022年7月11日，企业作出《关于××有限公司设立合规部的通知》，决定成立合规部，任命××为合规部部长，×××、×××为合规部合规专员。后因××、×××离职等原因，企业于2022年10月28日对合规部人员作出调整，由×××担任合规部部长，并任命××、×××为合规专员，负责具体落实企业合规整改工作。

合规部负责合规工作的计划、执行、检查、监督、整改和报告，进行合规义务汇编并将其转化为内部规章制度，进行合规风险的评估、监控、处置，开展合规培训，弘扬合规文化，以及有关合规性管理的其他事项。

7.建设污水处理站

经企业研究决定并向母公司备案，企业进行自有污水处理站建设，于2021年11月24日与××环保科技（大连）有限公司签订《污水处理工程总承包合同书》，支出工程总承包费用365万元。目前，该工程处于试运行阶段，预计于2022年10月正式投入使用。

2022年8月16日，企业已聘请××安全技术咨询中心的安全、环保机构专家×××帮助企业查找安全隐患及环保隐患，并与×××签署聘任合同。

2022年9月12日，企业自建污水处理站正式进入试运行阶段，企业因生产、雨水冲刷等原因产生的废水不再交由外部机构进行处理，全部由污水处理站进行处置。建立相关运行台账并每月进行污水处理汇总报告。经企业自检，污水处理结果已符合排放标准。

2022年11月28日，企业已委托××环保科技有限公司对企业污水处理站的污水处理情况进行评估，评估工作正在进行中。

8.委托专业机构对危废进行处置

为防止出现无资质机构对企业危废进行处置的情况，企业委托有相应资质的专业机构对危废进行处置。2021 年 4 月 15 日，企业与×××环保科技有限公司签订《危险废弃物处理合同书》，将生产过程中产生的国家危险废物名录中规定的危险废物委托×××环保科技有限公司进行无害化处置，并由××市环境保护局进行监管。

9.合规培训，培养合规意识

由外部合规团队对企业全体职工进行合规宣讲，增强全体人员的合规意识；介绍合规管理的具体实施步骤，领导层、管理层以及普通员工的合规职责，为下一步合规工作的开展打下基础。

10.合规访谈，发现合规风险

由外部合规团队对领导层、管理层进行一对一访谈，并对关键岗位进行多次访谈，了解企业的污水产生、收集、处理流程，发现现有的合规风险。了解领导层对本次合规问题发生原因的分析及具体解决方案，介绍企业的业务制度、监督举报机制、考核机制建设，了解企业的管理、合规现状。通过对行政管理人员的深入沟通了解企业的薪酬制度、违规问题的处理方式以及违规是否纳入绩效考核等制度问题。通过对相关部门管理层的深入沟通，重点了解各部门的岗位职责、业务流程以及各负责人对于本次合规问题的原因分析和具体解决方案。

11.梳理合规风险清单、义务清单

根据公司所处的行业及主营业务，结合本次合规整改案件情况，根据访谈的内容及现有制度、流程，梳理合规风险，分析合规风险对合规目标和经营目标可能造成的损害，并根据公司的实际情况判断合规风险等级；根据风险识别的清单，对企业的合规风险进行分析评估，形成合规风险清单、义务清单，作为专项合规整改的基础。

12.合规制度建设

根据识别出的企业的风险点，在外部合规团队的协助下，制定污水处理物流监管制度、污染防治责任制度、污水处理费用财务审批制度、水污染控制管理制度、废水汇集输送操作规程，进一步规范企业污水处理流程及制度。

三、根据检察机关、第三方组织反馈意见制定专项合规整改方案

2022 年 9 月 30 日，第三方组织根据前期实地考察企业情况，结合企业合规整改现状，在合规整改启动仪式之后向公司提出《对于××有限公司专项合规整

改的意见建议》。

公司根据××市人民检察院、第三方组织所提要求和意见，结合风险识别的清单以及全面自查所确定的合规重点制定合规整改方案，提交第三方组织、检察院审定，并根据修改意见定稿。于2022年10月11日形成《专项合规整改方案》，作为公司落实合规整改的依据。

四、严格落实合规整改方案

（一）发挥合规管理委员会的领导作用

（1）制定公司合规管理的工作计划和目标，审议批准公司合规管理的重要制度。

（2）率先作出合规承诺及合规表率，主动在日常经营过程中倡导合规经营理念，积极培育企业合规文化，认真履行合规管理职责。

（3）决定聘任、解聘、考核合规部负责人，决定解聘对发生重大合规风险负有主要责任或者领导责任的管理人员。

（4）定期听取合规部负责人的报告。

（5）为合规管理部门履行职责提供充分的人力、物力、财力、技术支持和保障。

（6）定期了解企业合规风险，组织合规管理有效性评估，督促各业务部门就合规风险事项开展自查或配合公司调查，严格按照公司规定进行合规问责，并落实整改措施，解决合规管理中存在的问题。

（7）监督各业务部门落实公司合规管理要求，发现问题时要求各业务部门及其工作人员及时改进。

（8）其他合规管理职责。

（二）发挥合规部在合规整改中的作用

（1）制定并实施公司内部合规管理制度和流程。

（2）识别公司的合规义务，评估合规风险，全面了解业务流程及所涉及的合规风险，对风险程度进行有效评估。

（3）开展公司合规咨询、合规调查，处理合规举报。

（4）处理与外部监管方、合作方相关的合规事务，向服务对象提供相关政策解读服务。

（5）组织开展员工合规培训、合规考核、合规宣传及合规文化建设。

（6）组织开展并实施合规管理的各项工作，推动合规意见与建议的落实与执行。

(7)其他合规管理职责。

(三)设立合规专员

在合规部设立合规专员,负责组织、协调和监督合规管理工作,在直接负责各项合规管理工作的同时为其他部门提供合规管理支持。

(四)设立合规联络员

2022 年 10 月 28 日,公司在各业务部门设置合规联络员,协助合规部、合规专员工作。合规联络员由各业务部门负责人兼职担任,负责对本部门合规工作的执行情况实施监控;及时向合规部或合规专员报告不合规行为;及时向部门传递企业的合规政策。

(五)各岗位层级签署合规承诺书,领导层作出明确承诺并宣示

2022 年 7 月 19 日,企业总经理×××向全体员工致辞《强化风险意识,树立合规理念》,在致辞中进行合规承诺并明确宣示:合规是企业的生命线,企业确立通过流程风险管控,完善企业管理,形成合规文化的合规目标,企业对任何形式的违规行为秉持“零容忍”的态度。确保合规融入企业的发展目标、发展战略和管理体系。

(六)进行制度修订,搭建企业专项合规管理制度体系

通过对所涉污染环境问题的发生原因进行分析,查找分析相似违规行为,找到企业经营管理过程中的制度缺陷和管理漏洞;针对性地进行相关制度修订、管理提升,并在此基础上,建设污水处理站、制定相应制度,作为日常行为的合规指导,纠正企业管理经营行为偏差,达到消除犯罪原因、预防类似犯罪发生的目的。

2022 年 11 月 2 日,企业制定《合规管理手册》,内容包括合规管理履职保障,合规培训与沟通制度,合规检查机制,违规事项的报告,处理及奖惩机制。

自合规整改工作开展以来,企业陆续新修订或制定污水处理物流监管制度、污染防治责任制度、污水处理费用财务审批制度、水污染控制管理制度、废水汇集输送操作规程,进一步规范企业污水处理流程及制度,确保合规整改方案的执行、落地。

鼓励员工对发现的违法或违反职业操守行为向合规部或合规专员进行举报,外部设立投诉举报渠道,包括举报电话、举报邮箱、举报信箱等,以便及时发现生产经营活动中存在的合规风险。根据举报情况,启动对应的调查机制,并对举报者进行保护。

由合规专员定期查阅邮箱及信箱，及时接听举报电话，收到举报信息后，合规专员应当第一时间向合规管理委员会汇报，在严格保护举报人隐私的前提下，立即开展调查，举报由无利益冲突的合规专员进行独立调查，由合规部出具调查处理结果，经调查属实的，对被举报人或业务部门扣除当月的绩效奖金，对举报人给予500—5000元奖励。

（七）开展合规培训，逐渐形成企业合规文化

外部合规团队前期对企业领导层、主要部门负责人进行访谈，介绍合规沟通和培训机制的具体内容，介绍合规培训宣传激励机制，设置考核与员工绩效挂钩。培训机制是合规管理工作实施的重要保障。通过培训确保员工履行好各自的工作职责。

企业针对重点岗位、重点人员、不同层次的人员结合合规管理的重点进行不同内容、不同规模的合规培训。同时，企业采取外部专家授课与企业员工解读相结合、合规知识灌输和专业知识学习相结合的形式，在举办多场合规培训的基础上，对全员开展合规知识测试。通过合规培训、合规知识测试增强员工对合规制度流程的认知，帮助员工熟练掌握合规风险控制措施，形成合规价值观，主动践行更高的道德标准，在无明确制度参考的情况下仍然能够根据合规价值观做出正确判断，最终形成企业的合规文化，具体开展活动如下：

2022年8月26日，外部合规团队专家顾问×××赴烟台×××化工有限公司对合规管理委员会成员以及公司主要经营管理人员进行合规基础知识、合规整改工作实施开展情况以及合规整改全流程进行培训。

2022年10月31日，公司邀请山东××律师事务所副主任×××律师，到××有限公司对合规管理委员会成员以及公司全体工作人员进行合规基础知识、合规整改工作实施开展情况以及合规管理、合规风险识别等内容的培训。

2022年11月6日，公司全体员工进行第一期合规知识测试。

五、自查合规整改计划落实情况，不断调整和完善合规管理制度

根据《山东省人民检察院关于涉案企业合规案件办理的工作规定（试行）》、《涉案企业合规建设、评估和审查办法（试行）》（全联厅发〔2022〕13号）、山东省人民检察院联合十七部门印发的《关于建立涉案企业合规第三方监督评估机制的实施意见（试行）》（鲁检会〔2021〕14号）以及其他有效性规范要点中关于涉案企业合规建设的相关要求以及企业自身存在的高风险点，公司针对本次违规违法行为进行专项合规整改，结合整改过程中第三方组织、检察院的意见建议不断

完善整改，保证合规管理制度机制不断调整和完善。

2022 年 11 月 3 日，公司安全环保部门出具《合规整改方案执行情况报告》，对自合规整改启动以来各部门所做的工作及工作执行情况进行总结汇报。

2022 年 11 月 10 日，公司对各部门进行合规风险检查并形成了合规风险预警台账以及合规风险检查报告。

六、持续开展合规培训、进行合规文化建设

自合规整改工作开展之日起，公司在办公室走廊、生产车间、厂区、餐厅内，张贴合规标语，保证合规理念、合规文化及具体的合规标准深入企业员工内心，表明公司对违规行为零容忍的态度，促进形成时时合规、事事合规的合规价值观。

七、结语

过去的几个月，公司针对本案的违法违规行为开展深度自查，紧紧围绕引起本次犯罪原因的违规行为及相似违规行为体现的风险点，通过优化业务流程、修订业务制度等方式，逐步纠正公司规章制度、决策机制、业务流程等方面的行为偏差。通过三个月的实际整改、运行，公司的合规管理能力有了大幅度提升，公司落实整改计划的过程也是公司纠正违规行为的过程，现公司的合规整改措施已经逐步落实，合规整改的效果逐步显现，公司完成了“要我合规”到主动的“我要合规”的转变。考察期内的合规整改只是开始，公司将以全面合规为目标，持续进行合规管理，公司还有很多领域的合规管理工作需要开展，公司合规管理，我们将永远在路上。

此致

××市人民检察院、××第三方监督评估组织

报告人：×××公司

×××年×××月×××日

第八章　第三方机制管委会的产生、职责和工作机制

涉案企业合规，秉承“检察主导、多方参与”原则，目前主要是通过第三方机制（如前所述“范式合规”）来对企业合规建设进行监督考察，辅助检察机关评估企业合规计划和合规管理体系有效性。涉案企业合规是一项需要社会和企业配合的复杂系统工程，第三方机制的重要作用之一在于弥补检察机关专业性的不足。合规管理体系的搭建涉及公司治理、业务流程、相关行业专业知识和实践经验等，这些并非检察机关的专业和强项。

涉案企业刑事合规整改改革试点全面铺开后，越来越多案件适用了第三方机制，具体说是在检察机关办理涉企犯罪案件时，对符合企业合规改革试点适用条件的，交由第三方机制管委会选任组成的第三方组织，对涉案企业的合规承诺进行调查、评估、监督和考察，考察结果作为检察机关依法处理案件的重要参考。

第三方机制的全称是第三方监督评估组织合规评估，又叫涉案企业合规评估，是指第三方组织对涉案企业专项合规整改计划和相关合规管理体系的有效性进行了解、评价、监督和考察的活动。第三方机制在涉案企业合规框架中的地位是居中的，前有合规建设，后有合规审查，是涉案企业合规整改活动中承前启后的关键抓手。

第三方机制是凝聚司法、执法、行业监管合力的有效平台，第三方组织的专业、中立、客观、公正能帮助实现最佳司法办案效果。专业方面，能帮助检察机关扩充专业力量，利于对整改效果进行精准专业评价；中立方面，能体现程序正义，将裁判员与教练员分开，也将鉴定评估机构与司法机关分开；客观方面，来自社会的独立第三方机制作为监督考核的一种最直接、最有效的方法，增强了政府及

其工作部门监督考核结果的可信度和透明度；公正方面，既可实现内部监督瓶颈的突破，又可满足人民群众日益增长的对社会公平正义的要求和愿望，有利于拓宽公众参与司法的渠道，更能凸显企业合规试点工作的溢出价值。目前我国各行各业都在引入或即将引入第三方机制进行监督，特别是在我国现行制度和法律还存在不少缺陷和不足，企业自身合规资源不充分，政府监管不完全到位的情况下，给第三方机制发挥作用提供了市场和舞台。

第三方机制的工作内容和方式为了解、考察、监督和评价，其基本职能为指导、评估和验收。

一、第三方机制管委会的产生

如前所述，第三方组织产生于第三方机制管委会。第三方机制管委会是承担对第三方机制的宏观指导、具体管理、日常监督、考核评价、统筹协调等职责，确保第三方机制依法、有序、规范运行，以及第三方组织及其组成人员依法依规履行职责的议事协调机构。

国家级的第三方机制管委会的组成单位一开始是九部委，即最高人民检察院、国务院国有资产监督管理委员会、财政部、全国工商联、司法部、生态环境部、国家税务总局、国家市场监督管理总局、中国国际贸易促进委员会，后根据工作需要，又增加了人力资源和社会保障部、应急管理部、海关总署、中国证券监督管理委员会、最高人民法院五个成员单位。其中全国工商联负责承担管委会的日常工作，国务院国有资产监督管理委员会、财政部负责承担管委会中涉及国有企业的日常工作。

二、国家级第三方机制管委会的职责

国家级第三方机制管委会负责统筹协调全国第三方机制相关工作，包括制定第三方机制制度规范、研究法律政策问题、进行专业人员名录库入库管理、制定考察标准，以及组建巡回检查小组对地方第三方机制管委会、第三方组织进行监督检查等。具体职责有：

(1)研究制定涉及第三方机制的规范性文件；

(2)研究论证第三方机制涉及的重大法律政策问题；

(3)研究制定第三方机制专业人员名录库的入库条件和管理办法；

(4)研究制定第三方组织及其人员的工作保障和激励制度；

(5)对试点地方第三方机制管委会和第三方组织开展日常监督和巡回检查；

(6)协调相关成员单位对所属或者主管的中华全国律师协会、中国注册会计师协会、中国企业联合会、中国注册税务师协会、中国贸促会全国企业合规委员会(中国贸促会商事法律服务中心)以及其他行业协会、商会、机构等在企业合规领域的业务指导,研究制定涉企犯罪的合规考察标准；

(7)统筹协调全国范围内第三方机制的其他工作。

三、第三方机制管委会的联席会议工作机制

第三方机制管委会各成员单位建立联席会议机制,管委会的作用主要通过联席会议来发挥和体现。第三方机制管委会由各种不同的部门组成,不论之前的九个部门,还是后来的十四个部门,都通过联席会议的形式来开展工作,各组织都设有相应级别的领导联络员。

联席会议定期对相应的议题进行研究,形成统一的议题结论后,再根据议题结论落实和推进相关工作。联席会议有相关的召集人制度和相应的具体实施办法。

(一)联席会议的召集和召开

联席会议由最高检、国务院国有资产监督管理委员会、财政部、全国工商联召集。涉及企业合规改革试点工作及重大法律政策议题的由最高检召集,涉及第三方机制管委会日常工作及民营企业议题的由全国工商联召集,涉及国有企业议题的由国务院国有资产监督管理委员会、财政部召集。召集人可以根据议题邀请其他相关部门、单位以及专家学者参加会议。

管委会其他成员单位有关负责同志担任联席会议成员。联席会议成员因工作变动需要调整的,由其原所在单位提出,联席会议确定。

联席会议原则上每半年召开一次,也可以根据工作需要临时召开。

(二)联络员制度

联席会议设联络员,由第三方机制管委会各成员单位有关司局负责同志担任。

1.联络员会议

在联席会议召开之前,应当首先召开联络员会议,研究讨论联席会议议题和需提交联席会议议定的事项及其他有关工作。

2.联络员职责

联络员应当根据所在单位职能,履行下列职责:

(1)协调本单位与其他成员单位的工作联系;

(2)组织研究起草有关规范性文件,研究论证有关法律政策问题,对有关事项或者议题提出意见建议;

(3)组织研究提出本单位需提交联席会议讨论的议题;

(4)在联席会议成员因故不能参加会议时,受委托参加会议并发表意见;

(5)组织落实联席会议确定的工作任务和议定事项。

联席会议设联系人,由第三方机制管委会各成员单位有关处级负责同志担任,负责日常联系、沟通工作,承办联席会议成员及联络员的交办事项。联席会议成员、联络员、联系人构成联席会议三级联系沟通机制。

(三)联席会议的工作职责和工作形式

1.联席会议工作职责

联席会议根据工作需要定期或者不定期召开,研究制定第三方机制规范性文件,研究论证重大法律政策问题,研究确定阶段性工作重点和措施,协调议定重大事项,推动管委会有效履职。

2.联席会议工作形式

联席会议以纪要形式明确会议议定事项,印发第三方机制管委会各成员单位,有关方面贯彻落实,重大事项按程序报批,落实情况定期报告联席会议。

(四)成员单位职责落实和日常联系等机制

第三方机制管委会各成员单位应当按照职责分工,认真落实联席会议确定的工作任务和议定事项,建立健全日常联系、联合调研、信息共享、宣传培训等机制,推动企业合规改革试点和第三方机制相关工作的顺利进行。

(五)合规试点地方第三方机制管委会和联席会议机制

合规试点地方的人民检察院和国资委、财政部门、工商联应当结合本地实际,参照《关于建立涉案企业合规第三方监督评估机制的指导意见(试行)》(高检发〔2021〕6号)第6条、第7条的规定组建本地区的第三方机制管委会并建立联席会议机制。

四、第三方机制管委会巡回检查机制

巡回检查是第三方机制管委会的常用检查机制。

(一)巡回检查的概念

巡回检查又叫飞行检查,是第三方机制中不预先告知的现场检查,对此日常监督检查配置有专门费用。

第三方机制管委会组建巡回检查小组按照《关于建立涉案企业合规第三方监督评估机制的指导意见(试行)》(高检发〔2021〕6号)第6条第5项、第8条第3项的规定,对相关组织和人员在第三方机制相关工作中的履职情况开展不预先告知的现场抽查和跟踪监督。

(二)巡回检查小组成员的产生

巡回检查小组成员可以由人大代表、政协委员、人民监督员、退休法官、退休检察官以及会计、审计等相关领域的专家学者担任。

五、第三方机制管委会的常设机构

第三方机制管委会下设办公室作为常设机构,负责承担第三方机制管委会的日常工作。第三方机制管委会办公室设在全国工商联,由全国工商联有关部门负责同志担任办公室主任,最高检、国务院国有资产监督管理委员会、财政部有关部门负责同志担任办公室副主任。

(一)第三方机制管委会办公室的职责

第三方机制管委会办公室的职责有：

(1)协调、督促各成员单位落实联席会议确定的工作任务和议定事项；

(2)收集整理各成员单位提交联席会议研究讨论的议题，负责联席会议和联络员会议的组织筹备工作；

(3)协调指导联席会议联系人开展日常联系、沟通工作；

(4)负责国家层面第三方机制专业人员名录库的建立选任、日常管理、动态调整，并建立禁入名单等惩戒机制；

(5)组织开展对试点地方第三方机制管委会和第三方组织的日常监督和巡回检查；

(6)承担第三方机制管委会及其联席会议交办的其他工作。

(二)联合共享和工作联系等机制的落实

第三方机制管委会办公室应当采取有效措施，建立健全第三方机制管委会联合调研、信息共享、案例指导、宣传培训等机制，并加强与中华全国律师协会、中国注册会计师协会、中国企业联合会、中国注册税务师协会、中国贸促会全国企业合规委员会(中国贸促会商事法律服务中心)以及其他行业协会、商会、机构的工作联系。

(三)飞行检查机制的落实

第三方机制管委会办公室牵头组建巡回检查小组，邀请人大代表、政协委员、人民监督员、退休法官、退休检察官以及会计、审计、法律、合规等相关领域的专家学者担任巡回检查小组成员，对试点地方第三方机制管委会和相关第三方组织及其组成人员的履职情况开展不预先告知的现场抽查和跟踪监督。

第三方机制管委会办公室应当将巡回检查情况及时报告第三方机制管委会及其联席会议，并提出改进工作的意见建议。

(四)挂职交流机制、兼任检察官助理制度和派员参与机制的落实

第三方机制管委会办公室可以推动各成员单位、各工作联系单位根据工作需要互派干部挂职交流，探索相关单位工作人员兼任检察官助理制度，并协调各

成员单位视情派员参与第三方机制管委会办公室工作，提升企业合规工作专业化、规范化水平。

六、地方第三方机制管委会

地方建立的第三方机制管委会，其工作职责更具体、更具针对性，不同于宏观管理维度的国家级第三方机制管委会。

（一）地方第三方机制管委会的建立

试点地方的人民检察院和国资委、财政、工商联等有关单位应当结合本地实际，组建本地区的第三方机制管委会并建立联席会议机制，设立第三方机制管委会办公室负责日常工作。

（二）地方第三方机制管委会的职责

地方第三方机制管委会的职责有：

（1）建立本地区第三方机制专业人员库，并根据各方意见、建议和工作实际进行动态管理。现在各省包括各试点的一些地区，都先后陆续建立起了不同规模的人员库，并根据不同情况进行动态调整。

（2）负责本地区第三方组织及其成员的日常选任、培训、考核工作，确保其依法依规履行职责。

（3）对选任组成的第三方组织及其成员开展日常监督和巡回检查。

（4）对第三方组织的成员违法情况进行处理。对违反《关于建立涉案企业合规第三方监督评估机制的指导意见（试行）》（高检发〔2021〕6 号）规定的义务，或者实施其他违反社会公德、职业伦理的行为，严重损害第三方组织形象或公信力的，及时向有关主管机关、协会等提出惩戒建议，涉嫌违法犯罪的，及时向公安司法机关报案，并将其列入第三方机制专业人员名录库黑名单。

（5）统筹协调本地区第三方机制的其他工作。

在实践中，各省省级第三方机制管委会在此基础上还承担了一些制定省级第三方机制文件的任务。根据《关于建立涉案企业合规第三方监督评估机制的指导意见（试行）》（高检发〔2021〕6 号）的规定，县级第三方机制管委会不是必须建立专业人员库，只是鼓励有条件的县级第三方机制委员会建立自己的人员库。人员库的主要作用是实现共享。

第一批涉案企业合规改革试点是由检察机关发起的，自行发起的有关监督评估工作也是检察机关主导的。随后的第二批合规改革试点中，第三方机制管委会办公室多数设在当地工商联，有的地方也在自行探索创新将第三方机制放在工商联以外的一些部门，比如有的放在了市场监管局，有的放在了司法部门。合规改革未来应致力于更好地发挥工商联人民团体和商会组织的作用。

第九章　第三方组织的产生、职责及工作流程

第三方组织，如前所述，即第三方监督评估组织，是在合规整改过程中，由试点地方检察机关会商第三方机制管委会，根据涉案企业的情况从第三方机制专业人员名录库中选任的负责对涉案企业的合规承诺及其完成情况进行调查、评估、监督和考察的临时性组织。

一、第三方组织的产生、运行原则和监督考核

第三方组织来自第三方机制专业人员名录库。第三方组织要遵循正确的运行原则，由第三方机制管委会负责对第三方组织进行监督考核。

（一）第三方组织的产生

第三方机制管委会收到人民检察院的商请后，应当综合考虑案件涉嫌罪名、复杂程度以及涉案企业类型、规模、经营范围、主营业务等因素，从专业人员名录库中分类随机抽取人员组成第三方组织。专业人员名录库中没有相关领域专业人员的，第三方机制管委会可以采取协商邀请的方式，商请有关专业人员加入第三方组织。

那么，第三方机制的专业人员名录库是如何产生的？

1.第三方机制专业人员名录库的建立

国家层面、省级和地市级第三方机制管委会应当组建本级第三方机制专业人员名录库（以下简称“名录库”）。经省级第三方机制管委会审核同意，有条件

的县级第三方机制管委会也可以组建名录库。

名录库应以个人作为入库主体，不得以单位、团体作为入库主体。名录库应当分类组建，总人数不少于50人，人员数量、组成结构和各专业领域名额分配可以由负责组建名录库的第三方机制管委会根据工作需要自行确定，并可以结合实际进行调整。

省级以下名录库的入库人员，主要限定为本省（自治区、直辖市）区域内的专业人员。因专业人员数量不足未达到组建条件的，可以由省级第三方机制管委会统筹协调相邻地市联合组建名录库。根据共享专业人员原则，不仅相邻地市第三方机制管委会是开放的，各自专业人员名录库也是相互开放的。

2.第三方机制专业人员的选任

专业人员名录库中的第三方机制专业人员，是指由涉案企业合规第三方机制管委会选任确定，作为第三方组织组成人员参与涉案企业合规第三方监督评估工作的相关领域专业人员，主要包括律师、注册会计师、税务师（注册税务师）、企业合规师、相关领域专家学者以及有关行业协会、商会、机构、社会团体（以下简称“有关组织”）的专业人员。

生态环境、税务、市场监督管理等政府工作部门中具有专业知识的人员也可以被选任确定为第三方机制专业人员，也可以受第三方机制管委会邀请或者受所在单位委派参加第三方组织及其相关工作，其选任管理具体事宜由第三方机制管委会与其所在单位协商确定。有关政府工作部门所属企事业单位中的专业人员，也能被选任确定为第三方机制专业人员，参加第三方组织及其相关工作。有关单位中具有专门知识的退休人员参加第三方组织及其相关工作的，应当同时符合有关退休人员的管理规定。

合规试点改革实践中，随着第三方机制管委会成员的增加，专业人员库的名录库的内容也在扩充，近期会启动国家层面第三方机制专业人员库第二批扩充的工作，主要是请新增加的四个部委推荐一些专业人员入库。专业人员入库遵守开放的选任原则，应以个人作为入库主体。

第三方机制专业人员应当拥有较好的政治素质和道德品质，具备履行第三方监督评估工作的专业知识、业务能力和时间精力，其所在单位或者所属有关组织同意其参与第三方监督评估工作。

(1)第三方机制专业人员应当具备的条件

①拥护中国共产党领导,拥护我国社会主义法治;

②具有良好道德品行和职业操守;

③持有本行业执业资格证书,从事本行业工作满三年;

④工作业绩突出,近三年考核等次为称职以上;

⑤熟悉企业运行管理或者具备相应专业知识;

⑥近三年未受过与执业行为有关的行政处罚或者行业惩戒;

⑦无受过刑事处罚、被开除公职或者开除党籍等情形;

⑧无其他不适宜履职的情形。

(2)第三方机制专业人员选任程序

第三方机制管委会一般应当按照制定计划、发布公告、本人申请、单位推荐、材料审核、考察了解、初定人选、公示监督、确定人选、颁发证书等程序组织实施第三方机制专业人员选任工作。

第三方机制管委会组织实施第三方机制专业人员选任,应当在成员单位或其所属、主管的律师协会、注册会计师协会、注册税务师协会等有关组织的官方网站发布公告。公告应当载明选任名额、标准条件、报名方式、报名材料和选任工作程序等相关事项,公告期一般不少于 20 个工作日。

第三方机制管委会可以通过审查材料、面谈测试、走访了解(如通过成员单位所属或者主管的有关组织了解核实拟入库人选的相关情况)等方式对报名人员进行审核考察,并在此基础上确定拟入库人选。

第三方机制管委会应当将拟入库人选名单及监督联系方式向社会公示,接受社会监督。公示可以通过在拟入库人选所在单位或者有关新闻媒体、网站发布公示等形式进行,公示期一般不少于 7 个工作日。第三方机制管委会对收到的举报材料、情况反映应当及时进行调查核实,视情提出处理意见。调查核实过程中可以根据情况与举报人、反映人沟通联系。第三方机制管委会在确定拟入库人选时应当综合考虑报名人员的政治素质、执业(工作)时间、工作业绩、研究成果、表彰奖励以及所在单位的资质条件、人员规模、所获奖励、行业影响力等情况。同等条件下,可以优先考虑担任党代表、人大代表、政协委员、人民团体职务的人选。

公示期满后无异议或者经审查异议不成立的,第三方机制管委会应当向入库人员颁发证书,并通知其所在单位或者所属有关组织。名录库人员名单应当在第三方机制管委会成员单位的官方网站上公布，供社会查询。颁发证书应在本级所属或主管的律师协会、注册会计师协会等官网上发布公告。

第三方机制管委会应当明确入库人员的任职期限，一般为2—3年。经第三方机制管委会审核，期满后可以续任。

综上，试点第三方机制管委会主要统筹本级第三方专业人员的选任。此外，还探索对第三方专业人员进行规范管理、考核评价和机制保障。

(二)第三方组织的运行原则

第三方组织的运行应当遵循依法依规、公开公正、客观中立、专业高效的原则。

(三)对第三方组织的监督考核

试点地方第三方机制管委会负责对其选任组成的第三方组织及其组成人员履职期间的监督、检查、考核等工作，确保其依法依规履行职责。

二、第三方机制专业人员的日常管理

第三方机制管委会牵头负责对第三方机制专业人员的日常规范管理，具体的管理制度和机制如下。

(一)专业人员参会、参训考察制度

第三方机制专业人员根据履职需要，可以查阅相关文件资料，参加有关会议和考察活动，接受业务培训。

(二)专业人员严格履职制度

第三方机制专业人员应当认真履职、勤勉尽责，严格履行相关法律法规及《关于建立涉案企业合规第三方监督评估机制的指导意见（试行）》（高检发〔2021〕6号）等有关保密、回避、廉洁等义务。

1.第三方机制成员单位指导、培训和研究制度

第三方机制管委会有关成员单位应当配合所属或者主管的有关组织，加强

本行业、本部门涉及第三方机制相关工作的理论实务研究，积极开展业务培训和工作指导。

2.第三方机制管委会组织培训、考察和座谈交流制度

第三方机制管委会应当结合涉案企业合规第三方监督评估工作情况，定期组织第三方机制专业人员进行业务培训、开展调研考察和座谈交流，总结、推广经验做法。

3.第三方机制管委会组织考核评价制度

(1)考核评价方式

第三方机制管委会可以通过定期考核、一案一评、随机抽查、巡回检查等方式对第三方机制专业人员进行考核评价。

(2)考核结果应用

考核结果作为对第三方机制专业人员奖励激励、续任或者调整出库的重要依据。

(3)奖励激励制度

第三方机制管委会应当建立健全第三方机制专业人员奖励激励制度，对表现突出的第三方机制专业人员给予奖励激励，或向其所在单位或者所属有关组织提出奖励激励的建议。第三方机制管委会应当及时将考核结果、奖励激励情况书面通知本人及所在单位或者所属有关组织，也可以通过有关媒体向社会公布。

(4)履职台账制度

第三方机制管委会应当建立健全第三方机制专业人员履职台账，全面客观记录第三方机制专业人员业务培训、参加活动和履行职责情况，作为确定考核结果的重要参考。

(5)多方意见建议的征求

第三方机制管委会在对第三方机制专业人员的履职情况开展考核评价时，应当主动征求办理案件的检察机关、巡回检查小组以及涉案企业等意见建议。

(三)考核评价不良结果情形以及相应处理

考核合评价结果可能出现下列不良情形。

1.不合格

第三方机制专业人员有下列情形之一的，考核评价结果应当确定为不合格，并视情作出相应后续处理：

(1)不参加第三方组织工作或者不接受第三方机制管委会分配的工作任务，且无正当理由的；

(2)在履行第三方监督评估职责中出现重大失误，造成不良影响的；

(3)在履行第三方监督评估职责中存在行为不当，涉案企业向第三方机制管委会反映或者提出异议，造成不良影响的；

(4)其他造成不良影响或者损害第三方组织形象、公信力的情形。

第三方机制管委会对违反有关义务的第三方机制专业人员，可以谈话提醒、批评教育，视情通报其所在单位或者所属有关组织，情节严重或者造成严重后果的，可以将其调整出库。

2.调整出库

第三方机制专业人员有下列情形之一的，第三方机制管委会应当及时将其调整出库：

(1)在选任或者履职中弄虚作假，提供虚假材料的；

(2)受到刑事处罚、被开除公职或者开除党籍的；

(3)受到行政处罚或者行业惩戒，情节严重的；

(4)违反《关于建立涉案企业合规第三方监督评估机制的指导意见(试行)》(高检发〔2021〕6号)第17条第2款第2项至第4项规定的；

(5)利用第三方机制专业人员身份发表与履职无关的言论或者从事与履职无关的活动，造成严重不良影响的；

(6)考核评价结果两次确定为不合格的；

(7)实施严重违反社会公德、职业道德或者其他严重有损第三方机制专业人员形象、公信力行为的；

(8)其他不适宜继续履行第三方监督评估职责的情形。

第三方机制管委会应当建立健全第三方机制专业人员名录库禁入名单制度。对于依照规定被调整出库的第三方机制专业人员，应当列入名录库禁入名单。第三方机制管委会对列入名录库禁入名单的人员应当逐级汇总上报，实现信息共享。

第三方机制专业人员因客观原因不能履职、本人不愿继续履职或者发生影响履职重大事项的，应当及时向第三方机制管委会报告并说明情况，主动辞任第三方机制专业人员。第三方机制管委会应当及时进行审查并将其调整出库。

第三方机制管委会应当根据工作需要，结合履职台账、考核情况以及本人意愿、所在单位或者所属有关组织意见等，定期或者不定期对名录库人员进行动态调整。名录库人员名单调整更新后，应当及时向社会公布。

3.违规

第三方机制管委会发现第三方机制专业人员涉嫌违规的，应当及时向有关主管机关或其所在单位、所属有关组织反映情况、提出惩戒或者处理建议；涉嫌违法犯罪的，应当及时向有关机关报案。

三、第三方机制专业人员的工作和经费保障

第三方机制管委会各成员单位、第三方机制专业人员所在单位或者所属有关组织以及涉案企业，应当为第三方机制专业人员履行职责提供必要支持和便利条件。

第三方机制专业人员选任管理工作所需业务经费和第三方机制专业人员履职所需费用，试点地方可以结合本地实际情况，探索多种经费保障模式。

四、第三方组织的组成

如前所述，第三方机制管委会收到人民检察院商请后，在综合考虑案件涉嫌罪名、复杂程度以及涉案企业类型、规模、经营范围、主营业务等因素后，从专业人员名录库中分类随机抽取人员组成第三方组织。吴××污染环境罪中，第三方机制管委会就是选定了环保局专业人员作为对F公司环保合规整改进行监督评估的第三方组织人员之一。

（一）一对一的监督评估原则

同一个第三方组织一般负责监督评估一个涉案企业。实践中一般采取这种一对一的监督评估。同一案件涉及多个涉案企业或者涉案企业之间存在明显关

联关系的，可以由同一个第三方组织负责监督评估。但合规改革实践中这种一对多的监督评估并不多见。

（二）异地监督评估

涉案企业、人员的居住地与案件办理地不一致的，案件办理地第三方机制管委会可以委托涉案企业、人员居住地第三方机制管委会选任组成第三方组织并开展异地监督评估，或者可以通过第三方机制管委会成员单位及其所属或者主管的行业协会、商会、机构的异地协作机制，协助开展监督评估。

实践中，第三方机制管委会协调地域障碍，启动了跨省、跨市、跨县监督评估工作。第三方组织则通过“请上来听合规进展汇报”“走下去督查合规整改情况”“面对面与合规团队问询交流”“抽查合规管理台账资料”等方式，依法依规开展监督评估，目前取得初步成效。

（三）第三方组织组成人员

1.第三方组织人数及组成

第三方组织一般由 3—7 名专业人员组成，针对小微企业的第三方组织也可以由 2 名专业人员组成。

同一名专业人员在不存在利益关系且保障工作质量的条件下，可以同时担任一个以上第三方组织的成员。

2.第三方组织负责人的产生

第三方机制管委会应当根据工作需要，指定第三方组织牵头负责人，也可由第三方组织组成人员民主推举负责人，并报第三方机制管委会审定。

3.第三方组织名单公示、备案和宣告成立

（1）公示

第三方机制管委会应当将第三方组织组成人员名单及提出意见的方式向社会公示，接受社会监督。第三方机制管委会根据情况决定公示期限，一般不得少于 5 个工作日。公示可以通过在涉案单位所在地的有关新闻媒体、网站发布公示通知等形式进行。涉案企业、人员或者其他相关单位、人员对选任的第三方组织组成人员提出异议，或者第三方组织组成人员申请回避的，第三方机制管委会应当及时调查核实并视情况作出调整。

(2)备案

公示期满后无异议或者经审查异议不成立的，第三方机制管委会应当将第三方组织组成人员名单报送负责办理案件的人民检察院备案。人民检察院发现组成人员存在明显不适当情形的，应当及时向第三方机制管委会提出意见建议，第三方机制管委会应当及时调查核实并视情况作出调整。

(3)宣告成立

人民检察院对第三方机制管委会报送的第三方组织组成人员名单，经审查未提出不同意见的，应当通报第三方机制管委会，并由第三方机制管委会宣告第三方组织成立。第三方组织存续期间，其组成人员一般不得变更。确需变更的，第三方机制管委会应当依照《〈关于建立涉案企业合规第三方监督评估机制的指导意见(试行)〉实施细则》(全联厅发〔2021〕66 号)及相关规定处理。

(四)第三方组织人员的利益冲突禁止要求

第三方组织人员的利益冲突禁止要求如下：

(1)第三方组织组成人员系律师、注册会计师、税务师(注册税务师)等中介组织人员的，在履行第三方监督评估职责期间不得违反规定接受可能有利益关系的业务。

(2)在履行第三方监督评估职责结束后两年以内，上述人员及其所在中介组织不得接受涉案企业、个人或者其他有利益关系的单位、人员的业务。

负责办理案件的人民检察院应当要求知悉案情的第三方组织组成人员参照执行防止干预司法“三个规定”[①]，严格做好有关事项填报工作。

---

① “三个规定”是指《领导干部干预司法活动、插手具体案件处理的记录、通报和责任追究规定》《司法机关内部人员过问案件的记录和责任追究规定》《关于进一步规范司法人员与当事人、律师特殊关系人、中介组织接触交往行为的若干规定》。

第十章　第三方组织监督评估工作流程、履职义务和要求

一、监督评估工作流程

第三方组织的主要工作职责是对涉案企业的合规整改进行监督考察，并在考察期结束后对企业合规计划的完成情况进行考核评估。以下是监督评估的具体工作流程。

(一)调查了解

在检察机关批准涉案企业合规整改申请后，第三方组织应对涉案企业相关情况进行了解，为开展后续监督评估工作(如确定企业的合规重点及适用的合规计划类型)打下基础。调查了解属于监督评估的前期准备工作。第三方组织应在负责办理案件的人民检察院的支持协助下，深入调查了解企业涉案情况，认真研判涉案企业在合规领域存在的薄弱环节和突出问题，合理确定涉案企业适用的合规计划类型，做好相关前期准备工作。此阶段的调查内容一般包括：(1)企业基本情况；(2)涉案基本情况；(3)案件发生原因；(4)整改思路情况；(5)整改保障情况。第三方组织在调查了解企业的第三方机制启动和运行有关工作中，需要寻求第三方机制管委会帮助协调处理的，第三方机制管委会可以指派专门人员负责联络沟通。

合规改革实践中，检察机关决定对企业进行合规整改后，会在第一时间商请

第三方机制管委会选定第三方组织成员，经过公示异议程序后第三方组织即告成立。此时整改企业已经向检察机关提交了涉案企业合规整改申请、涉案企业合规整改计划等材料，第三方组织可及时查阅上述材料（编者认为也包括阅卷），必要时对企业进行实地调查，结合与检察机关了解的案情提出企业在合规领域存在的薄弱环节和突出问题，梳理归纳企业此次违法事件产生的主客观原因，追问隐藏在表象下面的深层次管控漏洞，确定企业的合规重点以及适用的合规计划类型。

第三方组织选定后通常会与检察机关一起参与涉案企业的合规监督评估启动仪式（出现特殊情况导致不能现场举办的，有的采取线上等方式举行），告知企业相关权利和义务。

（二）审查计划

第三方组织在此阶段的主要工作是对涉案企业提供的合规计划审查后提出意见建议，确定合规考察期，督促企业形成整改方案。

1.审查计划和方案

第三方组织根据涉案企业情况和工作需要，应当要求涉案企业提交单项或者多项合规计划，对于小微企业可以视情简化。合规计划应当紧扣合规重点，如涉嫌污染环境罪的F公司的合规计划重点应是环境保护合规。

第三方组织对涉案企业合规计划的可行性、有效性与全面性（参照本书“第七章 二、合规整改计划设计的有效性评价标准”）进行审查，重点审查以下内容：

（1）涉案企业完成合规计划的可能性以及合规计划本身的可操作性（可行性）；

（2）合规计划对涉案企业治理涉嫌犯罪行为、预防类似违法犯罪行为的实效性（有效性）；

（3）合规计划是否覆盖企业合规领域的薄弱环节和明显漏洞（全面性）；

（4）其他根据涉案企业实际情况需要重点审查的内容。

第三方组织应当就涉案企业提交的合规计划向负责办理案件的人民检察院征求意见，综合自身审查情况，一并向涉案企业提出统一的修改完善意见（以防出现政出多门、多龙治水，导致涉案企业无所适从），并要求和督促企业对照修改后的涉案企业合规计划中的每一项内容制定更具实操性的涉案企业合规整改方案。

2.确定合规考察期限

第三方组织根据案件具体情况和涉案企业承诺履行的期限，在向负责办理案件的人民检察院征求意见后，合理确定合规考察期限，一般不超过 5 个月，最长不超过 12 个月。按照目前刑事诉讼法的规定，没有采取取保候审的办案期限是 6 个月，采取取保候审的最长办案期限是一年。涉案企业合规流程应当在合规考察期限内完成，具体时间根据案件的具体情况而定。

目前合规考察期限相对来说比较有限，合规整改案件特别是适用第三方机制的案件，确实需要较长的办案时间。因此，检察机关应充分利用好合规考察期限开展有效合规考察，编者建议应从以下三个方面来提高效率。

(1)检察机关在拿到侦查机关移送起诉的案件后，要立即开展企业合规审查工作，首先要判断是否适用企业合规，要及时地提出审查意见，如果认为可以适用，应马上报批和启动。

(2)检察机关拿到移送起诉案件以后，应同步开展羁押必要性审查，审查涉案的犯罪嫌疑人有无羁押必要，如果没有羁押必要，应马上变更为取保候审，这样就可以合法利用取保候审一年的办案期限。当然也需针对不同案件实事求是地确定期限，案件事实简单的可以缩短合规考察期限。

(3)如果确定企业有启动第三方机制的可行性和必要性，检察机关应立即商请第三方组织合理确定合规考察期限。

合规考察期限确定后，能否根据实际情况做动态调整？合规考察期限的确定是有标准的，一般是由第三方组织，根据涉嫌案件情况、涉案企业犯罪原因等具体情况及其承诺履行的期限，经征求办案检察机关的意见后确定。一经确定它就具有了一定的严肃性，各方都要遵循相关的期限要求，合理有序地分配时间，高效地开展相关工作。合规考察期不宜轻易变更，特别是不能随意地缩短合规考察期。因为合规考察期限本身就很短，对于相对复杂的企业治理转型和优化来说本来就捉襟见肘，这时候如果提前结束考察，难免有“形式合规”的嫌疑，所以对缩短考察期限要做严格的限制。当出现特殊情况，如有客观情况或出现一些中止、中断的情形导致考察程序无法走完，检察机关应当在确保合规效果的前提下适当延长考察期限，但是不能突破法定的办案期限，否则会构成程序违法。

（三）制定评估方案

第三方组织在此阶段的主要工作是制定涉案企业合规评估方案、涉案企业合规评估指标体系，作为合规评估的工作安排和工作标准。

1.涉案企业合规评估方案

制定评估方案，是指第三方组织根据前期了解的涉案企业情况，在审查专项合规整改计划的基础上，围绕监督整改计划的执行和评价验收制定的方案。第三方组织应当根据涉案企业情况和实际工作需要制定具体细化和具备可操作性的涉案企业合规评估方案。涉案企业合规评估方案应当明确评估目的、范围、内容、方法、分工、进程和要求。其中，评估的范围根据办案工作需要设定，可以对合规承诺、合规计划、合规管理体系运行、合理管理成果等进行单项评估，也可以进行综合评估。

（1）评估重点内容

对涉案企业专项合规整改计划和相关合规管理体系有效性评估的重点内容有：①对涉案合规风险的有效识别、控制；②对违规违法行为的及时处置；③合规管理机构或者管理人员的合理配置；④合规管理制度机制建立以及人力物力的充分保障；⑤监测、审查、举报、调查、处理机制、培训机制及合规绩效评价机制的正常运行；⑥持续整改机制和合规文化的基本形成。

另外，评估方案的框架应具备的基本内容有：①方案目的及相关事实：针对什么案件进行监督评估、合规整改对象情况及发案原因；②第三方组织成员组成：组成人员情况、专业特点；③任务分工及进度安排：明确第三方组织内部的工作分工及进度安排；④工作保障机制：明确第三方组织开展工作的保障机制同时明确相关纪律要求。

（2）评估方法

评估方法应当紧密联系企业涉嫌犯罪的有关情况确定，可以采取以下方法进行评估。①观察、访谈、文本审阅、问卷调查、知识测试、穿行测试；②对涉案企业的相关业务与管理事项，结合业务发生频率、重要性及合规风险高低进行抽样检查；③对涉案企业的相关业务处理流程，结合相关原始文件、业务处理踪迹、操作管理流程等进行检查；④对涉案企业的相关系统及数据，结合交易数据、业务凭证、工作记录以及权限、参数设置等进行比对检查。

合规改革实践中，抽样访谈法、随机旁听会议法、模拟投诉法、随机选择查询交易记录法用得比较多。具体要根据企业的实际情况和案件的具体情况来决定用什么评估方法或者方法组合比较有效。

2.涉案企业合规评估指标体系

第三方组织以涉案合规风险整改防控为重点，结合特定行业合规评估标准，制定符合涉案企业实际情况的涉案企业合规评估指标体系。评估指标的权重可以根据涉案企业类型、规模、业务范围、行业特点以及涉罪行为等因素设置，可以适当提高合规管理的重点领域、薄弱环节和重要岗位等方面指标的权重。

第三方组织制定的涉案企业合规评估方案、涉案企业合规评估指标体系，应当及时报送检察机关备案，检察机关可以根据实际情况提出意见或建议。

（四）考察监督

考察监督，是指第三方组织对涉案企业合规整改计划的执行情况进行了解、核实、监督和纠正的工作。

1.考察监督的基本特征

（1）工作性质：第三方组织对涉案企业合规整改的过程性监督机制。

（2）工作目标：监督涉案企业合规整改计划执行的充分性。

（3）工作内容：了解和核实合规整改情况，并提出监督和纠正意见。

（4）工作方法：除了正常访谈、调阅资料、实地踏勘等方法外，还可以通过暗访等方式了解更真实的情况。

（5）工作结果：形成阶段性考察监督报告，并向办案检察机关汇报。

2.考察监督的进行

第三方组织在合规考察期（亦即企业的合规建设期）内，可以定期或者不定期对涉案企业合规计划履行情况进行监督和评估，可以随时指导企业进行整改，要求涉案企业定期书面报告合规计划的执行情况，同时抄送负责办理案件的人民检察院。

涉案企业及其人员应当为第三方组织检查、评估提供必要支持和便利条件，对第三方组织履行职责予以配合，按照时限要求认真履行合规计划，不得拒绝履行或者变相不履行合规计划、拒不配合第三方组织合规考察或者实施其他严重违反合规计划的行为；要按照第三方组织要求，如实填写、提交相关文件和材料，不得弄虚作假。

第三方组织发现涉案企业执行合规计划存在明显偏差或错误的，应当及时进行指导、提出纠正意见，并报告负责办理案件的人民检察院。第三方组织发现涉案企业或其人员尚未被办案机关掌握的犯罪事实或者新实施的犯罪行为，应当中止第三方监督评估程序，并及时向负责办理案件的人民检察院报告。负责办理案件的人民检察院接到报告后，依照刑事诉讼法及相关司法解释的规定依法处理。

山东省人民检察院联合十七部门印发《关于建立涉案企业合规第三方监督评估机制的实施意见（试行）》（鲁检会〔2021〕14 号）第 19 条规定，第三方组织发现涉案企业及其人员尚未被办案机关掌握的犯罪事实、实施新的犯罪行为或者严重影响企业合规计划履行等情形的，中止第三方监督评估程序，并向第三方机制管委会和负责办案的检察机关通报。

（五）评估验收

评估验收，是指第三方组织在监督考察期满后，对涉案企业的合规整改情况进行评价，并作出验收是否通过的意见，即对涉案企业进行最终的考察验收。

1.评估验收阶段的基本特征

（1）工作内容：是对涉案企业合规整改有效性的评价。

（2）工作目标：确定涉案企业合规整改是否合格。

（3）工作方法：访谈、查阅资料、实地查勘等。

（4）工作结果：形成评价验收报告，作为检察机关对涉案企业不起诉或量刑从宽的重要参考。

第三方组织在此阶段的主要工作是对涉案企业进行考察验收，审查企业的整改报告，制作考察评估报告。第三方组织在合规考察期届满前后，应当对涉案企业的合规计划完成情况进行全面了解、监督、评估和考核，并撰写合规考察评估报告。合规改革实践中，有的涉案企业根据合规计划的实际完成情况主动申请考核验收，也有涉案企业主动提交综合整改报告，供第三方组织审查。

2.第三方组织合规考察评估报告内容

第三方组织合规考察评估报告一般应当包括以下内容：

（1）涉案企业履行合规承诺、落实合规计划情况；

（2）第三方组织开展了解、监督、评估和考核情况；

(3)第三方组织监督评估的程序、方法和依据；

(4)监督评估结论及意见建议；

(5)其他需要说明的问题。

合规考察评估报告应当由第三方组织全体组成人员签名或者盖章后，报送负责选任第三方组织的第三方机制管委会、负责办理案件的人民检察院等单位。第三方组织组成人员对合规考察评估报告有不同意见的，应当在报告中说明其不同意见的内容及理由。

3.第三方组织评估工作重点

第三方组织评估工作重点是审查企业整改后的合规管理体系是否有效。

(1)评估企业合规风险识别和控制机制是否有效

第一个评估要点是审查企业对外部强制性义务的梳理情况、风险的分类情况，评估企业是否能够适应外部社会的发展变化、是否能够及时地发现风险。例如，反垄断法修改以后，如果是大的企业、占据相对市场优势地位的企业或集团性的企业涉及垄断的问题，那么企业的合规风险部门和相关机制是否能知晓新反垄断法规定的几种新情况并能及时反映到企业和管理中？企业必须建立这样一种合规风险识别机制，帮助企业迅速知晓新法带来的新变化，如果企业没有这样一个反应机制，说明企业的合规风险识别机制没建立或者失灵。当合规风险被及时发现识别，评估时还要审查企业是否进行风险等级分类，能否相应采取与风险等级相适应的控制措施。

第二个评估要点是审查企业对合规风险的控制措施是否有效。针对企业现在已经识别出的风险，审查企业是否能够进行及时有效控制以及控制措施与风险分类等级是否相适应。首先可以通过文本资料查询的方式来分析评估，通过企业成文的合规制度规章审查企业是否执行到位、实际执行情况如何。其次评估确认违规行为是否计入员工绩效考核之中。如果年终考评考核没有记录违法行为或者没有予以实质的惩戒性考核，说明企业合规绩效考核机制未实际启动或失灵，第三方组织评估的结果只能是合规考核机制无效，这是评估中的一个关键方面。

(2)评估企业是否具备持续的改进机制

违规行为要处理并纳入考核，这只是合规整改的一部分。更重要的是基于违规行为总结经验教训，改进合规管理制度、机制和合规管理体系。企业应反思违规行为为什么发生，是否能够通过制度的完善杜绝此类现象的发生。如果企业分析了考虑了并且采取了相应的合规补救和完善措施，才能说明持续的改进机制是有效的。

(3)评估企业合规管理机构的人员配置及资源配备情况

企业有合规管理体系和合规管理人员，但是如果企业没有给这些人员适当的权力和待遇，没有给他们提供必要的办公环境和条件，资源经费没有保障，那么合规机构仍不能发挥作用。因此，企业必须提供合规支持和保障，合规机构才能发挥作用。

(4)考察企业合规文化的建立及效果

企业从领导到普通员工是否建立了一个新的合规优先的价值观，员工是否有必要的合规知识、合规理念和合规意识，这些都可以通过走访、问卷调查的方式了解，也可以从企业的日常的管理过程中了解。

4.第三方组织评估维度

第三方组织可以从两个维度来精准评估企业的合规整改。

(1)企业是否将形式审查做到极致。比如，可以设计全面详细的落地评估标准来测评企业在涉案行为整改、合规承诺、建章立制、运行保障、合规文化等方面的整改成效。

(2)企业是否将实质审查精准聚焦重点。比如，污染环境罪案例中，企业因疏于对污水处理外包人监管导致污染环境涉案，整改中自行购买了污水处理设备，兴建了污水处理设施，完全避免了商业伙伴合规监管风险。再比如，一个从来没有法务、财务的防水工程企业因虚开增值税专用发票涉案，整改中聘请了专职法务和财务来进行合规、内控和风控。从这些实际行动中审查企业的合规整改。

二、第三方组织履职义务和要求

第三方组织及其组成人员要严格遵守履职义务，做到全面履职、实际履职、专业履职、统一履职。

(一)第三方组织及其组成人员履职义务

1.第三方组织及其组成人员履职时应当遵守的义务

第三方组织及其组成人员履职时应当遵守如下义务：

(1)遵纪守法,勤勉尽责,客观中立;

(2)不得泄露履职过程中知悉的国家秘密、商业秘密和个人隐私;

(3)不得利用履职便利,索取、收受贿赂或者非法侵占涉案企业、个人的财物;

(4)不得利用履职便利,干扰涉案企业正常生产经营活动。

2.对第三方组织及其组成人员履职的监督和惩戒

涉案企业或其人员认为第三方组织或其组成人员的检查、评估行为不当或者涉嫌违法犯罪的,可以向负责选任第三方组织的第三方机制管委会反映或者提出异议,或者向负责办理案件的人民检察院提出申诉、控告。

第三方机制管委会或者负责办理案件的人民检察院发现第三方组织或其组成人员故意提供虚假报告或者提供的报告严重失实的,应当依照《关于建立涉案企业合规第三方监督评估机制的指导意见(试行)》(高检发〔2021〕6号)的规定及时向有关主管机关、协会等提出惩戒建议,涉嫌违法犯罪的,及时向有关机关报案,并将其列入第三方机制专业人员名录库禁入名单。

负责选任第三方组织的第三方机制管委会和负责办理案件的人民检察院收到第三方组织报送的合规考察书面报告后,应当及时进行审查,双方认为第三方组织已经完成监督评估工作的,由第三方机制管委会宣告第三方组织解散。

(二)第三方组织实践履职注意事项/职能要求

1.全面履职

第三方组织应全面履职。第三方组织及其人员首先要熟悉第三方机制的运行程序,了解并全面贯彻各个阶段的具体履职要求,全面深入了解和调查企业涉嫌罪名的相关管理漏洞、制度隐患和治理结构等问题,认真审查合规整改计划的可行性、有效性和全面性,对合规计划的执行和完成情况进行全面检查和评估。

2.实际履职

实际履职要求每一个第三方组织人员都必须实质性地参与评估,亲自去现场调查、检查、考察、交流、回馈意见等,防止挂名跟团评估。实践中有的第三方组织把企业合规律师为企业写的合规整改计划报告作为唯一依据,仅在书面材料上进行审阅,这将对保障合规计划的落实产生极大不良影响。为保证企业合规的有效性,第三方组织人员应实质参与评估,切实履行评估职责。与此同时,第三方组织人员对合规考察报告有不同意见的，应当在报告中留痕，写明不同意的理由。

3.专业履职

第三方组织中每一名专业人员都应发挥自身的专业优势，从不同角度监督评估，客观中立、高效地开展评估工作。

4.统一履职

第三方组织各成员应该统一行动思路、统一方案、统一行动、统一考察、统一评估，避免多龙之水让企业无所适从。实践中应该通过民主等方式确定第三方组织成员中最权威、最专业的合规专家作为组长和牵头人，每个成员可以基于各自的专业背景，分别提出自己的考察意见，汇总后由组长统一反馈，从而确保统一履职。

最高检关于专业人员的选聘办法中，第三方机制委员会要定期考察、一案一评、随机抽查、巡回检查，对出现情况是否继续续任等都有相关的规定。但是如何保证第三方组织及其成员在监督考察过程中全面、专业、实际、统一履职，编者建议，首先第三方组织应根据成员特点做好工作分工；其次成员之间根据统一履职的目标要求通力协作；最后根据每个人投入考察的时间、精力、专业价值和对团队的贡献实行真正的责任制，这在后续的费用分配上也应当有所体现，做到真正的权责利相统一。

本章附录

附录 10-1　第三方组织关于×××公司合规整改评估方案

第三方组织关于×××公司合规整改评估方案

根据《×××公司专项合规整改方案》及执行情况，为考察评估合规整改工作的成效，第三方组织拟定合规整改评估方案如下：

一、评估目的

对涉案企业专项合规整改方案和相关合规管理体系的有效性进行评估，出具评估意见报告，为人民检察院最终作出处理决定提供重要意见参考。人民检察院可以参考评估结论，依法作出不批准逮捕、变更强制措施、不起诉的决定，提出从宽处罚的量刑建议，或者向有关主管机关提出从宽处罚、处分的检察意见。

二、评估范围

专项合规整改方案、专项合规整改阶段性/综合报告以及相关合规管理体系建设的有效性。

三、评估内容

（一）涉案企业、领导层、管理层、员工是否作出合规承诺。

（二）是否对涉案合规风险进行了有效识别、评估、控制。

（三）是否对违规违法行为及时处置处理。

（四）是否合理配置了合规管理机构或者管理人员。

（五）是否建立合规管理制度机制体系以及提供人力物力的充分保障。

（六）监测、举报、调查、处理机制及合规绩效评价机制是否完整、有效。

（七）是否配合第三方监督评估组织考察评估，是否聘请外部专业机构协助。

（八）培训机制、持续整改机制、合规文化是否已经基本形成。

四、评估方法

（一）观察、访谈、文本审阅、问卷调查。

（二）对涉案企业的相关业务与管理事项，结合业务发生频率、重要性及合规风险高低进行抽样或临时检查。

（三）对涉案企业的相关业务决策、执行流程，结合相关原始文件、业务处理踪迹、管理流程等进行穿透式检查。

五、评估分工

×××：负责对涉案企业合规风险及合规义务的自查、合规管理制度的搭建等方面的整改情况进行检查、评估、监督、考察。

×××：负责对涉案企业经营管理风险点（源）的梳理、管理、检查机制等数据、工作记录的完整性、合规性进行检查、评估、监督、考察。

×××：负责对涉案企业按照整改方案进行落实的情况进行检查、评估、监督、考察。

六、评估进程

整改措施文件化成果	日期	完成情况
董事会决议（决定进行合规整改）	6月20日	已完成
董事会决议（对涉案人员的处罚决议）及公告	6月20日	已完成
聘请合规团队帮助企业进行合规建设	6月21日	已完成
合规适用申请书及相关附件材料	6月22日	已完成
企业合规经营承诺书	6月22日	已完成
合规整改计划	6月22日	已完成
犯罪嫌疑人/企业主要负责人谈话记录	9月14日	已完成
领导层、主要部门负责人座谈，针对员工开展合规宣讲	9月14日	已完成
对企业经营管理人员及财务部门负责人进行访谈，形成访谈报告	9月14日	已完成
自查梳理，形成合规风险清单	9月18日	已完成
自查报告	9月30日	已完成
制定专项合规整改方案	9月30日	已完成
合规管理组织架构的组建	10月2日	已完成
企业领导层、管理层、部分负责人、员工作合规承诺	10月2日	已完成
合规整改阶段性成果及报告	10月12日	已完成
制定合规管理制度		未开始
召开股东会，修订公司章程		未开始
对涉案环保风险进行制度的制定或修订		未开始
公司决策议事规则的制定		未开始
公司决策及财务管理的合规指引		未开始
持续推进合规培训与宣讲		未开始
新梳理制定修订的规章制度上墙公示		未开始
合规整改工作自查对照		未开始
合规整改综合报告及验收		未开始

七、评估要求(见附录10-2　关于×××企业合规整改评估指标体系)

第三方组织成员(签字):×××

×××年 ×××月 ×××日

附录10-2　关于×××企业合规整改评估指标体系

关于×××企业合规整改评估指标体系

第一部分　合规管理机构设置和职责配置评价指标

一、合规管理机构设置评价

(一)合规领导机构设置

1.企业指定或者建立某个机构作为企业合规领导机构(如合规管理委员会或者合规建设领导小组)。

2.合规领导机构有明确定位和职责。

3.合规领导机构人员构成与结构合理 。

4.企业法定代表人或实际控制人应是企业合规的第一责任人。

5.企业的法定代表人或实际控制人是合规管理委员会或合规建设领导小组成员。

6.合规领导机构有专业合规专家/人员。

(二)合规管理部门设置

1.企业有专门或者兼理合规管理部门。

2.合规管理机构配备了合规专员。

3.业务、职能部门配备了合规管理员。

二、合规职责配置评价

(一)合规领导机构的职责

1.依据企业合规目标实现情况对企业进行评价。

2.能够监督和协调企业合规管理体系运行。

3.对违规行为及时作出适当的处理决定并适当公开。

4.支持合规管理部门工作不受阻碍。

5.支持合规管理部门获取企业员工信息、文件信息和所需要的数据。

6.支持合规管理部门具备获取来自外部有关部门专业意见的能力。

7.对合规管理部门及人员实施合规绩效考核。

8.给予合规管理部门设施、人员、经费和技术保障。

(二)合规管理部门的职责评价

1.合规管理部门的独立性

(1)独立决策与合规建设管理有关的事项。

(2)获得必要的人员配备、办公设施和经费保障 。

(3)合规管理人员产生利益冲突的,应主动提出回避。

2.合规管理部门的权威性

(1)对信息知情、参与决策、关键岗位控制、重点经营活动(如污水收集、处理等)进行审查。

(2)对公司非主营业务的经营决策、财务管理及操作、经营管理制度的修改完善等关乎企业经营的重要决策工作开展合规评审。

(3)合规管理部门报告合规领导机构后,对合规评审事项拥有否决权。

三、合规人员职责配置评价

(一)合规专员职责

1.计划、执行、检查、整改企业合规工作。

2.收集、识别、转化合规义务。

3.评估、监控、预防合规风险。

4.开展合规培训、弘扬合规文化。

(二)合规管理员/联络员职责

1.对企业合规工作的执行情况实施把控。

2.及时向合规管理部门或合规专员报告不合规行为。

第二部分　合规文化建设的评价指标

一、最高领导层的重视

(一)最高领导层开会、宣讲、沟通时倡导合规优先的价值和理念。

(二)最高领导层实际履职时从自身做起,践行合规理念,率先垂范。

(三)最高领导层愿意为企业合规文化建设提供并投入资源保障。

(四)合规优先纳入企业发展战略或价值观,重视商业伙伴合规。

二、合规承诺

(一)最高领导层承诺自上而下建设合规文化。

(二)最高领导层利用各种时机、场合推广合规文化。

(三)企业员工认同企业合规文化,并作出认同的承诺。

(四)在招聘新员工、员工晋升时,将合规文化作为考察因素。

(五)奖励符合企业合规文化的行为,树立典型、模范或榜样。

(六)惩戒不遵守合规文化的员工和行为,包括领导层、管理层为了实现业务目标鼓励或默许员工实施违规行为、阻止合规人员有效履行职责,面对竞争利益时违反合规承诺的行为等。

三、合规文化沟通与传达

(一)最高领导层以明确且毫不含糊的措辞传达、传播并通过实例表明企业尊重合规文化。

(二)通过日常培训、刊物、网络平台等多种方式宣传和推广合规文化。

(三)对社会进行必要的合规文化传播,使社会和公众了解企业的合规文化。

四、合规文化的形成

(一)企业员工从行为和习惯上自觉践行、互相传递合规理念。

(二)当本企业或同行业企业出现违规行为时,能够主动进行自我反思。

第三方组织成员(签字):×××

×××年××× 月××× 日

附录 10-3　启动仪式第三方组织的审查意见

第三方组织对×××公司合规整改工作的意见建议

×××市人民检察院商请×××市第三方机制管委会,指派×××市人民政府生态环境局成员、×××律师事务所律师、×××律师事务所律师作为×××公司环保专项合规整改第三方组织成员,由其三人组成第三方监督评估组织进行企业合规整改考察评估。

经查阅企业提交的《企业合规整改申请书》《企业合规整改计划》及相关附件,经与检察机关沟通,对本案及企业的基本情况有了初步了解。结合企业对已经进行的合规整改情况的汇报,对企业的合规进程有了详细了解,作为第三方组织,依法履行考察评估义务,根据最高人民检察院、山东省人民检察院关于涉案企业合规整改及涉案企业第三方监督评估机制文件的要求,现提出如下意见:

(一)整改企业于×××年×××月出现污水处理重大违规问题,相关责任人员被刑事立案侦查,暴露出企业在环保合规管理方面存在漏洞,尤其是既没有审查对方污水处理资质,也未跟踪监督对方废液处理情况,对方倾倒后造成污染环境,隐患和其危害都极大。

企业应当从出现该事故的直接原因出发,对暴露问题直接进行整改,尽快消除本次的犯罪原因。同时,应当加强生产流程所有环节的合规管理,达到预防相同及类似犯罪的目的。因此,本次合规整改的重点应确定为环保专项合规管理。

(二)企业制定合规整改计划对本次事故的直接原因予以纠正,计划具备有效性;整个合规计划设置的合规管理组织架构及具体的合规管理制度与企业的组织架构及原有制度相匹配和对应,企业能够较好地落实,具备可行性;整改计划涉及污水收集、处理、财务监督等各个环节的合规管理,计划具有全面性,能够达到预防相同犯罪和类似犯罪的再次发生。因此,企业制定的《合规整改计划》具备可行性、有效性、全面性,为有效的整改计划。建议企业在此计划的基础上对照每一项内容制定《企业合规整改方案》,并明确具体的责任人、完成时间节点和量化工作成果。

(三)根据企业经营管理人员所涉犯罪情况、企业的管理状况、整改计划情况、企业已经开展的整改情况,建议考察期为×个月,自×××年×××月×××日至×××年×××月×××日。

(四)本组织将定期或不定期通过不同方式考察企业的整改情况,请企业认真落实整改计划,按时保质完成整改,积极配合本第三方组织和检察机关的评估、审查验收。

第三方监督评估组织

××× ××× ×××

×××年×××月×××日

附录 10-4　涉案企业合规整改考察评估报告

××公司专项合规整改考察评估报告

第三方组织

×××年×××月×××日

前言

经××市人民检察院会商，由××市第三方机制管委会指派，×××、×××、×××作为第三方监督评估组织(下称“第三方组织”)，针对××公司经营管理人员涉嫌污染环境罪一案，开展涉案企业合规整改考察评估工作，考察并监督该企业的合规整改及合规文化建设工作，并出具刑事合规整改考察评估报告。

为出具本刑事合规整改考察评估报告，第三方组织对该公司进行实地走访考察，并结合该公司合规整改方案和进展，针对公司的合规建设情况，提出了多项整改意见要求该公司予以落实。同时，第三方组织要求公司的高级管理人员、主要部门出具了刑事合规承诺书，审阅了该公司按照第三方组织要求提供的各种公司文件，并与该公司的高级管理人员、外聘合规团队进行了会谈，针对该公司刑事合规之目标基本达成了共识。

对本刑事合规整改考察评估报告，第三方组织作出如下声明：

基于该公司所作口头及书面说明、提供的文件均真实、准确、完整，所提供的复印文件均与原件相符且内容一致，文件中的签字和印章均真实有效且获得了必要的授权，文件自签署、颁发及作出之后至本刑事合规整改考察评估报告出具之日没有进行任何变更或被撤销、认定无效之前提，第三方组织承诺严格履行法定职责，遵循勤勉尽责和诚实信用原则，依据截至本刑事合规整改考察评估报告出具之日该公司提供的文件、相关人员所作的口头及书面说明、相关资料，出具本考察评估报告。

一、开展本次合规整改的背景

(一)公司基本情况

见《合规整改申请书》“事实与理由”部分“申请人的经营状况良好”。

（二）涉案基本情况

××公司经营管理人员吴××涉嫌污染环境一案，由××市公安局立案侦查，侦查终结后，移送××市人民检察院审查起诉。后××市人民检察院于×××年×××月×××日下发了企业合规相关事项及权利义务告知书，××公司提出合规整改申请，并自愿作出合规整改的承诺，希望取得对企业及涉案人员的宽缓量刑。

涉案企业已经从经营管理人员所涉嫌犯罪行为中深刻吸取教训，在案发后将涉案经营管理人员调离原工作岗位，加大了对污染废物排放的管理力度，制止了非法处理废物行为造成环境污染的犯罪活动。

涉案企业涉案经营管理人员吴××自愿认罪认罚，目前涉案企业能够正常生产经营，自愿承诺建立企业合规制度，积极进行刑事合规整改。目前已经聘请相关企业合规业务专家帮助涉案企业建立企业合规管理体系。

（三）涉案原因分析

(1)吴××法律意识淡薄、环境保护意识不足，企业对环境保护的重视度不高。犯罪嫌疑人法律意识淡薄，未认识到个人行为对生态环境破坏的严重性以及对他人身体健康造成的危害，对自己的行为是否触犯法律存在模糊认知和侥幸心理。

(2)排污合规监管机制不健全，监管人员怠于履行职责，对合作伙伴资质审核远远不足。

(3)作案手段隐蔽，监管难。涉案排污行为隐蔽，环境保护部门很难及时发现。

(4)对污染环境案件宣传力度不够。当前，社会各界对污染环境犯罪的了解还相对较少，对污染环境行为造成的损害后果了解得不是很清晰，影响了对违法行为的举报热情。没有有效、便民的控告方式，群众在发现环境污染行为后无处控告，降低了群众对举报环境污染犯罪的积极性。公众对此类案件存在“事不关己、漠不关心”的心态。因此，此类案件存在获取线索的途径较少、立案难的问题。

(5)公司太多关注节省经济成本，合规资源投入严重不足。涉案后，公司已经采取了主动进行赔偿、停止违规行为，对涉案违规责任人进行处罚，聘请合规团队帮助公司进行合规建设等一系列措施，并制定了专项合规整改计划、专项合规整改方案，梳理了合规风险清单，并逐项落实有关内容。

二、第三方组织工作情况

（一）第三方组织人员基本情况

第三方组织组成人员及工作单位：

×××（组长） ×××市生态环境局 科员

×××（组员） ×××律师事务所律师

×××（组员） ×××律师事务所律师

以上三人组成第三方监督评估小组，开展专项合规整改评估工作。

（二）第三方组织工作记录

（1）×××年×××月×××日，第三方组织与检察机关一同参与××公司专项合规整改项目启动会议，听取了该公司自查自纠、整改落实的情况，及该公司下一步的工作计划，并实地察看公司办公场地、污水处理设备、经营管理制度及岗位职责公示与执行、经营风险等情况。第三方组织对涉案企业进行第一次实地考察。对企业进行走访，与企业核心管理人员进行会谈，对涉案原因等内容进行了初步了解。

会上，第三方组织收到了该企业提交的专项合规整改计划、合规适用申请书及相关附件材料。围绕企业提交的企业合规整改计划，第三方组织听取了企业外聘合规顾问的介绍，口头提出了改进意见和建议。经初步审查，与企业沟通交流，认为企业具备较完善的规章制度，但需要加强落实，对存在的问题要进行修订，所制定合规整改计划较完善，具备操作性。同时，第三方组织提出要求：整改计划应当经检察机关审核后实施并尽快落实，要积极配合第三方组织、检察机关做好涉案企业合规整改。

（2）×××年×××月×××日，第三方组织收到了公司报送的合规风险清单，经审查，清单内容详尽、准确。

（3）×××年×××月×××日，第三方组织根据该公司提供的自查报告等材料对该公司的自查情况进行考察。围绕公司的合规风险、合规义务清单，访谈报告等自查情况，对公司的合规整改计划提出意见和建议，进一步监督公司根据自查情况进行专项合规整改。

（4）×××年×××月×××日，第三方组织对公司组建合规组织架构提出意见。

（5）×××年×××月×××日，第三方组织收到该公司提交的××公司专项合规整改第一阶段报告，并与该公司领导层、管理层及合规顾问，对整改落实情况进行了沟通交流。

(6)×××年×××月×××日，第三方组织对第一阶段整改报告进行审查。

(7)×××年×××月×××日，第三方组织对公司制定的废水收集制度、水污染控制制度提出了参考性意见。

(8)×××年×××月×××日，第三方组织对公司形成的污水处理费用财务审批制度、污水处理责任制度、污水处理物流监管制度进行了审阅，认为具备针对性、操作性、实效性。

(9)×××年×××月×××日，第三方组织询问公司污水处理厂建设情况，并予以督促，要求验收标准不能降低。

(10)×××年×××月×××日，第三方组织对企业合规整改综合报告的各项内容进行考察评估。

(三)第三方组织采取的工作方法

(1)观察、访谈、文本审阅。

(2)对公司废水收集、处理、物流等流程，尤其是涉案有关的污水委托处理事项，结合主营业务与非主营业务的合规风险的高低，进行会谈及微信、电话指导。

(3)对公司的组织架构、规章制度、岗位职责、工作流程与规范，提出建设性或参考性意见，并结合相关原始文件、业务处理踪迹、管理流程等进行现场勘察和调查。

(4)梳理出合规依据(应当遵守的规定)并进行专业分析。

(四)第三方组织整改评估依据

(1)《中华人民共和国刑法》。

(2)《最高人民检察院、公安部关于公安机关管辖的刑事案件立案追诉标准的规定(一)》(公通字〔2008〕36号)。

(3)《关于建立涉案企业合规第三方监督评估机制的指导意见(试行)》(高检发〔2021〕6号)。

(4)山东省《关于建立涉案企业合规第三方监督评估机制的实施意见(试行)》(鲁检会〔2021〕14号)。

(5)《涉案企业合规建设、评估和审查办法(试行)》(全联厅发〔2022〕13号)。

三、公司整改过程及效果

案发后，该公司深刻剖析了犯罪原因，对暴露的突出问题提出了具体的整改、防范措施。公司领导层、管理层召开专门会议进行安排部署,积极赔偿并缴纳罚款,并要求公司进行整顿,对经营管理中的隐患进行全面排查整治。涉案企业具备较强的整改意识,已经从经营管理人员所涉嫌犯罪行为中深刻吸取教训,加大了对公司污水采处理、委托处理等方面的管理力度。

案发后,该公司积极主动采取了一系列整改措施,具体如下。

自×××年×××月×××日起,该公司在正式启动涉案企业刑事合规整改前,采取了一系列有效的整改措施,具体包括:

(1)召开董事会,形成决议,决定进行合规整改。

(2)召开董事会,形成决议,决定对涉案人员予以撤职并进行公示。

(3)聘请外部专业合规团队,帮助公司进行专项合规整改和合规建设。

(4)以公司名义制作了合规经营承诺书。

(5)制定了专项合规整改计划。

该公司向人民检察院提交合规整改申请后又继续开展了一系列工作,具体包括:

(1)外部合规团队对犯罪嫌疑人/企业主要负责人开展了谈话,就合规整改及建设有关事宜达成共识。

(2)与公司领导层、主要部门负责人座谈,针对员工开展合规宣讲。

(3)对公司经营管理人员及财务部门负责人进行访谈,形成访谈报告。

(4)在外部合规顾问的指导下,对公司经营管理风险进行了全面梳理,形成了风险清单、义务清单。

×××年×××月×××日,人民检察院、第三方组织、企业及领导层与管理层、外部合规顾问团队召开会议,正式启动××公司专项合规整改,决定开展刑事合规整改。

为了落实合规整改要求,推动合规整改深入,确保合规整改有成效,该公司在自查的基础上,在外聘合规团队的帮助指导下形成了自查报告、风险评估报告,制定了涉案企业合规整改方案,听取了人民检察院、第三方组织的意见建议,并逐项推动落实。当前,该企业专项合规整改工作已完成,并提交第三方组织考察评估,经审查,合规整改成果显著,整改方案的内容得到了逐项落实,具体如下:

(一)主动缴纳罚款、停止违规行为

1.停止违规行为,修建污水处理站

涉案企业及负责人已经认识到涉案行为是错误的,决心痛改前非,遂主动停止了涉案的违规行为，并积极采取修建污水处理站等补救措施，避免再次发生污染环境的行为。

2.缴纳罚款

涉案企业已缴纳罚款×××元 。

3.配合司法机关调查

案发后，涉案人员均如实供述涉案事实，按照司法机关的要求如实提交各种涉案文件和资料，使案件得以顺利查清。

4.自查自纠

合规整改期间，除外聘合规顾问指导合规整改之外，企业自行开展自查自纠活动，针对之前出现的问题进行了系统的梳理，并形成了书面的风险点以及整改措施。

（二）对涉案违规责任人进行处罚

本次违法事件反映出公司在废水处理、财务把关等方面存在重大的风险隐患，尤其是经营决策方面，公司经营管理人员没有为公司的主营业务发展作出合法合规的决策。对此，公司进行深刻反思并召开股东会，此次涉及的违规人员进行了严格及时地问责惩戒，对违规事项进行了处理，将涉案人员吴××撤职并调离原岗位。对违法违规人员的处罚，体现了有功则奖、有过则罚的原则，对公司合规建设有重要意义。

（三）全力配合检察院、第三方组织的相关工作

案发后，涉案人员如实供述涉案事实，按照司法机关的要求如实提交各种涉案文件和资料，使得案件得以顺利查清，涉案企业作出合规整改的承诺，自愿进行合规整改。公司将积极向第三方组织、检察院介绍公司情况及合规整改进展，积极按照第三方组织、检察院根据实际调查情况确定的公司决策和环保合规整改重点进行自查。

（四）开展合规座谈，进行合规宣贯

外部合规团队与公司的领导层、各业务管理团队负责人进行专项合规整改座谈。张××、段××等主要管理人员参与座谈。座谈中，张××作为公司的执行董事，分析了本次污染环境问题的发生原因，公司决策、废水委托处理及财务管理制度漏洞，以及针对本次违规问题的具体解决方案；梳理公司决策及废水处理管理过程中涉及违规借款的重点环节，是否存在再次发生违规问题的风险以及各部门的流程控制优化措施。座谈是开展合规工作的重要方式，与领导层、管理层直接座谈，让领导层、管理层意识到他们是合规管理的主力军，在合规整改

中将起到核心作用，有利于全局工作的开展。

（五）开展合规讲座，培养合规意识

外聘合规团队对公司全体职工进行了合规宣讲，让公司全体职工了解合规的重要性，增强全体人员的合规意识；介绍合规管理的具体实施步骤，领导层、管理层以及普通员工的合规职责，为下一步合规工作的开展打下基础。合规讲座与培训，是一种直接宣传灌输合规理念的方式，能够短平快地推进合规理念的建立，便于开展有关工作。

（六）深度访谈，进一步明确合规整改重点

外聘合规团队对领导层、管理层进行一对一深度访谈，通过访谈了解公司的经营目标、合规目标，了解两个目标是否正向一致；了解领导层对本次污染环境问题发生原因的分析及具体解决方案；了解企业的组织架构、业务管理制度、监督举报机制、考核机制建设，了解企业的管理、合规现状。

通过与业务部门管理人员×××、×××、×××的访谈，了解了公司污水处理的决策机制及工作流程，分析采集、处理、委托处理、物流等流程中是否存在违规风险；通过与环保监管负责人访谈，了该部门是否有成文的环保监督管理制度，财务部门是否独立于其他部门，重点了解财务部门对于废水委托处理的监控是否存在合规风险。

通过上述访谈，公司各业务部门对本次涉案污染环境的发生原因、经营管理中存在的其他风险进行充分认识，对污水收集及污水处理、污水委托处理的工作流程作出针对性整改和优化。

（七）全面梳理合规风险清单，形成自查报告

根据公司所处的行业及主营业务情况，公司结合本次合规整改的公司主营业务管理、经营决策机制、污水处理管理重点合规领域，梳理公司决策、污水处理及其委托处理等环节的合规风险，分析对合规目标和经营目标可能造成的损害，并根据公司的实际情况判断合规风险等级。

根据风险识别清单，公司对合规风险进行分析评估，形成以风险评估报告为基础的自查报告，为接下来专项合规整改计划打下了良好的基础。

（八）设置合规管理机构及管理人员

公司领导层召开管理层会议，决定构建合规管理组织架构，履行合规管理三道防线职责。各业务和职能部门是公司合规管理的第一道防线，对其业务范围内的合规运行承担责任；公司设立合规部作为合规管理职能部门，对公司及其员

工的经营管理行为和业务活动的合法合规性进行审查、监督和检查，作为公司合规管理的第二道防线；合规部对公司及其员工的经营管理行为和业务活动的合法合规性进行内部合规审查评估，作为公司合规管理的第三道防线。具体架构如下。

1.公司召开董事会，成立合规管理领导小组

合规管理领导小组负责总体把控合规管理工作，并对相关合规事项进行决议。任命×××、×××、×××为小组成员，×××担任合规管理领导小组总负责人，聘用外部合规顾问×××律师为合规领导小组成员。

合规管理领导小组履行下列职责：

(1)制定公司合规管理的工作计划和目标，审议批准公司合规管理的重要制度。

(2)率先作出合规承诺及合规表率，主动在日常经营过程中倡导合规经营理念，积极培育公司合规文化，认真履行合规管理职责。

(3)决定聘任、解聘、考核法律合规部负责人；决定解聘对发生重大合规风险负有主要责任或者领导责任的管理人员。

(4)听取法律合规部负责人的定期报告。

(5)为合规管理部门履行职责提供充分的人力、物力、财力、技术支持和保障。

(6)定期了解企业合规风险，组织合规管理有效性评估，督促各业务部门就合规风险事项开展自查或配合公司调查，严格按照公司规定进行合规问责，并落实整改措施，解决合规管理中存在的问题。

(7)有效监督各业务部门落实企业合规管理要求，发现存在问题时要求各业务部门及其工作人员及时改进。

(8)其他合规管理职责。

2.成立合规部作为合规管理部门

合规管理领导小组推荐聘任×××为合规部负责人，任命×××担任合规专员，任命×××担任合规部兼职合规专员。

合规部负责牵头公司的合规管理具体工作，对公司及其工作人员的经营管理行为和业务活动的合法合规性进行审查、监督和检查，监控企业合规管理体系运行的有效性，推动专项合规计划的落实与执行。作为公司合规管理的第二道防线，主要履行下列职责：

(1)组织起草合规管理基本制度、具体制度、年度计划和工作报告等。

(2)负责规章制度、经济合同、重大决策合规审查。

(3)组织开展合规风险识别、预警和应对处置,根据董事会授权开展合规管理体系有效性评价。

(4)受理职责范围内的违规举报,提出分类处置意见,组织或者参与对违规行为的调查。

(5)组织或者协助业务及职能部门开展合规培训、合规考核、合规宣传及合规文化建设;受理合规咨询,推进合规管理信息化建设。配备与经营规模、业务范围、风险水平相适应的专职合规管理人员,加强业务培训,提升专业化水平。

(6)处理与外部监管方、合作方相关的合规事务,向服务对象提供相关政策解读服务。

(7)其他合规管理职责。

3.各业务、职能部门设立合规管理员

在环保部、财务部、工程部、销售部、综合办、运营部等业务部门设立合规联络员,环保部:×××;财务部:×××;人力行政部:×××;生产部:×××;采购部:×××;销售部:×××;设备部:×××;技术部:×××。公司现有合规管理员8人,均系所在部门的骨干人员和重要管理人员,负责所在部门的合规工作以及日常合规咨询、合规审查等工作。各业务部门、职能部门是公司合规管理的第一道防线,是公司合规管理的重要一环,承担本部门的合规管理主体责任,主要履行以下职责:

(1)建立健全本部门业务合规管理制度和流程,开展合规风险识别评估,编制风险清单和应对预案。

(2)定期梳理重点岗位合规风险,将合规要求纳入岗位职责,明确职责范围内的合规管理主体责任,提醒、督导工作人员认真履行合规管理职责,落实合规管理要求。

(3)负责本部门经营管理行为的合规审查。

(4)及时报告合规风险,组织或者配合开展应对处置。

(5)组织或者配合开展违规问题调查和整改,配合合规部有效落实合规工作要求。

(6)接受合规培训,就合规培训内容接受定期理解测试或考核。

(7)知晓违规举报渠道,对违规事项主动报告。设置合规管理员,由业务骨干担任，接受合规部业务指导和培训。

4.合规部进行内部合规审查评估

合规部作为公司内部合规管理的第三道防线，主要履行下列职责：

(1)监控公司合规管理体系运行有效性，开展评估、优化等工作。

(2)及时制止违规行为和参与对违规行为的调查处理和追责。

(3)其他合规管理监督职责。

5.进行合理预算，为合规部员工提供补贴

补贴具体如下：合规部负责人1000元/月，兼职合规管理人员500元/月。

(九)各层级明确作出合规承诺

合规管理领导小组、合规部、环保部、财务部门以及全体员工分别作出合规承诺，由×××作为合规管理领导小组组长，代表领导层面向全体员工进行合规承诺并明确宣示，公司确立了通过公司决策及财务管理风险管控，完善公司管理，形成合规文化的合规目标，确保合规融入公司的发展目标、发展战略和管理体系；合规部、财务部门及全体员工承诺将合规作为公司的优先价值，对违规违法行为采取"零容忍"的态度，确保合规融入公司的发展目标、发展战略和管理体系，保证公司决策合规，促进公司财务管理合规。

执行董事×××面向全体员工致辞《给全体员工及合作伙伴的一封信》，在致辞中进行合规承诺并明确宣示，公司确立了公司经营正规化，合规创造价值，员工持续成长的合规目标，公司对任何形式的违规行为秉持"零容忍"的态度。确保合规融入企业的发展目标、发展战略和管理体系。

(十)制定决策议事规则、专项合规指引，修订财务制度

公司基于本次污染环境违规事件，结合公司目前的管理状况，对公司决策及财务管理进行梳理、调查和评估，严格落实公司专项合规整改计划；构建公司决策机制及议事机构，制定重大决策的议事规则；修订公司的财务管理制度，形成《合规管理手册》等作为日常行为的合规指导，纠正管理经营行为偏差，达到消除犯罪原因、预防类似犯罪发生的目的。

(十一)制定合规管理制度

公司制定了《合规管理手册》，其中包含合规管理履职保障、合规培训与沟通制度、合规检查机制、违规事项的报告、处理及奖惩登记制，并根据各岗位职责制定专项合规指引作为公司进行日常合规管理的依据。公司针对本次违规违法行为进行专项合规整改，对整改工作的内容进行自查对照，结合整改过程中第三方

组织、检察院的意见建议不断完善整改措施。另外,公司已建立持续整改、定期报告等机制,结合整改过程中的整改措施、实施过程中发现的问题及整改措施的自查情况,不断调整,保证合规管理制度机制的生命力与活力。

(十二)污水处理采取合规双保险措施

1.建设污水处理站

经公司研究决定并向母公司备案,公司进行自有污水处理站建设,于2021年11月24日与×××科技(大连)有限公司签订《污水处理工程总承包合同书》,支出工程总承包费用365万元。目前,该工程处于试运行阶段,预计于×××年×××月正式投入使用。

2.委托专业机构对危废进行处置

为防止出现无资质机构对企业危废进行处置的情况,公司委托有相应资质的专业机构对危废进行处置。2021年4月15日,公司与×××环保科技有限公司签订《危险废弃物处理合同书》,将生产过程中产生国家危险废物名录中规定的危险废物委托×××环保科技有限公司进行无害化处置,并由×××市环境保护局进行监管。

(十三)持续开展合规培训、建设合规文化

除组织合规培训、讲座外,×××公司在其办公场所单独设置了合规文化宣传栏,宣传合规文化;公布公开了违规报告方式;张贴了《×××公司决策合规指引》,将之作为公司管理层及各业务部门的决策规范指引;张贴了合规标语,将合规理念、合规文化及具体的合规标准全面展示。

四、第三方评估组织意见

考察评估意见:在人民检察院监督指导下,第三方组织、×××公司及外聘合规团队的共同努力下,经过阶段性整改和综合整改,整改计划和整改方案设定的整改内容业已全部完成。经过整改,公司决策议事规则不健全、组织架构不合理、排污风险、财务管理等方面存在的问题和风险已得到改善和消除,对其他经营管理风险也作了全面梳理,并制定了针对性的整改措施。同时,建立了合规组织架构,以合规的方式和理念参与公司经营管理决策,为防范风险增加了几道防线,合规理念深入领导层、管理层及员工的内心,建立了持续合规制度,合规文化初步建立。

经过第三方组织考察评估,第三方组织认为,×××公司合规整改工作预设目标全部完成,达到了验收标准,建议予以验收通过。

建议：合规永远在路上，应当持之以恒贯彻，应当深入落实和推进合规制度、合规理念建设，避免合规风险，尤其是避免刑事风险。要结合企业经营发展的实际，不断调整、不断完善，最终建成高质量合规文化。

第三方组织签名：×××

×××年××月××日

第十一章　检察机关合规审查工作内容和流程

合规改革要求各地检察机关要充分利用不起诉制度，要把企业合规与依法适用不起诉相结合。检察机关在作出不捕不诉决定前，要向企业提出合规整改建议，推动合规建设，履行合规承诺，建立第三方评估制度，做好后续审查工作。

一、检察机关的职责发挥

如前所述，合规整改启动后，合规建设和评估是基本动作，但合规改革要强化检察机关的主导责任，把关、压轴的重头戏离不开检察机关的合规审查。可以将涉案企业比喻成篮球运动员，比赛动作出现争议了，是合规、违例还是犯规，犯规的具体是违体犯规还是技术犯规？现场要靠裁判（第三方组织）来考察评估，但最终还要过裁判委员会或技术代表审查监督（检察机关）这一关。

检察机关合规审查，又称涉案企业合规审查，是指负责办理案件的人民检察院对第三方组织关于涉案企业合规整改的评估过程和结论进行审核。前面所讲的简式合规，即针对未启动第三方机制的小微企业合规，可以由人民检察院对企业提交的合规计划和整改报告直接进行审查。

检察机关对涉案企业的合规审查应聚焦督促改。企业要针对找出的关键问题和漏洞进行真整改，检察机关应促进企业真提升。合规改革千头万绪，但最紧要的是合规改革的有效性，即最高检提出的“六真”：真合身、真管用、真监督、真评估、真整改、真合规。落实了“真”，很多问题都能够解决。

实践中存在一种“甩锅”观念，认为检察机关只要管住两头，前面选好案件把好入口，后面做好相应的实体处理把好出口，中间就打包给了第三方组织，检察院就可以完全不管了。这种认为有了第三方机制检察机关就可以当甩手掌柜的观念是极端错误的。案件进入第三方监督管理程序以后，目的是充分发挥第三方机制的专业性、独立性、公正性来帮助检察机关对企业进行考察，检察机关不能一脱了之，合规审查必须“跟紧”，合规建设和评估才能“保真”。检察机关从第三方机制运行的前端、中期和后期进行合规审查，任何阶段都应与第三方机制保持互动和交流。

检察机关合规审查，向前可以延伸至对企业合规案件适用性条件、对第三方组织的选任进行审查。如果检察机关发现企业不符合合规案件适用性条件，合规考察就不能启动；如果检察机关认为第三方组织人员专业性不强或回避方面不合规，可以提出调整第三方组织人员的意见，由第三方机制管委会作出调整。

对合规计划审查把关时，如果企业合规计划设计面太窄，头痛医头、脚痛医脚、就事论事、治标不治本，检察机关应提出相应的修正意见，帮助企业由点至线（甚至面）建立根治的制度和长远持续的合规目标方向；相反，如果企业合规计划太宽，泛泛地只谈一些企业文化、领导承诺、廉政制度上墙，检察机关则要提出针对性的修正意见，帮助企业按图索骥、对症下药，将合规真正嵌入实际业务流程或者经营模式，让企业建立和完善能真正解决关键问题和漏洞的合规制度机制。

检察机关对企业合规计划的执行也要倾注于实质的关注，包括随时了解企业合规过程中是不是积极落实了合规计划、有没有在建设中期开展座谈会、第三方组织有没有进行不定期的实地考察，通过问卷等了解第三方组织人员的相关履职情况等。检察机关在涉案企业合规改革中的审查，必须与企业和第三方机制紧密结合在一起才能发挥作用。

二、对企业合规适用条件进行审查

人民检察院在办理涉企犯罪案件时，应当注意审查企业是否符合合规试点以及第三方机制的适用条件，并及时听取涉案企业、人员的意见。

（一）符合不起诉条件的案件

对于符合不起诉条件的案件，以往可以直接作不起诉的，现在有了企业合规之后，检察机关可以提示企业进行合规。如果企业不同意开展合规，那么显然检察机关不能强行让企业先进行合规整改，再作出不起诉。

不起诉分为三种类型：绝对不起诉、相对不起诉、存疑不起诉。检察机关依法作出不起诉决定，不以企业合规整改为必要前提。

（二）可以直接作不起诉决定的案件

对于本可以直接作不起诉决定的案件，如果企业也不同意自愿做合规，那么检察机关应直接作出不起诉决定。对于发现的企业管理上的一些漏洞和问题，检察机关可以在作出不起诉决定后，采取执法监察建议的形式推动企业有效整改，而不能在不起诉决定前强加合规整改程序。

（三）不构成犯罪或者需要作存疑不起诉决定的案件

如果经过审查，企业本身不构成犯罪或者应作存疑不起诉决定，检察机关还能不能开展企业合规？

一般情况下无论涉案企业最终审查是否构成犯罪，大多数不同程度地都会存在治理结构、制度机制、人员管理、财务管理等方面的不足和欠缺。企业合规的目的就是要帮助企业建立可行的合规规范和机制，来弥补制度建设和经营监督管理方面的漏洞。所以，对于经过审查不构成犯罪或者需要作存疑不起诉决定的案件，检察机关还可以沿用以往行之有效的检察建议的方式，帮助企业开展合规，但是必须明确，这时候对企业开展合规是广义的合规，与我们目前正在推行的涉案企业合规改革是有区别的。这里用检察建议推动涉案企业进行合规整改，其实是检察机关延伸检察职能，属于促进社会治理的范畴，一定要注意区分。特别是在基层办案过程中，这种情形是不应纳入刑事合规改革的统计范围的，可以对企业进行企业合规，但是不属于涉案企业合规案件。

（四）已经提起公诉的案件

已经提起公诉的案件能否撤回起诉进行企业合规，等待企业合规整改到位以后再做无诉处理。也就是说允不允许程序倒流？

目前检察机关都是在审查起诉环节开展企业合规，合规考察结束后作出评估，即合规评估合格后，检察机关再作出实体的处理。但是如果案件已经提起公诉了，还能不能对企业启动企业合规呢？根据最高人民检察院指导意见的精神有以下几点要明确。

1.涉案企业合规审查须在提起公诉之前进行

合规是实体处理之前的一个必经的工作，所以说所有的涉案企业合规的审查必须在提起公诉之前进行，这样的话，检察机关最终作出实际处理，才会对企业有刑事激励效果。检察机关作出不起诉以后再开展的所谓“合规”则不属于涉案企业合规，而是检察机关以检察建议的形式能动履职，是一种促进社会治理的事后合规。这两种“合规”一定要注意区分明确，涉案企业合规审查必须在提起公诉之前进行。

2.对于检察机关提起公诉的案件

第一，不能为了做合规而撤回起诉，这一点必须要明确。

第二，对于之前因为有过渡期没有开展合规的涉案企业，如果在审判阶段向法院申请开展合规整改，那么检察机关也要视案件的整体情况，特别是当事人的认罪悔罪情况给予支持。但在实践中要严格把握，原则上要求省级检察院逐案向最高检请示，检察机关要一事一议，严格把握。

第三，公安机关、纪检监察机关等办案机关提出适用企业合规建议的，人民检察院参照前款规定处理。

第四，涉案企业、人员及其辩护人、诉讼代理人以及其他相关单位、人员提出适用企业合规试点以及第三方机制申请的，人民检察院应当依法受理并进行审查。申请应当采用书面形式，充分说明理由和依据，并提交企业经营状况、纳税就业、技术创新、社会贡献度等相关情况的证明材料。如前所述，企业合规适用于各类市场主体在生产经营活动中涉及的各类犯罪案件，既包括企业等涉嫌实施的单位犯罪案件，也包括企业实际控制人、经营管理人员、关键技术人员等涉嫌实施的与生产经营活动密切相关的犯罪案件。

第五，适用企业合规的案件应当同时符合下列基本条件：(1)涉案企业、个人认罪认罚，涉案企业应当全面停止违规违法行为，退缴违规违法所得，补缴税款和滞纳金等；(2)涉案企业能够正常生产经营，承诺建立或者完善企业合规制度，具备启动企业合规的基本条件；(3)案件事实清楚，证据确实充分，法律适用明确；(4)涉案企业自愿适用第三方机制/自愿开展合规整改。

相反，具有下列情形之一的案件，不适用企业合规：(1)个人为进行违法犯罪活动而设立的企业；(2)企业设立后以实施犯罪为主要活动的；(3)企业人员盗用单位名义实施犯罪的；(4)涉嫌危害国家安全犯罪、恐怖活动犯罪的；(5)其他不宜适用的情形，在改革实践中有可能包括：未经国家或者省金融主管部门批准，擅自从事金融业务或者进行金融活动，给群众造成重大损失的；涉罪企业直接负责的主管人员和其他直接责任人员依法可能被判处无期徒刑、死刑的或者被判处十年有期徒刑以上刑罚的；造成人员重大伤亡的；社会影响恶劣或者可能引发重大群体性事件或社会舆情的。

以上是企业合规适用的基本条件，在符合基本条件的情况下，企业还要具备进行合规整改求取宽缓量刑的必要性。

对整改必要性进行审查时，应当对涉案企业的生产经营状况、纳税就业、技术创新、社会贡献、刑事处罚可能造成的后果等，通过讯问、询问、走访、座谈、查询等方式，开展社会调查或者委托有关组织机构调查。

涉案企业合规改革的首要工作就是要聚焦选好案件。案件是所有合规工作的起点和根本，如果这个案子它本身就不适合来做合规，那么接下来不仅有可能办错案，而且会极大地浪费司法资源，还会给合规改革造成负面评价和不良影响。所以说如何选好案是检察机关业务部门首先要把握好的。

第六，检察机关审查通过程序。经检察机关审查认为案件适合开展企业合规的，应按照如下流程办理：(1)办案检察机关拟定涉案企业合规请示；(2)层报省级检察机关批复准许；(3)得到准许批复后，办案检察机关应当向涉案企业、犯罪嫌疑人送达《涉案企业合规权利义务告知书》《适用涉案企业合规意见征询书》，听取涉案企业、犯罪嫌疑人及其辩护人的意见；必要时可以听取公安机关、行政主管部门、被害人(企业)的意见；监察机关办理的案件，应当征求监察机关意见。

第七，告知涉案企业需在指定时间内递交合规承诺、出具初步合规计划，并下发企业开展合规工作告知书、企业开展合规建设须知等文书。

三、对第三方组织选任进行监督

企业合规程序启动后，检察机关应当制作商请函，向第三方机制管委会商请选任第三方组织成员。检察机关还应当根据涉嫌罪名、案件性质特点、合规重点方向等，就拟选任的第三方组织成员人数和专业背景等提出建议。例如本书中合规整改的F公司涉嫌的是污染环境罪，检察机关应建议第三方组织人员中应包含环保局专业人员。需要上级第三方组织进行监督评估的，由同级第三方机制管委会办公室报上级第三方机制管委会办公室组建第三方组织。检察机关应当对第三方机制管委会的选任工作进行监督。

（一）重点监督内容

第一，第三方组织是否综合考虑案件涉嫌罪名、复杂程度以及涉案企业类型、规模、经营范围、主营业务等因素，从专业人员库中随机抽取人员组成第三方组织，或者商请有关专业人员参加第三方组织。

第二，第三方组织是否由3—7名单数专业人员组成。

第三，第三方组织组成人员系律师、注册会计师、税务师（注册税务师）等中介组织人员的，是否正在为涉案企业或其人员提供法律、财税、企业管理等专业服务。

第四，第三方组织成员是否符合相关法律法规、规范性文件中有关回避的规定。

（二）提出调整意见建议

对第三方机制管委会通报的第三方组织成员名单，检察机关审查认为存在明显不适当情形的，应当及时向第三方机制管委会提出意见建议，第三方机制管委会应及时作出调整。

（三）异地合规监督

涉案企业所在地与负责案件办理检察机关所在地不一致的，检察机关可以建议所在地第三方机制管委会委托、联合涉案企业所在地第三方机制管委会，选任组成第三方组织开展监督评估；或者通过第三方机制管委会成员单位及其所属或者主管的行业协会、商会、机构的异地协作机制，协助开展监督评估。负责案件办理的检察机关应当及时与涉案企业所在地的检察机关对接，发挥检察主导作用，了解、跟进第三方组织监督评估工作的进展。

刑事合规试点中，最高检研究室做了大量开创性的工作，快马加鞭地建立第三方机制管委会及专业人员库，目前无论是前期2021年的10个试点省份，还是2022年22个后期加入的全面推开的省份，第三方机制省级层面建设都已完成，并且都已经实际地发挥作用。很多地方都已开展异地委托的异地合规考察，只有将本地第三方机制建设好，才能在全国范围内做好异地合规考察。

（四）监督人员公示、变更

检察机关应当审查第三方机制管委会是否将第三方组织组成人员名单向社会公示，接受社会监督。公示期满后无异议或者经审查异议不成立的，第三方机制管委会方可宣告第三方组织成立。第三方组织存续期间，组成人员一般不得变更。第三方机制管委会认为确需变更的，检察机关应当对第三方机制管委会的组织变更情况进行监督。检察机关发现可能存在不适宜履职情形的，应当及时通知第三方机制管委会终止相关人员资格并更换组成人员。

四、对第三方组织履职进行监督

检察机关审查和第三方组织评估是不同的，检察机关主要审查第三方组织的评估活动，同时对涉案企业进行的自评也进行审查。第三方组织是对涉案企业进行的自评进行评估。但二者审查的最终内容是相同的。

（一）对第三方组织审查认可的合规整改计划、合规整改方案进行审查

检察机关应对第三方组织审查认可的涉案企业合规整改计划和方案是否具备可行性、有效性与全面性进行审查，根据实际情况提出意见或建议。例如本书所引“F公司涉嫌污染环境案”，检察机关审查其合规整改计划是否以环保专项合规为重点，以全面合规为目标；审查其合规整改方案是否围绕着与涉嫌涉污染环境犯罪有密切关系的一些内部治理的问题，列出有针对性的问题清单，是否进一步构建有效的合规体系，完善适宜的管理流程，建立实操性的防范机制，来弥补企业管理和经营中的漏洞和不足。

（二）对第三方组织确定的考察期以及延长或缩短考察斯进行审查

检察机关应审查第三方组织确定的合规考察期限的合理性，合规考察期的设立是否契合整改企业的具体情况。

涉案企业及其人员应当按照时限要求认真全面履行合规计划和整改方案。

因非企业因素导致合规计划和整改方案无法如期完成时，涉案企业可以向第三方组织申请调整合规考察期限，第三方组织同意调整的，应当向检察机关通报。合规考察期限的调整，尤其是缩短考察期限更应谨慎，如企业规模小、犯罪单一、整改难度小，可在充分论证的情况下适当缩短考察期。

（三）对第三方组织的评估工作进行监督审查

（1）审查第三方组织是否根据涉案企业情况和工作实际制定《涉案企业合规评估方案》，以及是否结合特定行业制定《涉案企业合规评估指标体系》，重点审查第三方组织制定和执行的评估方案和评估指标体系是否适当。

（2）审查第三方组织对企业合规计划履行情况进行的监督和评估，审查其撰写的《涉案企业合规整改阶段性考察报告》。

合规考察期内，第三方组织定期开展阶段性考察工作并撰写《涉案企业合规整改阶段性考察报告》，检察机关应全面审查其评估依据、评估范围和对象、评估程序和方法、评估内容、发现的问题及改进建议、涉案问题的整改等。对其中重点问题如评估内容、发现的问题及改进建议、涉案问题的整改等，要进行深入详细审查，看其是否属实、客观、适用、中肯、有效、全面等。

（四）对涉案企业或其人员整改过程中的违规行为进行监督审查

1.涉案企业或其人员出现需要中止第三方监督评估程序的情形

检察机关发现涉案企业或其人员在考察期内具有下列情形之一的，应当通知第三方组织中止第三方监督评估程序：

（1）实施新的犯罪行为或者有尚未被办案机关掌握的其他犯罪事实的；

（2）涉案企业、个人不再认罪认罚的；

（3）涉案企业不能正常生产经营或者不再具备开展企业合规基本条件的；

（4）合规计划存在虚假表述、重大遗漏的；

（5）无正当理由，拒不实施或变相不实施既定合规计划和整改方案的；

（6）无正当理由，拒不配合第三方组织相关监督评估工作的；

（7）具有其他严重违反合规计划或严重影响第三方组织监督评估行为的。

2.中止后的处理

（1）检察机关经审查评估，认为相关情形影响不大的，可以待相关情形消除后继续由第三方组织开展合规考察。

(2)认为涉及问题严重，不宜继续合规考察的，经与第三方机制管委会会商，可以终止第三方监督评估程序，依照非合规案件刑事诉讼程序依法处理。

(3)中止或终止合规评估的相关情况，应及时报省检察院对口业务部门备案。

检察机关发现涉案企业或其人员存在涉案之外的违规违纪违法情形的，应当依法将案件移送有关主管机关、公安机关或纪检监察机关处理。

(五)对第三方组织出具的《涉案企业合规整改考察评估报告》进行全面审查

1.重点审查内容

(1)第三方组织制定和执行的评估方案是否适当。

(2)评估材料是否全面、客观、专业，是否足以支持考察报告的结论。

检察机关重点审查评估的结论，即第三方组织或涉案企业(简式合规)作出的结论是否适当，以及是否有相应的材料作为支撑，换言之，审查这个结论是否有充分证据予以支撑，是凭空杜撰的还是有客观依据的，是否是纸面合规抑或是虚假合规。检察机关需对《涉案企业合规整改考察评估报告》进行全面深入详尽的审查，审查评估材料是否全面、客观、专业，能否足以支持评估报告的结论。

2.审查评估过程

检察机关对评估的过程进行监督和审查，目的是保证评估结论的正确适用。审查评估过程，主要是审查第三方组织或其组成人员是否存在可能影响公正履职的不当行为或者涉嫌违法犯罪行为，如违背职业道德、利益冲突、徇私舞弊等。

检察机关负责对涉案企业对第三方组织检查、评估行为的控告、申诉进行调查核实。人民检察机关收到关于第三方组织或其组成人员存在行为不当或者涉嫌违法犯罪的申诉、控告的，或者第三方机制管委会收到上述内容的反映、异议，双方应当及时互相通报情况并会商提出处理建议。

检察机关或者第三方机制管委会经审查合规考察书面报告等材料发现，或者经对收到的反映、异议或者申诉、控告调查核实确认，第三方组织或其组成人员存在违反《关于建立涉案企业合规第三方监督评估机制的指导意见(试行)〉》(高检发〔2021〕6号)及《〈关于建立涉案企业合规第三方监督评估机制的指导意见(试行)〉实施细则》(全联厅发〔2021〕66 号)规定的禁止性行为,足以影响评估结论真实性、有效性的,第三方机制管委会应当重新组建第三方组织。

第三方机制不是国家机关,有些人将第三方机制误认为是检察机关的延伸,认为第三方机制的结论也是代检察机关作出的,这一点是不准确的。第三方组织不是检察机关的代理人,不代表检察机关,是独立的第三方。检察机关设计第三方机制就是要把评估工作和检察职能进行适当的分工,彼此牵制,对检察权的行使形成监督和制约,这是设置第三方机制的初衷。应该说,是最高检把对检察权本身的监督控制放在重要的位置上,才设置了第三方机制。

从这个意义上讲,第三方组织是在行使一定的权力,不仅仅是个人的私权利(rights),它还是一个公共权,具有 power(权力)的性质,第三方组织的定性问题目前还在继续研究中,对它未来的发展方向也提出了一些新的研究意见。例如,有人主张第三方组织应该进一步发挥类似陪审团的作用,这种独立的法律机构虽然是临时性的,但是它的决定是具有法律效力的。也有人主张第三方机制是开展合规改革、非涉案企业合规改革的主导力量。

经第三方机制管委会和检察机关审查,认为第三方组织已经完成监督评估工作的,由第三方机制管委会宣告第三方组织解散。

3.疑点和重点的审查

对于审查中发现的疑点和重点问题,检察机关可以要求第三方组织或其组成人员说明情况,也可以直接进行调查核实。

4.简式合规中对小微企业合规计划和整改报告的审查重点

简式合规模式下,检察机关直接对小微企业提交的合规计划和整改报告进行审查,重点包括合规承诺的履行、合规计划的执行、合规整改的实效等。评估结论是检察机关办案的重要参考。

5.检察机关审查的方式

检察机关的审查一般分为书面审查和调查核实。

(1)书面审查是指针对第三方组织的评估情况,检察机关审查其评估工作方案、工作机制、设定的评估指标体系、履职报告以及相关书面材料审查其落实评估方案的情况。

(2)调查核实则是指检察机关认为必要时,亲自去现场和实地进行调查核实,特别是评估报告里面的存疑事项进行调查,对证据和结论评估不一致的地方进行对现场调查、考察、了解和核实等。

6.合规听证

实践中，有的检察机关则采取合规听证的方式审查。

合规整改的效果，与第三方监管的效果密切相关，第三方组织的评估结论对检察机关处理案件影响很大。但如前所述，并不是说只要第三方验收评估合格，检察机关就可以对企业从宽处理。司法的决策主体还是检察官，检察官承担主体责任，对第三方组织的考察评估报告的独立审查是检察机关的义务，评估报告只是一个参考性的依据，但不是唯一依据，不能放任对第三方验收结论的审查。

为弥补检察官专业审查知识和能力之不足，可进行合规验收听证，听证时聘请相关的合规专家来参加验收、听证和发表意见，辅助检察机关审查。尤其是对于拟作不批准逮捕、不起诉、变更强制措施等决定的涉企犯罪案件，可以根据《人民检察院审查案件听证工作规定》召开听证会，并邀请第三方组织组成人员到会发表意见。在整改后期，涉案企业也可以向检察机关提交听证申请。检察机关在接到申请后，应商请第三方组织确定听证的时间、地点。合规改革实践中，原则上要求所有适用第三方机制的案件应听证尽听证，接受各方的监督。甚至有的地方在合规改革实践中进行了“双听证”，即对合规计划和考察报告都通过听证程序来审查。

(1)通过听证对涉案企业合规进行考察验收的依据

①法律法规:《中华人民共和国刑法》(2020 修订)、《中华人民共和国刑事诉讼法》、《中华人民共和国公司法》、《中华人民共和国环境保护法》(2018 修订)、《中华人民共和国土地管理法》(2019 修订)、《最高人民法院、最高人民检察院关于办理环境污染刑事案件适用法律若干问题的解释》(法释〔2023〕7 号)……

②合规政策文件:《最高人民检察院关于开展企业合规改革试点工作方案》(2021 年 3 月 17 日)、《关于建立涉案企业合规第三方监督评估机制的指导意见(试行)》(高检发〔2021〕6 号)、《涉案企业合规建设、评估和审查办法》(全联厅发〔2022〕13 号)，以及各地方检察院制定的企业合规工作实施办法……

③合规管理指引:最高人民检察院印发的第一批至第三批企业合规典型案例，《中央企业合规管理办法》，各地方省属企业合规管理指引……

④国际、国家标准:《合规管理体系要求及使用指南》(GB/T 35770—2022)、《合规管理体系要求及使用指南》(ISO 37301:2021)、《中小企业合规管理

体系有效性评价团体标准》。

(2)企业合规建设验收公开听证会工作方案

①听证事项

主题:涉案企业合规建设能否通过验收。

时间:考察期届满前。

地点:检察院或涉案企业所在地(建议在企业办公室)。

参会人员:检察院(领导、承办人、书记员、技术辅助人员)、涉案企业(嫌疑人、实控人、财务、法务)、听证员(人民监督员、人大代表、政协委员)、第三方机制(侦查机关、行政监管部门)、第三方组织(律师事务所、会计师事务所、合规研究院等)、其他有关人员(媒体、旁听群众)。

主持人:检察官(检察长、分管副检察长)。

②听证程序

第一,书记员宣读听证会场纪律。

第二,主持人介绍听证会参加人员。

第三,主持人询问涉案企业代表是否申请回避。

第四,检察院案件承办人介绍案件情况。

第五,侦查人员发表意见。

第六,涉案企业代表陈述合规建设情况。

第七,第三方组织代表陈述合规建设验收评估情况。

第八,听证员就案件情况和需要听证的问题进行询问,并可向案件承办人、涉案企业代表、第三方组织提问。

第九,主持人宣布休会,听证员就听证事项进行讨论。

第十,主持人宣布复会,听证员发表结论意见。

第十一,涉案企业代表发表最后陈述意见。

第十二,主持人对听证会进行总结。

第十三,主持人宣布听证会结束。

(3)听证会前期准备

①争取到涉案企业开听证会,便于直观整改情况。

②测试远程视频,避免部分远程视频信号中断等。

③装帧汇报材料。

④制作汇报 PPT 或讲稿。

⑤确定汇报人员。

⑥会前辅导演练，找出不足。

⑦制定应急预案。

(4)其他要求

①材料尽量可视化。

②汇报真诚、具体、可验证。

③企业合规顾问律师关键时刻及时补位救场。

④第三方组织代表善于控场。

⑤不说谎、不怕问、剖析具体问题。

(5)听证会后的衔接

听证会结束后，检察机关应决定是否审查起诉；合规企业应持续合规整改建设，同时总结合规建设经验，加强合规建设宣传。

综上，作为合规整改验收的决策主体，检察机关有权独立审查第三方监督评估组织的验收结论，并可以依据《人民检察院审查案件听证工作规定》召开验收听证会，邀请人大代表、政协委员、人民监督员和相关行业专家等参加，也可以邀请第三方组成人员到会发表意见，以对第三方监督评估组织的工作情况进行审查。有些试点地方还规定，检察机关可以对涉罪企业进行回访检查，如发现涉罪企业合规整改仍不够彻底、可能再次发生违法犯罪等情况的，经检察机关审查确认，可以撤销原合格评定。

五、考察评估结束后的案件处理

合规考察评估结束后，检察机关根据涉案企业合规整改情况进行审查，之后分类提出处理意见。

(一)合规审查后的处理意见

1.有效合规整改，不捕、不诉和从宽

对于涉案企业全面、有效完成了合规整改并形成长效合规管理机制，企业经营状况大为改观的，检察机关可以根据案件情况，依法决定变更强制措施(合规不捕)、不起诉(合规不诉)、提出宽缓处罚的量刑建议(向人民法院提出合规宽缓

量刑建议)，向有关主管行政机关提出从宽处罚、处分的检察意见。合规行刑衔接检察意见的目的，就是要推动企业合规与行政处罚相衔接，社会治理不是铁路警察各管一段，检察机关即使不起诉，接下来也要与有关行政机关做好衔接。

(1)合规考察后作出处理决定

只有在合规考察结束以后，检察机关才能对合规考察成功与否有一个总体评判，才能够把它作为作出实体处理的一个重要参考，结合案件的具体情况，再最终作出实体处理。所以说实体处理在合规考察结束后才能作出。但是也要灵活掌握，如果对于一些程序性的变通，比如说涉案企业相关人员被羁押的，尽管合规整改还没有到期，但是根据案件的整改具体情况，包括合规整改的实际良性进展，相关人员的人身危险性也在下降，羁押的必要性也没有那么大了，检察机关可以及时变更强制措施。具体可以参考最高检 2021 年年底发布的涉案企业合规典型案例第二批“深圳××公司走私普通货物案”。

(2)有效合规和不起诉不具有必定等同关系

有观点认为，只要企业通过开展合规整改，弥补了企业管理上的制度漏洞，验收合格了，检察机关对这个企业就必须作出不起诉处理。因为合规改革实践中对企业不起诉的居多，也让人误以为只要涉罪企业合规整改验收合格了，涉罪企业就一定会被作出罪处理，即有效合规等于不起诉，尤其是对企业的不起诉。这实际上是一种误解，实践中或存在其他情况导致即便验收合格，也不能作不起诉处理。具体情况有以下几种。

①再犯、发现漏罪或者其他的条件没有具备。如果一个企业只是进行了合规整改，合规整改也被验收合格，但是企业有再犯的情况或者发现漏罪的情况，此时检察机关就不能作不起诉处理，待所有条件都成就了，才能对企业出罪。

②没有赔偿到位或补救未到位。企业应依法赔偿的没有赔偿到位，导致被害人上访告状，这种情况下给予其不起诉决定是不妥的。

综上，不是合规整改合格了，检察机关就一定不起诉，一定从宽处理，这两者之间不具有必然关系。需要特别注意的是，合规考察的启动不是检察机关单方面的法律适用活动，它其实是涉罪企业责任人认罪认罚的前提下，双方通过沟通、协商、对话，检察机关与企业对企业配合调查、合规整改，检察机关进行合规监管等这些事项达成了合意。

(3)企业有效合规后对单位和负责人从宽处理

合规审查合格后是只从宽处理企业，还是既从宽处理企业，也从宽处理负责人，理论和实践中均存在一定的争议。国际上一般是只从宽处理企业，仍惩罚负责人，但根据我国的实际情况，企业有效合规后，应对单位和个人都进行从宽处理。

①我国目前的合规改革绝大多数是针对民营企业，其负责人同企业生存直接关联，一旦企业负责人被追究刑事责任，尤其是被羁押，实际上非常可能导致企业破产倒闭，难以存续。

②我国目前处于合规改革初期，企业普遍存在业绩为王的经营理念，有的企业不情愿改变天生自带高风险属性的商业模式，违规成本低、收益大且惩罚概率低、力度小，企业一时感觉不到合规的好处，并且刑事激励手段单一、覆盖面窄，企业合规的获得感低，企业合规的评估标准欠缺。这些原因导致很少有企业愿意主动进行合规建设。因此，目前企业有效合规后对单位和负责人都进从宽处理才能对企业积极申请合规整改形成现实的刑事激励和动力。

③从理论上来说，单位犯罪（职工个人犯罪也与企业经营管理有关）是一个整体，单位合规整改合格，对单位从宽处理的同时，自然也应对单位涉案的自然人包括负责人、直接责任人都从宽处理。

2.合规整改未达标的批捕、起诉

涉案企业合规整改未达到有效性标准的，检察机关可以依法作出批准逮捕、起诉的决定。

3.虚假合规从严处理

(1)虚假合规情形

①企业作假骗取评估结论。对于涉案企业采用弄虚作假手段骗取评估结论或者存在其他不当行为的，检察机关要依法批捕和起诉，并提出从严处罚的量刑建议，或者向有关主管机关提出从严处罚、处分的检察意见。若出现搞虚假合规、纸面合规或者合规不到位，要从严追究刑事责任。合规改革不能只有宽缓的一面，任何时候都需要宽严相济，只有严格处理假合规，才能有效促成真合规。

②第三方组织成员履职违规影响评估结论。检察机关发现并调查确认，第三方组织成员存在履职不公开、不规范、不专业等情形，或者存在违反相关文件禁止性规定的行为，应当通报第三方机制管委会，并提出处理建议。检察机关发现并经调查确认，第三方组织没有充分履职尽责足以影响评估结论真实性、有效性的，检察机关可以不接受评估结论或者提请第三方机制管委会重新组建第三

方组织进行评估。

(2)虚假合规特别程序审查处理

检察机关在评审过程中发现企业或者第三方组织的人员存在违法违纪行为,经调查确认存在的,首先由第三方机制管委会撤销第三方组织评估的结论,其次对相应的第三方组织成员作出处理。

(二)省级检察院审核把关的具体标准

涉案企业合规案件将涉及省级人民检察院审核把关的具体标准。最高检在全面合规试点推开的部署会上对审核把关的具体标准进行了明确。

1.省级检察院审核把关重罪案件、重大疑难复杂案件

对于涉案企业责任人可能判处三年以上有期徒刑的,也就是说相对较重罪的犯罪案件,以及重大疑难复杂案件,要报各省级检察院统一把关、逐案审核。这些较重罪及重大疑难复杂案件,需要全面地评估涉案企业的运行状况、责任人的情节和认罪认罚情况,才能作出有效的判断和引导,因此要求省级检察院要把好最后一道关。涉外企业、上市公司案件以及职务犯罪案件均需省级检察院审核把关。

2.市级检察院审核把关轻罪案件

被判处有期徒刑三年及以下的案件由市级检察院审核把关,但也并非全部由市级检察院自己决定,对于第二期试点的10个试点省份,有相关合规办案的指导经验的,可以由市级检察院审核把关。同时省级检察院要注重跟踪指导,特殊情况下需从案件是否适格、案件是否存在敏感因素、案件事实是否查清、案件有无定性争议等进行深入追踪。

通过以上阐述不难看出,合规整改是否有效是重中之重。涉案企业的合规整改实效之所以为改革决策者高度重视,根本原因在于这一问题关涉本次改革的正当性根基。在涉案企业合规整改、合规组织监督评估、检察机关审查验收等涉案企业合规改革的各大关键环节,都需要确立涉案企业合规的有效性标准,这已成为检察机关将企业合规改革向纵深推进亟待攻克的首要理论难题。

为保障合规整改的有效性,检察机关需要发挥主导作用并承担主导责任,对涉案企业的合规整改情况进行实质审查、全面审查和最终审查。特殊情况下,需召开听证会。

本章附录

附录 11-1 适用涉案企业合规第三方监督评估机制权利义务告知书、意见书及回执

×××人民检察院

适用涉案企业合规第三方监督评估机制

权利义务告知书

一、含义、适用条件及范围

1.含义

涉案企业合规第三方监督评估机制(以下简称“第三方机制”),是指人民检察院在办理涉企犯罪案件时,对符合企业合规改革试点适用条件的,交由第三方监督评估机制管理委员会(以下简称“第三方机制管委会”)选任组成的第三方监督评估组织(以下简称“第三方组织”),对涉案企业的合规承诺及其完成情况进行调查、评估、监督和考察。考察结果作为人民检察院依法处理案件的重要参考。

2.适用条件

检察机关对于同时符合以下条件的涉企犯罪案件,可以开展合规监督考察:

(1)案件事实清楚,证据确实充分,法律适用明确。

(2)涉案企业、个人认罪认罚。

(3)涉案企业能够正常生产经营,承诺建立或者完善企业合规制度,具备启动第三方机制的基本条件。

(4)涉案企业自愿适用第三方机制。

3.禁止条件

具有以下情形之一的,不适用本方案规定开展合规监督考察:

(1)个人为进行违法犯罪活动而设立公司、企业的。

(2)公司、企业设立后以实施犯罪为主要活动的。

(3)公司、企业人员盗用单位名义实施犯罪的。

(4)涉嫌危害国家安全犯罪、恐怖活动犯罪的。

(5)社会影响恶劣或者可能引发重大群体性事件或社会舆情的。

(6)其他不宜适用的情形。

4.考察期限

监督考察期限一般为3个月以上6个月以下,最长不超过12个月,从检察机关作出受理决定之日起计算。

二、权利与义务

1.申请合规整改

涉案企业可以向检察机关提出适用涉案企业合规第三方监督评估机制的书面申请,充分说明理由和依据,并提交企业经营、纳税、员工情况说明以及社会贡献等证明材料。

2.出具承诺书

拟开展合规监督评估机制的,涉案企业应当向承办检察官提交书面合规承诺,合规承诺内容包括但不限于以下内容:

(1)积极配合司法机关的调查和追诉。

(2)采取退赃、赔偿损失、补缴税款、修复环境等措施。

(3)制定并实施有效的合规计划。

(4)定期汇报企业合规情况和刑事风险的排除措施。

3.制定合规整改计划

检察机关决定开展合规考察的,涉案企业应当配合检察机关制定合规整改计划,也可以根据需要,委托专业机构辅助制定合规整改计划。涉案企业应当积极履行合规整改计划。

4.配合监督、考察、评估

在合规监督、考察、评估期限内,涉案企业应当积极配合检察机关及第三方组织开展监督、考察和评估等工作,并提供必要的便利。

5.在考察期内应履行的义务

(1)遵守法律法规,服从检察机关的监督。

(2)定期如实、全面报告涉及合规事项的情况。

(3)有效实施合规整改计划。

(4)及时发现、制止企业、员工可能存在的违法犯罪行为。

涉企人员应当协助涉案企业遵守以上规定。

6.中止监督考察情形

(1)企业或相关人员实施新的犯罪行为的。

(2)企业或相关人员发现尚未被办案机关掌握的犯罪事实的。

(3)合规计划存在虚假表述、重大遗漏的。

(4)无正当理由,企业或相关人员拒不实施或者变相不实施既定合规计划的。

(5)无正当理由,企业或相关人员拒不配合第三方组织合规考察的。

(6)企业或相关人员实施其他严重违反合规计划或者严重影响第三方组织合规考察行为的。

第三方组织发现上述情形后及时向检察机关报告,由检察机关及时进行审查。经评估认为相关情形影响不大的,可以待相关情形消除后继续进行合规考察;经评估认为涉及问题严重,不宜继续合规考察的,经与第三方机制管委会会商,可以终止第三方监督评估程序,依照普通案件刑事诉讼程序依法处理。

7.考察期满评估合格的处理

涉案企业在考察期内完成了考察内容,没有违反监督考察要求,监督考察期满,经监督考察评估合格,符合条件的,检察机关可以作出不起诉决定。

检察机关发现涉案企业在预防违法犯罪方面制度不健全、不落实,管理不完善,存在违法犯罪隐患,需要及时消除的,可以结合合规材料,向涉案企业提出检察建议。

检察机关对涉案企业作出不起诉决定,认为需要给予行政处罚、处分或者没收其违法所得的,应当结合合规材料,依法向有关主管机关提出检察意见。

8.考察期满评估不合格的处理

考察期满,经过评估考察,认为合规整改不到位或者在评估考察期内存在需中止监督考察情形,经过整改仍然不合格的,不适用涉案企业合规第三方监督评估机制,应当终止本次涉案企业合规整改。

×××人民检察院

×××年×××月×××日

×××人民检察院
适用涉案企业合规第三方监督评估机制
权利义务告知书
（回 执）

×××公司：

你单位/你单位经营管理人员×××涉嫌×××罪一案，已由××公安局侦查终结，移送本院审查起诉。根据《中华人民共和国刑法》、《中华人民共和国刑事诉讼法》、《关于建立涉案企业合规第三方监督评估机制的指导意见(试行)》(高检发〔2021〕6号)、《关于建立涉案企业合规第三方监督评估机制的实施意见(试行)》(鲁检会〔2021〕14号)的有关规定，现向你单位告知进行涉案企业合规整改、适用第三方监督评估机制，依法享有的诉讼权利和承担的诉讼义务。

×××人民检察院
×××年×××月×××日

本单位已收到《适用涉案企业合规第三方监督评估机制权利义务告知书》，已阅读并理解相关诉讼权利和义务。

被告知人公司名称(盖章)：____________
法定代表人/诉讼代表人(签名)：____________
________年________月________日

×××人民检察院
适用涉案企业合规第三方监督评估机制意见征询书

××检×部企监征〔××××〕××号

×××公司：

本院已经收到×××公安局移送审查起诉的你单位/你单位经营管理人员×××涉嫌×××罪一案的案件材料。

根据《关于建立涉案企业合规第三方监督评估机制的指导意见(试行)》(高

检发〔2021〕6 号)、《关于建立涉案企业合规第三方监督评估机制的实施意见(试行)》(鲁检会〔2021〕14 号)等规定,经我院审查发现:

你单位符合涉案企业合规第三方监督评估机制的适用条件,现就是否同意进行企业合规整改并适用第三方监督评估机制听取你单位意见。

请将你单位意见填写在回执上,于三日内反馈本院。

×××人民检察院

(院印)

×××年×××月×××日

附:1.承办人:××× ,联系方式:×××

2.《权利义务告知书》

×××人民检察院

适用涉案企业合规第三方监督评估机制意见征询书

(回 执)

×××人民检察院:

本单位已于×××年×××月×××日收到贵院《适用涉案企业合规第三方监督评估机制意见征询书》,现已知晓企业合规第三方监督评估机制的含义和适用的法律后果。

经我单位充分研究,作出 同意 / 不同意 进行涉案企业合规整改并适用第三方监督评估机制的决定意见。

×××公司(盖章):______________

法定代表人(诉讼代表人/代理人):______________

×××年×××月×××日

×××人民检察院
适用涉案企业合规第三方监督评估机制意见征询书

××检×部企监征〔××××〕××号

×××(犯罪嫌疑人)：

本院已经收到×××公安局移送审查起诉的你涉嫌×××罪一案的案件材料。

根据《关于建立涉案企业合规第三方监督评估机制的指导意见(试行)》(高检发〔2021〕6号)、《关于建立涉案企业合规第三方监督评估机制的实施意见(试行)》(鲁检会〔2021〕14号)等规定，经我院审查发现：

涉案单位符合涉案企业合规第三方监督评估机制的适用条件，现就是否同意进行涉案企业合规整改并适用第三方监督评估机制听取你的意见。

请将你的意见填写在回执上，于三日内反馈本院。

×××人民检察院
(院印)
×××年×××月×××日

附：1.承办人：×××，联系方式×××
　　2.《权利义务告知书》

×××人民检察院
适用涉案企业合规第三方监督评估机制意见征询书
(回　执)

×××人民检察院：

本人已于×××年×××月×××日收到贵院《适用涉案企业合规第三方监督评估机制意见征询书》，现已知晓企业合规第三方监督评估机制的含义和适用的法律后果。

经本人充分考虑，作出同意／不同意 对涉案企业适用第三方监督评估机制的决定意见。

犯罪嫌疑人：＿＿＿＿＿＿
×××年×××月×××日

附录 11-2　涉案企业合规承诺书

涉案企业合规承诺书

为有效进行合规整改，全面杜绝违法犯罪行为，防范企业法律风险，规范企业经营活动，促使企业健康发展。本单位自愿接受企业合规监督评估，并作出如下承诺。

一、整改事项

1.主动停止与涉案罪名相关的经营活动，自愿认罪认罚并积极开展合规自查。

2.自愿适用第三方监督评估机制。自行或者委托专业机构制定涉案企业合规整改计划，提报检察机关、第三方组织审查。

3.涉案企业合规整改计划内容包括但不限于：

(1)成立合规建设领导小组，设置合规管理机构或人员。

(2)作出合规承诺声明。

(3)配合第三方监督评估组织(以下简称“第三方组织”)评估、聘请外部专业机构协助。

(4)建立合规管理制度体系。

(5)建立合规风险发现与评估机制。

(6)建立合规风险举报与调查机制。

(7)建立合规风险监控与处理机制。

(8)建立合规绩效评价机制，开展考核与追责。

(9)建立教育培训制度，培育合规文化。

(10)为完成合规建设提供必要的设备、经费、场所，等等。

4.严格执行合规计划，接受检察机关及第三方组织的监督，确保合规整改计划有效实施。

5.及时发现、制止企业、员工可能存在的违规、违法、犯罪行为。

6.合规整改工作结束后，本企业将根据国家合规管理体系指南逐步完善企业合规管理体系。

二、配合调查和监督

(1)遵守合规义务，配合检察机关刑事审查起诉和相关调查工作，并保证企业员工予以配合。

(2)与第三方组织充分沟通协作,并在相关人员监督下建立健全企业合规制度。

(3)向第三方组织充分披露、提供拥有、保管或者控制的所有相关信息及资料。

(4)现负责人应谨慎勤勉经营企业,不发生恶意转移企业资产、拖欠员工薪酬、提供虚假信息等有损企业合法利益的情形。

三、补救措施

同意(上缴非法获利)接受相关处罚等。

四、保证

(1)保证配合检察机关、第三方组织开展企业合规工作,不存在提供不准确、不完整、有误导性的信息及资料情形。

(2)保证根据检察机关、第三方组织的要求,对特定信息予以保密。

承诺单位:(×××公司盖章)

法定代表人/诉讼代表人:____________

×××年×××月×××日

附录 11-3　适用涉案企业合规及第三方监督评估机制调查报告

对×××公司适用涉案企业合规及第三方监督评估机制调查报告

一、基本犯罪事实和主要调查工作开展概况

二、涉案企业情况

(1)法定代表人×××名下公司概况。

(2)案发后,法定代表人×××名下公司的经营状态及×××本人简介。

三、涉案企业现有相关管理制度

四、刑事处罚可能造成的社会影响

五、检察机关参与涉案企业合规整改的价值意义

六、涉案企业开展合规整改的可行性分析

(1)主体条件

(2)适用条件

(3)社会危害性分析

七、结论

×××公司符合涉案企业合规整改及第三方监督评估机制所要求的条件。

附录 11-4 适用第三方监督评估机制决定书

适用第三方监督评估机制决定书

涉案单位×××公司,法定代表人×××,公司住所地×××,公司注册资本×××元,成立于×××年×××月×××日,经营范围×××。

犯罪嫌疑人×××,曾用名×××。

辩护人×××,×××律师事务所律师。

本案由×××公安局侦查终结。

经本院依法审查查明:涉案企业申请进行涉案企业合规整改并适用第三方监督评估机制,承诺进行合规整改,聘请了第三方组织,经本院检察委员会研究认为,涉案企业符合以下条件:

(1)案件事实清楚,证据确实充分,法律适用明确。

(2)涉案企业、个人认罪认罚。

(3)涉案企业能够正常生产经营,承诺建立或者完善企业合规制度,具备启动第三方机制的基本条件。

(4)涉案企业自愿适用第三方机制。

基于上述,同意涉案企业开展合规整改并适用第三方机制。

本院认为,犯罪嫌疑人×××的行为,事实清楚,证据确实、充分,其行为触犯《中华人民共和国刑法》第×××条之规定,构成××××罪。根据《关于建立涉案企业合规第三方监督评估机制的实施意见(试行)》规定,本院决定对××公司开展涉案企业合规第三方监督评估,考验期为×个月,从×××年×××月×××日起至×××年×××月×××日止。第三方小组成员有×××、×××、×××。

×××人民检察院

×××年×××月×××日

附录 11-5 适用选任专业人员参加涉案企业合规监督评估工作商请函、备案告知函等

×××人民检察院

选任专业人员参加涉案企业合规监督评估工作商请函

××检×部企监征〔××××〕××号

×××第三方监督评估机制管理委员会：

×××（涉案企业/犯罪嫌疑人）涉嫌×××罪一案正在我院审查起诉，经涉案企业书面申请并经我院受理、审查通过/经我院审查发现，涉案企业×××公司符合企业合规整改以及第三方机制的适用条件。

现根据《关于建立涉案企业合规第三方监督评估机制的实施意见（试行）》（鲁检会〔2021〕4 号）等规定，向贵委商请从第三方机制专业人员名录库中选任人员组成第三方组织，启动涉案企业合规第三方监督评估机制。

请贵委于收到本函十个工作日内将选任的第三方组织成员名单函告我院。

×××人民检察院

（院印）

×××年×××月×××日

×××人民检察院

选任专业人员参加涉案企业合规监督评估工作商请函复函

××检×部企监征〔××××〕××号

×××人民检察院：

本委员会已于×××年×××月×××日收到你院《选任专业人员参加涉案企业合规监督评估工作商请函》。

根据《关于建立涉案企业合规第三方监督评估机制的实施意见（试行）》（鲁检会〔2021〕14 号）及《涉案企业合规第三方监督评估机制专业人员选任管理办

法(试行)》等规定,应贵院商请,拟选任以下专业人员组成涉案企业×××公司合规监督评估工作第三方组织,供贵院审查备案。请将审查结果于三个工作日内函告我方。

具体名单如下:

×××(组长)、×××、×××。

×××第三方监督评估机制管理委员会(盖章)

×××年×××月×××日

×××人民检察院

涉案企业合规第三方组织成员名单备案告知函

××检×部企监征〔××××〕××号

×××第三方监督评估机制管理委员会:

我院已于×××年×××月×××日收到贵委选任的×××公司涉案企业合规第三方组织成员名单。

根据《关于建立涉案企业合规第三方监督评估机制的实施意见(试行)》(鲁检会〔2021〕14号)及《涉案企业合规第三方监督评估机制专业人员选任管理办法(试行)》等规定,经我院审查对第三方组织成员名单无异议,同意备案。

特此函告。

×××人民检察院

(院印)

×××年×××月×××日

×××人民检察院

涉案企业合规第三方组织成员名单审查意见建议函

××检×部企监征〔××××〕××号

×××第三方监督评估机制管理委员会:

我院已于×××年×××月×××日收到贵委选任的×××公司涉案企业

合规第三方组织成员名单。

根据《关于建立涉案企业合规第三方监督评估机制的实施意见（试行）》（鲁检会〔2021〕14号）及《涉案企业合规第三方监督评估机制专业人员选任管理办法（试行）》等规定，经我院审查发现，贵委拟选任的第三方组织成员×××存在如下明显不适当情形：

××××。

建议贵委对该成员是否存在上述不适当情形及时调查核实并视情况对第三方组织成员名单作出调整。

特此函告。

×××人民检察院

（院印）

×××年×××月×××日

附录11-6　关于对×××企业合规的考察报告

关于对×××企业合规的考察报告

一、案件的基本情况概述

经审查认定的事实、证据及分析

（一）认定的事实

（二）认定上述事实的证据

（三）案件情况分析

二、企业作出申请和专项合规计划的过程

三、对×××公司开展企业考察的情况

（一）涉案企业履行合规承诺、落实合规计划情况

1.企业合规价值观的文化建设以及文化建设的具体有效的实施方案。

2.企业内部是否具有风险识别机制和防控意识，是否有风险控制和应对机制。

3.是否配置相关合规职能部门，各部门间是否能正常发挥协同效应。

4.企业对于员工有关合规的教育、培训情况，是否配备相关的交流、沟通、咨询、举报机制以及问题情况的调查、补救具体流程。

5.企业内部是否配备自查、自纠体制及有效的改进方案。

6.企业内部审计情况与第三方组织配合调查的外部审计情况，审计出现问题后具体有效的改进方案。

（二）第三方组织开展了解、监督、评估、考核情况

（三）第三方组织监督评估的程序、方法和依据

（四）监督评估结论及意见建议

（五）其他需要说明的问题

1.企业合规整改工作对本案的意义。

2.对企业进行合规考察的必要性。

四、第三方组织的评价

五、承办人意见

×××人民检察院

（院印）

×××年×××月×××日

第十二章　新政策对企业环保合规的影响

一、党的二十大报告对企业环保合规的影响

从党的二十大报告的具体内容来看，其从多个方面对企业环保合规提出了新的要求和思路借鉴。

（一）强调生态环境保护任务的艰巨性和环境合规的必要性、重要性和优先性理念

习近平总书记在党的二十大报告中第一部分指出："十年前，我们资源环境约束趋紧、环境污染等问题突出……十年来，我们经受住了来自……自然界等方面的风险挑战考验，新能源技术等取得重大成果……我们坚持绿水青山就是金山银山的理念，坚持山水林田湖草沙一体化保护和系统治理，全方位、全地域、全过程加强生态环境保护，生态文明制度体系更加健全，污染防治攻坚向纵深推进，绿色、循环、低碳发展迈出坚实步伐，生态环境保护发生历史性、转折性、全局性变化，我们的祖国天更蓝、山更绿、水更清……社会主义法治国家建设深入推进，全面依法治国总体格局基本形成，中国特色社会主义法治体系加快建设，司法体制改革取得重大进展，社会公平正义保障更为坚实，法治中国建设开创新局面……但在充分肯定党和国家事业取得举世瞩目成就的同时，必须清醒看到，我们的工作还存在一些不足，面临不少困难和问题。主要有……现在生态环境保护任务依然艰巨。"

党的二十大报告第一部分就提出了环境问题的紧迫性和严重性，突出了环境合规的必要性、重要性和优先性理念，同时阐述了一体化、全方位的环境合规措施以及系统治理的方法论。这为我们进一步的环保合规改革布局剖析和奠定了底层逻辑，提供了思路和方法论，为以后环保合规整改指明了前进方向、提供了解决路径。

（二）强调环保合规必须坚持问题导向和系统观念

党的二十大报告第二部分指出："必须坚持问题导向……必须坚持系统观念。"

结合党的二十大报告第一部分所阐述的我国资源环境约束趋紧、环境污染问题突出、生态环境保护任务依然艰巨，第二部分强调环境合规必须坚持问题导向和系统观念，要求我们在未来的合规改革中，既注重调查研究和目的防控，环保合规要精确对准环境和资源重大、突出和深层次问题，有的放矢，对症下药，也要坚持系统论的观念和方法，前瞻性思考、全局性谋划、整体性推进环保合规。

（三）坚持环保合规优先理念，强化企业的社会责任

党的二十大报告第三部分指出："中国式现代化是人与自然和谐共生的现代化。人与自然是生命共同体，无止境地向自然索取甚至破坏自然必然会遭到大自然的报复。我们坚持可持续发展，坚持节约优先、保护优先、自然恢复为主的方针，像保护眼睛一样保护自然和生态环境，坚定不移走生产发展、生活富裕、生态良好的文明发展道路，实现中华民族永续发展。中国式现代化的本质要求是：……促进人与自然和谐共生……全面建成社会主义现代化强国，总的战略安排是分两步走：……从二〇三五年到本世纪中叶把我国建成富强民主文明和谐美丽的社会主义现代化强国。到二〇三五年，我国发展的总体目标是：……广泛形成绿色生产生活方式，碳排放达峰后稳中有降，生态环境根本好转，美丽中国目标基本实现；未来五年是全面建设社会主义现代化国家开局起步的关键时期，主要目标任务是：城乡人居环境明显改善，美丽中国建设成效显著。"

党的二十大报告第三部分论述了为实现建设美丽中国目标，应坚持可持续发展、节约优先、保护优先、自然恢复为主的方针，从国家和社会维度均强调了环保合规的重要性、优先性和引领作用，要求我们在未来的合规改革中必须牢固坚持环保合规优先理念，强化企业的社会责任。

（四）环保合规改革应坚持法治化优先

党的二十大报告第七部分指出："坚持全面依法治国，推进法治中国建设。全面依法治国是国家治理的一场深刻革命，关系党执政兴国，关系人民幸福安康，关系党和国家长治久安。必须更好发挥法治固根本、稳预期、利长远的保障作用，在法治轨道上全面建设社会主义现代化国家。我们要坚持走中国特色社会主义法治道路，建设中国特色社会主义法治体系、建设社会主义法治国家，围绕保障和促进社会公平正义，坚持依法治国、依法执政、依法行政共同推进，坚持法治国家、法治政府、法治社会一体建设，全面推进科学立法、严格执法、公正司法、全民守法，全面推进国家各方面工作法治化。"

党的二十大报告第七部分阐述了坚持全面依法治国的重要性和推进法治中国建设的具体要求，合规最主要和最重要的内容就是合法，未来我们的环保合规改革应坚持法治化优先，促进法治国家、法治政府、法治社会一体建设，在注重环保专项合规建设的同时引导建设全面合规。

（五）环保合规具体举措

党的二十大报告第十部分指出："推动绿色发展，促进人与自然和谐共生。大自然是人类赖以生存发展的基本条件。尊重自然、顺应自然、保护自然，是全面建设社会主义现代化国家的内在要求。必须牢固树立和践行绿水青山就是金山银山的理念，站在人与自然和谐共生的高度谋划发展。我们要推进美丽中国建设，坚持山水林田湖草沙一体化保护和系统治理，统筹产业结构调整、污染治理、生态保护、应对气候变化，协同推进降碳、减污、扩绿、增长，推进生态优先、节约集约、绿色低碳发展。推动战略性新兴产业融合集群发展，构建新一代信息技术、人工智能、生物技术、新能源、新材料、高端装备、绿色环保等一批新的增长引擎。"

1.加快发展方式绿色转型

推动经济社会发展绿色化、低碳化是实现高质量发展的关键环节。加快推动产业结构、能源结构、交通运输结构等调整优化。实施全面节约战略，推进各类资源节约集约利用，加快构建废弃物循环利用体系。完善支持绿色发展的财税、金融、投资、价格政策和标准体系，发展绿色低碳产业，健全资源环境要素市场化配置体系，加快节能降碳先进技术研发和推广应用，倡导绿色消费，推动形成绿色低碳的生产方式和生活方式。

2.深入推进环境污染防治

坚持精准治污、科学治污、依法治污，持续深入打好蓝天、碧水、净土保卫战。加强污染物协同控制，基本消除重污染天气。统筹水资源、水环境、水生态治理，推动重要江河湖库生态保护治理，基本消除城市黑臭水体。加强土壤污染源头防控，开展新污染物治理。提升环境基础设施建设水平，推进城乡人居环境整治。全面实行排污许可制，健全现代环境治理体系。严密防控环境风险。深入推进中央生态环境保护督察。

3.提升生态系统多样性、稳定性、持续性

以国家重点生态功能区、生态保护红线、自然保护地等为重点，加快实施重要生态系统保护和修复重大工程。推进以国家公园为主体的自然保护地体系建设。实施生物多样性保护重大工程。科学开展大规模国土绿化行动。深化集体林权制度改革。推行草原森林河流湖泊湿地休养生息，实施好长江十年禁渔，健全耕地休耕轮作制度。建立生态产品价值实现机制，完善生态保护补偿制度。加强生物安全管理，防治外来物种侵害。

4.积极稳妥推进碳达峰碳中和

实现碳达峰碳中和是一场广泛而深刻的经济社会系统性变革。立足我国能源资源禀赋，坚持先立后破，有计划分步骤实施碳达峰行动。完善能源消耗总量和强度调控，重点控制化石能源消费，逐步转向碳排放总量和强度“双控”制度。推动能源清洁低碳高效利用，推进工业、建筑、交通等领域清洁低碳转型。深入推进能源革命，加强煤炭清洁高效利用，加大油气资源勘探开发和增储上产力度，加快规划建设新型能源体系，统筹水电开发和生态保护，积极安全有序发展核电，加强能源产供储销体系建设，确保能源安全。完善碳排放统计核算制度，健全碳排放权市场交易制度。提升生态系统碳汇能力。积极参与应对气候变化全球治理。

党的二十大报告第十部分从三个方面论述了开展环保合规的重大意义、方式方法和具体举措。

(1)再次阐述和强调了环保合规的重要性。要求我们牢固树立和实际践行“绿水青山就是金山银山”的理念，站在人与自然和谐共生的高度谋划发展。同时，要求环保合规改革在理念和意识层面要一如既往地将自然环境、资源和生态保护放在首要位置，不能只要经济效益而牺牲生态效益。

（2）方式方法上，要推进美丽中国建设，坚持山水林田湖草沙一体化保护和系统治理，推进生态优先、节约集约、绿色低碳发展。要求未来我们的环保合规改革要坚持系统治理、统筹发展和一体化保护的思路。

（3）在具体举措上，采取四方面措施推动绿色环保等战略性新兴产业融合集群发展。要求企业在经营、管理和发展过程中，应加强在生态、资源利用、环境保护方面的相关管理，不仅应将严格、健全、完善的制度和机制作为保障，更应在具体操作和流程中多措并举，使环保合规获得有效落实和实施，彰显清洁、低碳、美丽、健康、绿色、环境、资源、生态等环保合规价值理念，做到安全、可信赖。

二、中央经济工作会议精神对企业环保合规的影响

2022年12月15日至16日，中央经济工作会议在北京召开，会议强调，产业政策要发展和安全并举。在落实碳达峰碳中和目标任务过程中锻造新的产业竞争优势。加快新能源……绿色低碳等前沿技术研发和应用推广。要推动经济社会发展绿色转型，协同推进降碳、减污、扩绿、增长，建设美丽中国。坚持分类改革方向，处理好国企经济责任和社会责任关系。要求我们应坚持发展和安全并举，推动实现碳达峰、碳中和，推进新能源、绿色低碳发展，协同推进降碳、减污、扩绿、增长，建设美丽中国，同时也强调了国企的社会责任。

另外，无论从产业政策方向、落实碳达峰碳中和目标任务、技术研发和应用推广方面，还是在绿色转型、协同推进、建设美丽中国和坚持分类改革方向、处理好国企经济责任和社会责任关系方面，会议从精神理念维度，全面宣贯和指引了未来的环保合规改革；在目标任务和分类改革方向等制度维度，深度布局和设置了新时代环保合规改革的体制机制；在技术研发和应用推广维度，密切契合和推进了新形势下环保合规改革的落地实施。

三、《中央企业合规管理办法》对企业环保合规的影响

当前，全球经济复苏缓慢，企业经营承压加大，先起于国外、风行于国内的

ESG(环境、社会和治理),或将成为企业向内管理、应对不确定性的重要工具,更成为企业合规管理未来新的结合点。

2022 年 10 月 1 日施行的《中央企业合规管理办法(试行)》(国务院国有资产监督管理委员会第 42 号)明确规定,中央企业应当针对反垄断、反商业贿赂、生态环保、安全生产、劳动用工、税务管理、数据保护等重点领域,以及合规风险较高的业务,制定合规管理具体制度或者专项指南。新《办法》将生态与环境保护列为七大企业专项合规管理中的重点领域之一,充分说明环保合规风险是企业面临的重大风险,环保合规的必要性和重要性亦可见一斑。

先前的《中央企业合规管理指引》属于政策规范性文件,而《中央企业合规管理办法(试行)》以国资委令的形式印发,属于部门规章,是正式的法律渊源,其法律效力比《中央企业合规管理指引》要高。这意味着国资委对中央企业合规管理的规范已经由原则性的"指引"、倡导性的政策升格为更具强制力的部门规章,也为各地政府国资监管机构加强国企合规管理工作提供了政策指南,对广大企业特别是国企开展合规管理防范风险意义重大。《中央企业合规管理办法(试行)》的发布和施行,预示着中央企业合规管理工作进入了新一轮的发展时期。

(1)对中央企业进一步深化合规管理提出明确要求。生态环保被列为七大专项合规管理中的第三大重点领域,企业制定环保合规管理具体制度或者专项指南势在必行。

(2)与"柔性"的《中央企业合规管理指引》相比,《中央企业合规管理办法(试行)》更加突出刚性约束、力度更大、内容更全、要求更高、措施更实。《中央企业合规管理办法(试行)》更多使用了"应当"的表述,许多内容是硬性规定,并明确规定因为合规管理不到位引发违规行为的国资委要严肃问责。因为企业环保合规管理政策、组织、制度和机制不到位引发违规行为,法律责任不可避免,相应负责人也将被严厉追责。

第十三章　修法建议

目前我国刑法、刑事诉讼法等还没有规定合规具体在什么样的条件和情况下可以排除单位犯罪的责任，这需要法律的进一步修改、完善和发展。这也是刑事合规改革所努力的方向和必须有的动作。

一、刑事合规的适用条件和启动程序

由于刑事合规的适用条件和启动程序目前还没有明确的法律规定，这对涉案企业合规整改的进一步开展是相对不利的，所以有必要在未来的修法工作中首先予以明确。

（一）把有效性合规建设作为从轻、减轻和免除刑事责任的法定情节

关于在刑法、公司法中能不能将合规规定为企业的法定义务，这个问题在理论上还存在很大争议。多数人主张刑法、公司法不能将合规规定为企业的法定义务。

从国际惯例上来看，公司法可以而且应当规定合规是每个企业的义务，在这方面我们国家虽然间接地也有一些规定，但是没有明确地指明和确定。日本的公司法就非常明确地规定，公司有合规管理的义务和责任。我们国家将来的修法，不仅刑法、刑事诉讼法，公司法亦应做这方面的修改，特别是关于上市主体方面的法律规定都应该有这样的明确要求。这是从法律层面来呼应市场需求、国际化需求，希望通过未来的立法来及时解决刑事激励的正当性和合法性问题。

涉案企业合规整改助力企业发展，涉案企业合规整改将成为企业发展的内驱力，其最终目标是促进企业更好地进行合规经营，促使企业行稳致远。随着涉案企业合规改革的深入推进，需要及时修改刑法、公司法、刑事诉讼法等，合理吸收和采信试点中的合规改革经验，把有效性合规建设作为从轻、减轻和免除刑事责任的法定情节，将政策推动固化为法律推动，从而依法、有效提升企业合规建设的司法推动力。

十四届全国人大常委会第七次会议于2023年12月29日修订通过的《公司法》（自2024年7月1日起施行），增加了关于企业合规的规定，主要体现在第177条“国家出资公司应当依法建立健全内部监督管理和风险控制制度，加强内部合规管理”。本次新《公司法》的出台正是总结了此前中央与地方国有企业合规实践的宝贵经验，将合规管理从部门规章提升到法律层面，这亦昭示着国有企业的合规管理进入了一个新时代。

（二）拓宽合规改革口径

合规改革既要严格依法，又要用足政策。

在刑法、刑事诉讼法等没有修改前，必须严格依据目前的法律规定。但是我们仍需推动立法的与时俱进和修改完善。现有的、一些行之有效的政策和制度，应进行综合运用，让涉案企业合规制度成为集大成者，这样才能在合适的时候破茧而出。

目前《关于建立涉案企业合规第三方监督评估机制的指导意见（试行）》（高检发〔2021〕6号）对合规案件的选择明确规定有两类：一类是单位犯罪，另一类是与生产经营相关的个人犯罪。目前最高检把握的标准为，只要符合我国经济大局、有一定的规模、符合我国保市场主体的政策导向，就可以对适用的企业范围进行扩充。目前刑事合规改革大趋势，也是要求各地逐步扩大企业合规的适用范围，即在依法合规的基础上，合规案件应用尽用，更大范围地扩大刑事激励效果。当然，应用尽用是有前提、原则和底线的。初期适用合规的企业大多数是中小微企业，罪名类型有涉税类、生产经营类、假冒伪劣类、串通投标类。刑事合规改革要获得全社会的认可，必须要扩大适用面。最高检要求各地拓宽罪名范围，拓宽合规领域，在大中小微企业，在不同的罪名领域，特别是要对经营方向有重大影响、有代表性的涉罪企业开展合规建设。最高检进一步要求抓办案数量，办案数量不是单纯的案件数，而是要逐步地拓展、丰富案件类型前提下的案件数，争取不断扩大合规办案规模和案件类型。对上市公司、涉外企业、有重要影响的地方性龙头企业的合规案例是目前关注的重点，要在保证质量的前提下不断地增加办案数量。能用尽用是一般性原则，最高检的目的是想通过能动履职，所有有药可救，有必要、有意义、有价值、能做合规且愿做合规的企业，都能纳入涉案企业合规的范畴，能给他们补救自身的机会，能够更大范围地释放改革红利和司法善意，达到推动经济社会高质量发展的根本目的。

（三）合规考察不应再以认罪认罚为前提

目前法律还没有规定附条件不起诉制度，所以在法律没有修改前，我们必须严格依法，所有的探索都应当在法律规定的框架内进行。只有不断地积累经验，把我们目前的认罪认罚从宽制度、检察建议，包括挂案清理等相关的制度纳入涉案企业合规制度创新中来，做出实实在在的成效，再适时地推动立法，这样才是正途。

但是将来立法应该重新考虑企业合规制度定位。在改革探索过程中，试点检察机关普遍将涉罪企业和责任人认罪认罚作为适用合规的前提条件，没有涉罪企业、责任人的认罪认罚，检察机关就不可能开展合规考察。这种做法有它的合理性。毕竟我国刑事诉讼法已经确立了认罪认罚从宽制度，很多人也认为，如果企业家都不认罪悔过，后期的整改可能也就没有基础。也有人基于这样的改革现状，主张在未来的立法中将企业认罪认罚作为企业附条件不起诉的适用为前提。

编者认为，应该把企业附条件不起诉制度和认罪认罚从宽制度剥离开来，单独建构，合规考察不以认罪认罚为前提。域外有些国家也是不要求认罪认罚的，具体原因有如下几个方面。

1.附条件不起诉与认罪认罚从宽制度的价值取向不同

虽然认罪认罚从宽制度的价值目标是多重和多变的，但是节约司法资源和提高诉讼效率仍然是它的核心价值追求。附条件不起诉制度的价值取向则完全不同。要给企业合规设定监管人、设置考察期，考察期为 6 个月、1 年，未来可以达到 3 年甚至更长时间，合规追求的价值显然不在于提高效率，而在于企业治理。因为企业之前的治理是有漏洞的，现在希望通过合规，让企业在制度和机制的根源上改过自新和修复漏洞，达致浴火重生。有的企业商业模式本身就有犯罪基因，要从根本上去犯罪化，就需要一定的时间，显然不能以追求效率为核心价值。人为把企业附条件不起诉制度和认罪认罚从宽制度捆绑在一起，可能会增加制度成本。

2.操作层面面临难题

虽然企业也可以通过自然人或者是集体决策，体现其独立人格独立意志，并且享有诉讼权利能力，但企业毕竟不能像自然人那样亲自实施危害社会的行为，也无法通过自己的行为来参与诉讼活动（只能通过适当的自然人来代表/代理进行一定的诉讼行为，维护他的诉讼权利）。适用认罪认罚，对自然人作自愿性的判断没有问题，但对企业则难以判断它的自愿性。企业犯罪，其认罪认罚的意思表示谁来作出，是董事长、总经理还是实际控制人，抑或是企业盖章确认，如何来判断真假，这些都是有争议且不好操作的问题。

3.要求企业认罪认罚容易产生负面效应

从合规改革以来到现在，公布的三批典型案例都隐去了企业的真实名称。我国还没有把公司名称直接公布出来让社会监督。因为一旦公布企业曾经有签署认罪认罚具结书的事实或企业家有签署认罪认罚具结书的事实，这和对企业和企业家定罪几乎没有区别，无异于给其贴上了犯罪标签，将会对企业的声誉和企业家的声誉带来不利影响，影响企业的交易机会。企业一方面签署认罪认罚具结书，一方面为企业合规整改出罪，这也在一定程度上存在矛盾。综上，未来修法应考虑企业合规不与企业认罪认罚挂钩，企业只承认事实并如实陈述事实，也可考虑进行合规建设。

应对企业合规与企业认罪认罚两种制度加以剥离，对企业附条件不起诉制度单独监管，而不应生硬地将企业合规融入认罪认罚从宽。

（四）合规整改启动不应局限于审查起诉阶段

现在的合规改革是检察机关主导的，但编者认为，涉案企业合规改革不应只限制在检察机关的审查起诉阶段，修法中应将其提前到侦查环节的批捕阶段。当前的合规改革试点和第三方机制启动的运行，主要还是在检察环节开展的，在侦查环节和审判环节较少涉及，但是有的地方已经进行了有益尝试。随着改革的不断深入，在党委、政法委的领导推动下，各级政法机关现在也在逐步全面参与企业合规改革。

如果在侦查阶段没有启动企业合规，公安机关在侦查过程中，一些情况下不可避免地会对涉案企业采取查封、扣押、冻结等措施，甚至对一些人员进行羁押，这种状态会一直持续到审查起诉阶段，这时候企业已经是元气大伤，如果此时再开展合规，效果将与在侦查环节就启动大相径庭。

有鉴于此，最高检积极鼓励检察机关探索在提前介入阶段商请公安机关同意后启动合规程序（必要时赋予侦查机关参与不起诉协商、听证以及相应救济的权利）。但是有一点要注意，侦查阶段如果全部犯罪事实还没有查清，就不适合启动合规整改。因为合规启动必须建立在基本事实已经查清的基础上，只有基本事实查清了，才能够准确全面有针对性地找到企业的问题、漏洞和病因，下一步才能够对其进行有针对性和有效的合规整改。

目前审查逮捕环节还没有相关的刑事合规的典型案例，是不是审查逮捕环节就不能启动企业合规，只能在审查起诉阶段启动？审查逮捕就其性质而言仍处于侦查阶段，合规提前介入就是在侦查阶段。如前所述，如果在提前介入阶段启动合规前提是案件基本事实要查清。审查逮捕阶段如果是要启动合规，同样也要适用这些前提。也就是说，在基本事实查清的情况下，审查逮捕环节是可以启动合规的。目前还未修法但普遍适用的企业合规的一个必备前提，就是涉案企业和人员要认罪认罚。而检察机关审查逮捕，更要充分考虑犯罪的社会危害性以及犯罪嫌疑人的人身危险性。虽然开展企业合规与否目前还不是审查逮捕决定的必须前提条件，但是可以作为考量的一个重要因素。编者建议将来修法应明确：将涉案企业启动合规整改的时间提前至侦查阶段的审查逮捕环节。

（五）应确定合规批准机关和条件

刑事合规改革实践中，企业申请开展合规建设后，经检察机关审查后认为合规整改有效，要决定对涉案的嫌疑人作不起诉决定，但监委认为案件需起诉。是否能启动合规陷入难以抉择的境地。合规整改之前要达到什么样的程度、标准和条件才会被监委认可，需要什么样层级的机关批准才可以启动，修法还应作进一步研究和考虑，应予以明确规定。

（六）必要时应将社会调查确定为启动合规的必经程序

各地刑事合规试点过程中有一些自选动作，例如上海对于社会调查做得非常好，而且把它设计进了合规案件管理试点模块中。但就目前而言，在其他地方对涉案企业开展社会调查还不是启动合规的必经程序。在难以判断涉案企业是否真正符合合规启动条件的情况下,开展社会调查能够增强检察机关对合规适用的基本条件、必要条件等的认识水平和判断力。在必要的时候,应在最高检检察业务应用系统中予以相应的体现,同时未来的法律规定中亦应有所体现。

二、合规改革过程中的具体操作问题

涉案企业合规改革过程中涉及部门和人员比较多,目前可供参考和借鉴的法律规定和政策相对有限,所以在未来的立法中有必要对合规整改中的一些具体操作问题进行明确。

(一)涉案企业和相关责任人员分案处理

目前地方合规试点单位比较关心的一个问题,也是社会各界热议的一个问题,即在单位犯罪的合规案件中能否对涉案企业和相关人员分案处理?如果涉案企业的责任人员有可能被判三年以上有期徒刑,即被判处相对较重刑期的案件,能否在企业进行有效合规后进行相对不起诉,这其实是两个问题。

1.是否可以对涉案企业和相关责任人员分案处理

根据目前的刑法理论和刑事诉讼法的基本精神,以及合规改革实践中惯常的、行之有效的、司法机关都认同的做法,检察机关可以对相关的单位犯罪案件进行分案处理,即可以根据涉案企业和涉案人员在合规整改中的表现,分别作出处理决定或者提出量刑建议。

对于涉案企业合规整改效果的考察,不必然地和责任人的刑事责任捆绑在一起。对于其合规整改效果的考察,应当综合考虑企业在就业、税收、科技创新、社会贡献等方面的积极因素。未来针对单位犯罪中企业合规整改有效性应研究拟定相关的量化标准。

2.被判处相对较重刑期的案件能否在企业合规有效合规整改后进行相对不起诉

相对不起诉的前提是相关责任人被判处三年以下有期徒刑。如果涉案企业责任人没有自首、立功等法定的减轻、免除处罚情节,可能被判处三年以上有期徒刑,原则上是不能够对他作出不起诉处理决定的。如果有自首、立功等法定的减轻、免除处罚情节,符合了不起诉的法定条件,则可以对直接责任人不起诉。

(二)对上市公司合规的严格要求和分案处理

上市公司相比中小微企业,它的规章制度非常健全,其问题在于制度没有很好地落实,特别是对实际控制人缺乏有效的监督。近年来,上市公司的实际控制人、高管利用其支配地位,滥用职权牟取非法利益,侵犯股东等投资人利益的行为日益突出。这种现象在上市民营企业当中尤为突出,主要表现为财务造假、内幕交易等涉证券类违法犯罪。对于这些犯罪应当依法从严惩治,但是对于符合企业合规条件的上市公司,其适用条件是什么,目前没有明确标准。检察机关应综合考虑犯罪危害,同时兼顾公司在业内的影响,在就业、税收、科技创新等方面的贡献,积极贯彻宽严相济的形势政策,探索涉案上市公司合规经营监管落实的路径。未来修法时,编者建议应明确上市公司合规整改必须建立第三方监督评估机制,而且要坚持更高的标准和更严的要求。

(三)严格预防、控制假借企业合规为个人脱罪

在一些地方的合规改革出现了一种不好的苗头,即通过对企业开展合规,来换取对个人犯罪的从宽处理。这是极其错误的做法,严重违背合规的初衷和目的。特别是有一些职务犯罪、个人犯罪给国家和企业造成了巨大的损失也没有进行弥补,是需要严惩的。对此,检察机关应严格审查企业是否具备合规改革的适用条件,同时未来修法应予以确认,并进一步明确"假合规真脱罪"者的责任。

(四)第三方组织的选任

当前第三方组织的选任主要有检察机关指定和名录库抽签两种,这两种方式各有利弊:检察机关指定看似不够公开透明,但对于刚开始试点的地区来说是很实用的,实践中被指定的第三方组织通常都是检察机关认真考察、比对、筛选出来的,相对来说人员都能胜任工作。而从监管人名录库里抽签看似形式公平,但由于第一批入库的单位或个人很多是没有实操经验的,抽签的第三方组织人员不一定就是最合适的。

未来修法建议选任第三方组织时应当坚持能胜任工作的本质要求,可以参照政府采购、破产管理人等相关规定,尝试以下路径:

(1)对第三方组织人员分级。类似破产管理人分一级、二级、三级,根据第三方组织人员的专业实力、办案经验、工作评价、执业规范等进行分级,等级高的优先安排参与重大复杂案件。

(2)对案件分类。同样参照破产案件,根据企业规模、工作难度、时间周期、经费资源等进行分类,对一些相对简单的案件,第三方组织人员等级较低的也能胜任。

(3)短期内没有建库或者不能做到分级分类的,可以综合运用直接指定、公开竞争、抽签、招标等形式,选拔合适人选。

(五)明确合规改革经费的承担和计算方式

合规整改的经费主要包括企业自身合规建设的成本投入、第三方监管的费用以及第三方组织考察评估的必要开支(如鉴定费、专家论证费等)。在国外由涉案企业来承担全部费用。但在我国目前显然不能一刀切,合规改革实践中也存在各种费用承担方式,如企业承担、检察机关承担、政府承担、共同负担,等等。

根据全国合规试点城市的经验,第三方组织的经费最广泛的做法是由财政负担,但此方式难免产生弊端:一是经费如果太高,会使本来就不堪重负的地方财政负担加重;二是经费太低,则难以激发第三方组织成员的工作热情;三是产生逻辑悖论,即刑事涉案企业或其相关人员,不仅获得了免于刑事处罚的机会,还享受政府的免费服务,这实际上降低了犯罪成本、减轻了遭受刑罚处罚的风险,可能诱发更多犯罪。第三方组织的经费来源还可由涉案企业负担,但是这种方式在我国目前恐出现腐败、舞弊或权力寻租,即企业以高价购买第三方组织的合规整改合格评价从而损害第三方组织成员的独立性。

因此,合规改革中的经费承担在目前的司法实践中的确是不好选择和统一,未来修法应明确合规改革经费的承担和计算方式。

1.经费承担问题

应当以循序渐进、逐步探索的方式来解决经费承担问题,可以分为以下几种情况分别处理:

(1)如果企业因涉案直接获利,可从退赃、罚没资金里列支整改经费,不由第三方负担;

(2)"事后合规"案件,企业是初犯且经营规模较小,合规整改基本上是从无到有，为鼓励企业整改，经费可由财政负担全部或部分；

（3）“事前合规”案件，企业已经有完备合规机制却因员工故意违规犯法，如果对单位进行了刑罚优待，则经济上就不能优待，应当由单位自行承担全部整改经费；

（4）曾做过刑事合规的企业，再犯、累犯的，经费一律由企业负担；

（5）改革试点初期以财政支持、鼓励为主，待试点期过、企业合规整体意识初步建立后，合规整改经费就应逐步过渡到完全由涉案企业承担。

2.第三方组织费用的计算方式和数额问题

第三方组织费用的计算方式和数额，编者建议破产管理人经验，分级分类灵活处理，总的原则是“成本＋报酬”。

（1）要覆盖第三方组织的工作成本。以律师为例，根据案件办理周期、投入的律师团队规模、行业收费指引、具体律师团队收费标准、是否产生差旅费等因素，参照计时收费标准来测算成本。

（2）要支付第三方组织成员适当报酬。参照《最高人民法院关于审理企业破产案件确定管理人报酬的规定》，根据涉案企业规模、案件的复杂性、第三方组织成员的勤勉程度、第三方组织成员为企业合规整改作出的实际贡献、最终整改效果、第三方组织成员承担的风险和责任等因素，给予第三方组织成员适当报酬或奖励。

（3）对无力承担第三方组织费用的小微企业，由财政拨款或者专项基金兜底，数额可参照本地区破产管理人的兜底费用。

三、刑事合规的底层逻辑和改革方向

我国的刑事合规还处于起步阶段、初级阶段，应结合我国国情和本土实际，坚持实事求是的底层逻辑和高质量发展的改革方向，切忌表面化、形式化、照搬照抄和盲目效仿。

（一）坚持合规本土化与合规国际化的辩证统一

2022年10月12日实施的中华人民共和国国家标准《合规管理体系要求与使用指南》（GB/T 35770—2022/ISO 37301:2021），与国际标准《合规管理体系要求及使用指南》(ISO 37301:2021)内容基本趋同。国际经验值得我们学习借鉴,美国企业合规制度,如西门子、阿尔斯通这样的经典合规案例,展示的是事前合规、保企业不保个人、天价监管费用、超长监管期限、检察官极大的权限等原则理念。但是我国目前的合规改革中涉案的大部分是中小微企业,其合规基础薄弱,与美国情况大为不同。因此,从大的方向学习美国的企业合规理念、制度和机制是应该的,但在我国合规改革实践办案中不应照搬照抄,而应视不同国情大胆试点、小心操作,因地制宜、因企制宜探索本地一手经验。

1.要站牢中国立场

合规改革是为了解决中国企业的问题,因此合规改革一定要站牢中国立场。这就要求未来的合规修法,要适合中国实际国情,要针对中国企业具体情况和问题有的放矢、对症下药,这是刑事合规改革最坚实的底层逻辑。

编者认为,不仅合规考察模式,检察建议模式也应通过下一步的修法确定。因为不符合涉案企业合规整改的适用条件,存疑不起诉、相对不起诉暂不适用合规考察的模式,可以采取检察建议的方式推动合规进程。

企业合规不起诉以后,如果企业仍然违规,那么开展企业合规就失去了意义。所以现在有些地方比如北京也采取了实时组织对企业回头看、回头检查的做法,黄石、张家港也采取了回马枪式的检查。这些方式方法都有待于法律作出明确规定。

2.具备国际视野、对标国际标准

合规改革一定要具备国际视野,对标国际标准,助推和赋能中国企业在国际市场行稳致远。编者建议,未来修法应充分吸收和借鉴《合规管理体系要求及使用指南》(ISO 37301: 2021)国际标准规定,以及美国、英国等国家的成功合规整改经验。

(二)促进和加持合规效益溢出效应

办理合规案件,检察机关应形成一套长效治理机制,应从个案的合规推动行业的治理,向下、向前引导合规,与各级行政监管部门逐步形成合规互认,真正促进系统治理、溯源治理。合规改革全面推开后,行政监管部门以及法院、检察院等应规范履行各自职能,为企业创造良好的营商环境。目前企业缺乏合规动力,一些涉案企业提出“不给不起诉,就不进行合规”的无理要求,这督促立法部门丰富合规的激励工具箱，未来在相关法律的制定中，我们要不断出台相应的合规刑事激励措施，推动企业自愿主动进行合规建设。

无论是在修法和解释层面、行政执法层面，还是到刑事的阶段，都应修法创设一些措施手段来促使企业不是出事了才想起合规，而是日常就要进行合规。

1.严厉治理企业犯罪

企业合规意味着资源投入和自我束缚，如果违法行为得不到制裁，不合规也不会被处理，企业不会自愿增加成本来进行合规建设。未来修法应考虑制定严厉的企业犯罪治理政策，促进刑事合规制度发挥实际效用。

2.行政部门和司法机关应进行互认

合规改革不仅仅是检察院作出不起诉，或者法院在量刑方面作出从轻处理，合规改革最好的做法还是推动“合规互认”，从刑事合规走向行政合规。作为第一批试点地区，深圳已经在探索“合规互认”上取得了突破，企业合规整改成效可以与行政机关、审判机关互认，大大扩展和丰富了合规激励工具包。未来，如果企业合规成效能够与社会信用体系、市场准入政策、招商引资政策、税收优惠政策、社会保障政策等挂钩，那么企业主动合规意愿一定会显著增强。

推动合规互认，才能使各个环节的司法机关、行政部门都依法办案、能动履职，实现治罪和治理并重，认识到应通过合作来推动刑事合规改革发展。推动行业合规同时追求更好的社会效果、政治效果和法律效果，需要各方共同努力，应逐渐扩大合规互认的“朋友圈”，达到真正的全链条合规治理、全社会综合治理之目的。

（三）倡导合规信息化建设

互联网时代应该与时俱进抓案件管理，修法应考虑向大数据要生产力。合规信息化建设助力了第三方机制的宣传推广和实践应用。国家第三方机制管委会办公室积极协调多方力量，在全国工商联官网开设企业合规第三方监督评估平台，特别是在最高检的支持下，组织研发了第三方机制业务办理系统。为方便社会公众和广大企业了解企业合规和第三方监督评估工作，业务管理系统登录入口设置在平台醒目位置，登录进入操作界面，系统采用一级部署使用的总体建设方案，服务保障全国、省、市、县四级第三方机制管委会网上工作，实现与检察应用系统的衔接，实现检察院、第三方机制管委会协同办案，衔接第三方组织和企业，有效解决跨单位联系、跨层级办理、跨地域协作的问题。实现启动监管案件、开展监督评估、完成考察验收等全流程网上管理，实现非密材料网上流转，工作节点全程留痕，形成对监督评估过程的跟踪制约。系统通过数据分析管理，全线灵活配置，能更好适应多种业务类型，满足业务管理中的适当变通需要。

最高检相关的检察业务应用系统 2.0 的合规模块已经开发完成，与工商联对接的涉企合规信息化和平台，也已经于 2022 年 6 月 14 日正式上线，现在还在不断完善中。在上海，检察机关与管委会在案件上实现了沟通互联。为实现第三方组织科学、快速组建，江苏省张家港市检察院研发了第三方监督评估组织小程序，当地管委会综合案件涉嫌的罪名复杂程度以及涉案企业类型规模主营业务等因素，借助信息化手段，科学公正地组建第三方组织。

修法中应该密切结合上述刑事合规改革信息化实践经验，明确规定鼓励和倡导合规信息化建设。

（四）注重司法机关工作理念更新、工作制度创新

目前合规改革发展很顺利，步幅也很大。从 2020 年的 6 个基层院的试点，到 2021 年的 10 个省市 160 多个检察院的试点，再到 2022 年、2023 年全面铺开，可以看出合规改革进展顺利，但是也要看到改革过程当中仍存在观念跟不上、制度创新不足等问题，制约着合规改革，应从以下几个方面加以解决。

1.强化责任担当

检察机关应强化责任担当，根据涉案企业的具体情况，对符合条件的企业开展合规建设，应合规尽合规，保护市场主体更好服务经济发展。

2.创新工作机制

首先，在考核上应对检察院办理合规案件设置考核指标，改革检察工作机制，让检察官敢用善用合规。其次，在审判阶段，全面调动各方的合规积极性，动员更多的机关来参与进来，形成全面合规格局。最后，通过教育、培训、普法和沟通等更新司法机关的理念，建立和完善对侦查、审判等司法机关的合规激励、约束和监督机制，促进合规改革。

（五）从专项合规步入全面合规

从国家层面以及从企业合规的发展趋势来看，推进涉案企业合规改革只是

一个起点，未来建立全面的企业合规管理体系是我们国家经济社会高质量发展的需要和要求，也是中国企业管理现代化、法治化发展的必然要求。根据国外经验，我们可以先建设一些合规示范企业，从合规示范企业发展到合规示范区域，再到全面合规。目前，我们可以将中央企业建设成合规的示范和典型企业，可以在银行、保险、医药、食品等重点行业优先、重点推行合规管理。根据地方的具体情况来选择和推广由示合规范企业到合规示范行业、由合规示范企业到合规示范区域的发展路径。

专项合规又称为小合规、专项合规管理计划，是指企业针对特定的业务领域（如市场交易、安全环保、财税管理、知识产权、人力资源等）、管理环节（经营决策、制度制定、执行监督等）、岗位人员（涉密、涉外、采购等）等进行的专项合规管理计划。全面合规又叫作大合规，是指企业建立全面的合规管理体系，合规管理覆盖企业各部门、各领域、各环节、全体员工，亦即企业生产经营领域涉及的主要合规风险都有相应的合规管理体系。无论是专项合规还是全面合规，都应包含国际标准要求的七个要素，即组织环境、领导作用、策划、支持、运行、绩效评价和改进。一个企业正在进行专项合规，但仍产生其他犯罪行为，合规风险仍在发生，说明企业的合规风险涉及多方面、多领域，仅仅一个专项合规还不足以使企业防止其他违法犯罪发生，不足以使企业克服和控制所有的风险，从这种意义上来说，从专项合规走向全面合规就非常有必要。刚开始的专项合规往往最难建设，但是一旦建设成功往往特别管用，合规理念、合规文化能传播、辐射和渗透到企业经营活动的其他领域和环节，因此，应注重从专项合规做起，把基础打牢、打深，最终朝着建立全面合规的终极目标努力。只有建立了全面合规的管理体系，才能够使整个治理结构发生转变，实现治理结构的现代化，真正优化和提升企业的管理结构，实现管理效能。

1.明确专项合规与全面合规的界别

如前所述，专项合规就是在一个专项的合规风险领域，采取相应的合规控制措施和管理措施。中央企业合规管理办法虽然已经生效，但中央企业合规管理指引也没有废止，指引里面的 12 个重点合规领域其实就是 12 个专项合规。即使大如中兴通讯集团的公司也没必要 12 项合规都予以建设，因为全部建设费用成本都太高，也不能达到精准整改的效果，企业需要针对特定的风险来聚焦解决。更重要的是前面讲到的是要建立合规文化，即便合规管理体系还没有建立起来，合规文化对各种潜在风险也可能在客观上起到抑制和消减作用。根据我们现在掌握的情况，最常见的主要是反商业贿赂的合规体系。ISO 37301：2021《合规管理体系要求与使用指南》是国际上通行的合规准则，如果我们建立合规管理体系，应该参照此国际规则。在反不正当竞争、数据保护、税务方面（包括关税、走私方面），还有就是劳动用工、环境保护、知识产权保护、安全生产等方面，企业可以根据自己的规模、需要以及其他具体情况来选择专项合规的内容。

全面合规又叫作“大合规”，是指企业建立全面合规管理体系，合规管理覆盖企业各部门、各领域、各环节、各子分公司和全体员工，亦即企业生产经营领域涉及的主要合规风险都有相应的合规管理体系。可以是二项、三项、四项、五项等，但没必要是十几项甚至几十项。现在据了解有一个工业企业协会设置了 25 项专项合规。进行合规成本不是越多越好。数量至上的合规体系设计可能只是建立了形式上的制度，不能落实生效也没有实践价值和意义。

2.鼓励多个专项有必要结合为全面合规

为什么专项合规最终要走向全面合规？从前面这个例子就可以看出来，一个企业正在建一个专业合规，但还在发生其他的犯罪现象，虽然发生的并非同种或同类的现象，但是其他种类的合规风险还在发生，说明企业的合规风险本身是多方面、多领域的，企业解决一个方面合规还不足以防止企业其他违法犯罪的发生，不足以使企业克服和控制所有的风险。从这种意义上来说，从专项合规走向全面合规是每一个企业都必须要做的事情。但是我们也要看到，从专项合规到全面合规，也不是笼统的简单的一个动作即可完成。专项合规和全面合规都各有自己的局限和优势。专项合规的局限是只能作用于特定领域。专项合规建设的成本比较低，见效比较快，起码能够防止同种和同类违法犯罪行为发生，这是它的优势；全面合规成本高，工程比较复杂，建设时间比较长，不是每个企业都有充分资源和能力来支撑全面合规建设。全面合规优势也比较明显，其目标是使企业规避所有的客观风险。企业何时通过何种方式从专项合规走向全面合规，应该根据适当的时机和适当的条件来作出选择。已经暴露出多个领域合规风险的企业，就应该尽快从多个领域进行综合整治，建立各领域合规风险管理体系，显性风险的多样性决定了全面合规管理体系建设的必要性和及时性。

当然企业需具备相应的人力、物力和财力等资源，因为每个合规管理体系都要配备专业的技术人员来支撑。从专项合规走向全面合规的方式是企业发展策略问题。根据目前了解的情况和一些企业合规建设的经验来看，以专项合规为引领，加强合规基础建设，最终走向全面合规，这是一个很好的步骤。不仅要把专项合规建设成功并及时发挥针对性作用，而且应注意将未来全面合规的基础打宽打厚打牢打实。虽然暂时建立的是一个专项合规，但是你培植的企业合规文化可以在多个专项领域发挥临时作用，这一点对于涉案企业来说特别重要，对其将来走向全面合规也是一个非常好的契机。

第一个专项合规往往最难建设，但是一旦建设成功往往特别管用，它的合规理念和文化能传播、辐射和渗透到企业经营活动的其他领域和环节。所以要注重从专项合规做起，把基础打宽打厚打牢打实。任何一个涉案企业都要认识到建立全面合规是一个终极目标，现在建立专项合规是不得已而为之，只有建立了全面合规的管理体系，才能够使整个治理结构发生转变，实现治理结构的现代化，真正的优化和提升企业的管理结构。从管理学角度来说，任何一个企业发生违法犯罪行为，不仅仅是控制浮出水面的违法犯罪行为的问题，根本问题是暗礁下企业的深层治理结构问题。而恰恰是治理结构存在的缺陷，使得在企业追求利益的同时不能够有效防止违规行为的发生。从这个角度来说，每一个企业都应该从企业管理优化的角度不断地增设合规管理体系，从而达致弥补经营管理上的缺陷、治理结构上的漏洞之目的。再者，通过合规管理能促进企业管理的规范化、制度化、现代化。现在很多企业都存在家族化管理或行政化管理，在一定程度上也反映了我们国家的企业管理还没有完全实现现代化。一方面，工商管理专业人才供给应不断增加以满足市场上企业管理的需要，另一方面，企业的实际管理者也应该加强企业管理知识的学习。所以说企业要把合规管理作为完善优化企业管理的措施来推进，使其变成企业的一种自觉行为，即“我要合规”而非“要我合规”。中兴通讯一开始虽然是被美国强迫做的合规，且只是出口管制合规，结果中兴通讯自己主动做了三项合规，接着准备还要做第四项、第五项合规，他们把合规真正融入了企业管理之中，合规与企业自身的发展紧密结合起来，这是一个很重要的方面。

对具体的涉案企业来说，全面合规的建设或者增设专项合规管理体系也要抓住契机，如果没有合适的机会往往也很难推行。合规管理体系建设在企业管理过程中，特别是在企业与政府管理部门打交道时，合规的意义在于厘清了企业与行政机关之间的关系。合规既是企业自治水平提升的一个重要路径，更是得到主管机关确认的保障企业自治的经验。对民营企业来说，主要是存在对自身管理重视不够的问题，但对于国有企业来说，则是政府主管部门或者国资委可能介入的过多，导致企业的独立性不够的问题。这些年来，特别是国有企业与政府的关系这个问题还在探索之中，始终没有很好解决。总体来说，不管是国有企业还是民营企业，理顺企业与政府之间的关系都需要新的解决思路和路径。合规的方式恰恰是解决这个问题的成功的国际经验。西方国家经过一两百年的探索才得出这样的经验。在这个意义上说，企业如果在多个领域暴露出来合规风险，就产生了进行全面合规建设的必要性。另外，如果企业发展走过了基础阶段、困难阶段，现在具有一定能力，各方面都欣欣向荣，就要抓住这个大好机会增设必要的专项合规，这样不仅能够趋向全面合规，还能够实现企业管理的制度化和现代化。

综上，修法中首先建议明确涉案企业合规是针对某项或几项犯罪进行治理的专项合规，这是重点，但同时要打好全面合规基础，做好全面合规准备。其次强调企业合规治理体系的建立，是企业自主行使经营权和独立承担责任的体现，符合治理体系和治理能力现代化的要求。